数字时代的品牌营销教程

厉国刚　编著

浙江工商大学 出版社
ZHEJIANG GONGSHANG UNIVERSITY PRESS
·杭州·

图书在版编目(CIP)数据

数字时代的品牌营销教程 / 厉国刚编著. — 杭州 ：
浙江工商大学出版社，2023.12
ISBN 978-7-5178-5773-0

Ⅰ. ①数… Ⅱ. ①厉… Ⅲ. ①网络营销－品牌营销
Ⅳ. ①F713.36

中国国家版本馆 CIP 数据核字(2023)第 204038 号

数字时代的品牌营销教程
SHUZI SHIDAI DE PINPAI YINGXIAO JIAOCHENG

厉国刚 编著

策划编辑	任晓燕
责任编辑	熊静文
责任校对	夏湘娣
封面设计	望宸文化
责任印制	包建辉
出版发行	浙江工商大学出版社
	(杭州市教工路 198 号　邮政编码 310012)
	(E-mail:zjgsupress@163.com)
	(网址:http://www.zjgsupress.com)
	电话:0571 - 88904980,88831806(传真)
排　　版	杭州朝曦图文设计有限公司
印　　刷	杭州宏雅印刷有限公司
开　　本	710mm×1000mm　1/16
印　　张	17
字　　数	242 千
版 印 次	2023 年 12 月第 1 版　2023 年 12 月第 1 次印刷
书　　号	ISBN 978-7-5178-5773-0
定　　价	69.00 元

总　序

2022 年 10 月 16 日,党的二十大报告提出要加快建设"数字中国"。数字中国的建设推进了社会全面进入数字时代。数字时代深刻地影响了传媒业的发展,随着媒介技术变迁,媒体生存状况发生了巨大的变化。在数字时代,互联网和移动设备改变了媒体行业的面貌,数字智能设备极大地提升了人类搜索、聚合与传播新闻信息的能力。

教育部在 2020 年 11 月 3 日发布的《新文科建设宣言》中指出:"新时代改革开放和社会主义现代化建设的伟大实践是深耕新文科的肥沃土壤。推进新文科建设,要坚持不懈挖掘新材料、发现新问题、提出新观点、构建新理论,加强对实践经验的系统总结,形成中国特色文科教育的理论体系、学科体系、教学体系,为新一轮改革开放和社会主义现代化建设服务。"

在此背景下,新闻传播学教育面临着改革与转型,为此我们精心策划并组织编写了这套新形态教材——"数字化背景下新闻传播前沿教材"。对标《教育部 中共中央宣传部关于提高高校新闻传播人才培养能力 实施卓越新闻传播人才教育培养计划 2.0 的意见》提出的培养"具有家国情怀、国际视野的高素质全媒化复合型专家型新闻传播后备人才"之要求,这套教材密切关注新闻传播学的前沿动态,深入观察国内外新闻实践的探索与变化,力图在数字化、媒介化和全球化的大背景下建构知识体系,充分体现新文科背景下全媒体人才培养的全新要求。

这套教材以"理论＋案例＋实务"构建三位一体的内容框架体系,旨在突出新闻传播知识的学术性、前沿性和实用性;以 OBE 理念为导向,以学生为本,组织教学的结构脉络,注重融入思辨融合变革热点的探究式学习和实操融合新闻业务的场景式学习。我们将努力打造三个特色：一是教材以马克思主义新闻观为引领，凸显思政育人的特色；二是适应新媒体传播方式，突出"创新思维、融合贯通"的特色；三是立体化建构教学数字资源，突出教材可扩容的特色。教材各章设置本章要点、关键词、拓展阅读和思考题，以便学生掌握知识要点、拓宽视野、巩固复习和实操演练。教材全景式展现数字时代融媒发展的知识地图，适用面广。教材综合了理论、案例和实操，既可作为高校新闻传播类专业的配套教材，也可为融合新闻实践的从业者提供参考。

浙江工商大学新闻学专业创办于2009年，2021年入选了教育部"双万计划"国家级一流本科专业建设点，并建设有国家级一流课程，获得了全国高校教师教学创新大赛正高组二等奖，建设了五门省级一流课程，获批浙江省普通本科高校"十四五"首批四新重点教材三本，获得了校级教学成果一等奖，等等。与很多同行院系相比，我们的专业是年轻的，我们的发展离不开学科同人们的精诚合作与共同努力，也受益于各位领导和学界、业界师友们的关心和帮助，在此深表感谢！

李蓉

2023 年 11 月

前　言

在某种意义上，营销即传播，传播即营销。品牌营销，自然离不开品牌传播。在这个数字时代，两者已经紧密结合在一起。本教材探讨的品牌营销问题，很多也是品牌传播问题。

这本关于数字时代品牌营销的教材，在分析相关案例时，力求从数字媒体视角和背景出发。品牌营销随着媒体技术和传播环境的改变，已经发生了翻天覆地的变化。在数字媒体环境下，品牌传播往往是以各种创新的营销手段来进行的。因此，基于数字媒体这一背景，重新认识品牌营销、品牌传播，更符合当下的社会实践，具有更大的价值。

当然，这不是一本纯粹的案例集。案例集主要是整理各种各样的案例，是实践层面的经验总结，虽然会有一些理论，但这些理论只是起到点缀的作用。人们看后，对案例的印象或许是深刻的，但是在理论层面可能收获不多。

这本教材是案例和理论的合体。毕竟，案例需要理论指引，理论需要案例阐述。只有两者结合，我们才能在更高的维度探讨和理解相关现象和问题，并做出更科学、更客观的评价，从而推动品牌营销和传播的健康发展，使其发挥更好的作用。

这本教材先是从一个个案例切入，让大家对案例有一个感性的认识，而后则是梳理和分析相关理论。任何一个案例都可能存在很多理论切入点，分析的视角不会只有一个。因此，在案例与理论的对接上，也存在很多可能性。这本教材往往着眼于案例的突出特征和做法。其实，教材中出现的理论，在一定程度上对大多数案例来说都是适用的，这里存在一个理论与案例相互交织的复杂关系网络。

这本教材对相关理论的突出,是为了让大家能有更高的理论修养。大家在平时的学习过程中,经常会出现找不到合适的理论、不知从哪个视角进行分析的情况。这一方面是因为大家的理论储备不够,另一方面是因为大家对问题的深入洞察能力不强。编写这本教材,是希望大家在了解相关案例的同时,能够对品牌理论有较多的理解,从而提升运用理论分析案例的能力,以及结合案例进一步生产新的理论的能力。

当然,这本教材不是闭合的,而是开放的。就理论而言,关于品牌营销、传播的理论是非常丰富的。限于篇幅,本教材不可能将所有的理论都包含进来,并且,在未来的实践活动中还会产生很多新的理论。在课堂的学习过程中,教师和同学们需要进一步扩展和延伸。

就案例角度来说,品牌营销案例是非常多的,这本教材选取的不过是其中很小的一部分而已。并且,每年都会有很多新的案例出现。有些案例可能是过去的重复,既可能重复成功的经验,也可能是重复失败的经历。还有一些案例则增加了很多富有新意的内容。这些新的案例很难全部被纳入这本教材里。不过在这个数字时代,可以通过网络渠道不断增补案例,从而持续充实案例库,并予以内容革新,使其更符合当下的数字时代。此外,在课堂学习中,同学们也可以不断撰写、更新案例,并通过诸如此类的课程实践,不断提升案例分析能力。

可见,这本教材只是品牌营销、传播领域的一块砖,希望能够起到抛砖引玉的作用。重点在于让大家通过学习,具备运用更多的理论视角具体分析实际问题的能力。毕竟,事物总是在不断发展变化的,因此,我们需要具备与时俱进、随机应变的综合技能,特别是不断学习与创新的能力,这样才能在这个数字媒体时代,以及未来的智能传播时代,立于不败之地。

目　录

第一章　绪论

本章要点：

1.品牌建设是企业经营活动的重要内容。

2.新媒体时代，品牌营销的环境发生了很大变化。

3.随着时代的发展，品牌营销理论在不断革新。

关键词：

品牌；品牌营销；数字媒体

第一节　品牌为王

产品研发对于一个企业来说，当然是重要的，尤其是对于高科技公司来说，核心竞争力在于科研。不过，对于任何一家公司来说，品牌都是非常重要的。

正式注册的商标可以成为品牌，其他虽然未经过注册，但是可以作为区隔的符号，也可以是品牌。"一个品牌就是一个独特的名称和（或）标志（如徽标、商标或包装设计），既可以用来识别某一销售商或某一群销售商销售的产品或服务，也可以用来区别竞争对手的产品或服务。"①

当然，品牌不只是那些有形的图案、文字等，光是这些，还成不了品牌。

---

① 戴维·阿克：《管理品牌资产》，吴进操、常小虹译，机械工业出版社2012年版，第5页。

品牌是人们心中的一种认知，一种印象。只有在消费者的心智中形成的观念和评价，才能成就一个品牌。可以说，品牌是消费者赋予产品的，而不是企业给予消费者的。

消费者是认牌选购的，中意的品牌，愿意花钱，不中意的品牌，不会选购。企业需要提升品牌资产来吸引顾客，为顾客增加更多的价值。企业长远发展的关键目标在于打造一个消费者可识别的、高度认可的品牌。"现代营销的显著特征就是重视品牌的差异化建设。"[①]并且，通过传播手段构建消费者的相应认知，要让消费者觉得这个品牌是独特的，具有非同一般的意义，这样品牌才能真正树起来。

并且，我们需要认识到品牌的真正拥有者是消费者。"当一个品牌的使命深深植入消费者的心智、心灵和精神之后，它就变成了消费者所有的品牌。"[②]向消费者营销企业的使命、企业的价值观是值得做的。当然，前提是我们需要重新认识消费者。数字时代的消费者，不同于传统时代，整个的消费观念、消费行为都有着非常大的变化。赢得了消费者的心，才有品牌发展的未来。再者，品牌资产是消费者力量的呈现。

除了传统的企业、商家已经推出的品牌外，其他被称为产品的事物也都可以品牌化。产品包含的范围非常广泛，"产品可以是实体产品（如麦片、网球拍或汽车）、服务（如航空公司、银行或保险公司）、零售商店（如百货商店、专卖店或超级市场）、人（如政治人物、演员或体育运动员）、组织（如非营利组织、贸易组织或艺术团体）、地名（如城市、州或国家），或思想（如政治或社会事件）"[③]。

这本教材除了讲到实体产品品牌，还涉及以下类型的产品品牌。

第一，个人品牌。在这个"每个人都是15分钟名人"的网络时代，人们有了更大的可能性来塑造自己的形象，因此个人品牌化日渐流行，越发重要。每个人在社交媒体上的活动，上传的自拍照，都是个人品牌的原材料，在个人品牌形象塑造中起了重要作用。那些网红，是个人品牌的优秀代表，他们

---

① 戴维·阿克：《管理品牌资产》，吴进操、常小虹译，机械工业出版社2012年版，第6页。

② 菲利普·科特勒、何麻温·卡塔加雅、伊万·塞蒂亚万：《营销革命3.0：从价值到价值观的营销》，毕崇毅译，机械工业出版社2019年版，第63页。

③ 凯文·莱恩·凯勒、沃妮特·斯瓦米纳坦：《战略品牌管理：创建、评估和管理品牌资产》（第5版），何云、吴水龙译，中国人民大学出版社2020年版，第5页。

具有超高的人气。个人品牌可以让流量变现,例如直播带货、广告代言,或者推出以姓名命名的产品,从而获得巨额回报。个人品牌存在非常高的价值,很多人为了成为网红而努力奋斗。李子柒、李佳琦等都是很有影响力的个人品牌。

第二,区域品牌。不同的地区有不同的物产、不同的风土人情、不同的自然风光、不同的文化氛围,为了突出自身的优势,区域可以作为一个整体,或者进一步细分,进行区域产品的品牌化建设。例如城市品牌、乡村品牌之类的区域品牌,以及仙居杨梅之类的农产品、永康五金之类的工业产业类区域品牌。

第三,零售品牌。不管是连锁的,还是单体的,零售商店同样可以进行品牌化建设。人们在选择购物点的时候会进行比较,除了距离远近,也会考虑服务、环境、沟通等很多因素。这种差异性是品牌的一种体现。在这个数字时代,电子商务高度发达,很多零售商店是互联网企业。由于存在马太效应,竞争趋于白热化,品牌建设尤其重要。拼多多、凡客诚品等都是互联网零售品牌。

第四,服务品牌。服务的范畴其实很广。虽然服务是无形的,但是它有价值。服务品牌的建设就是要让无形变得可视化,并通过符号加以区隔。数字时代,很多传统的服务转移到线上,同时出现了很多新的服务内容。网易云音乐是云计算和大数据品牌,也是一种互联网时代的服务品牌。

世上的品牌非常多,不过消费者其实就那么一些。因此,企业竞争最直接的体现是品牌的竞争。品牌是一种高门槛的竞争武器。那些强势品牌,对市场具有定价权,其他企业需要视它的情况来定价。品牌并不是用钱砸下去就可以塑造的,品牌是长期经营的结果,是品质保障的体现。品牌本身就是企业非常重要的资产,可以形成非常高的价值。一个企业自己创牌,是一件非常艰辛的、成功率不高的事情;如果花钱购买已有的成功品牌,所需的费用不菲。

就国际竞争而言,中国是制造业大国,但不是品牌大国,生产能力很强,但由于没有多少具有竞争力的国际大牌,产品附加值并不高,在国际贸易中处于劣势。

一个大企业,显然是一个大品牌,拥有一个或多个品类的知名产品品牌。例如,宝洁公司作为国际性的大企业,旗下的海飞丝、飘柔等都是国际知名品牌。知名品牌,具有非常高的品牌溢价,公司往往可以从中获得高额利润。苹果公司旗下的电脑、手机等,售价都比普通品牌要高出很多,但是依然很受消费者的欢迎,销量高,利润也高,公司市值更是惊人。虽然说苹果这一类公司的成功,与其掌握了产品的核心技术,有着非常前沿的设计理念是分不开的,但是就市场端而言,品牌的效力是巨大的。又如可口可乐,公司握有品牌的所有权,也就拥有持续获利的金钥匙。

对于中国来说,长期的制造业大国定位,在国际贸易中没有占得多少便宜。未来,必须得致力于成为品牌大国,才有获得高额利润的可能。但是要成为品牌大国,无法一蹴而就,而需要长期投入,长期努力。

第二节 当品牌营销遇上新媒体

时代的发展实在太快了。20世纪90年代是电视的黄金时代。那时,一到晚上,几乎每家每户都会对着电视机收看电视剧、新闻联播以及广告。那个时候,对于企业来说,广告宣传是相对简单易行的事情,只要有钱,几乎没有不争着抢着上电视广告的。央视广告招标活动格外热闹,标王的广告额更是屡创新高。

对于人们来说,在电视上看各个品牌大吹特吹,或者娓娓道来,是一种生活的乐趣。虽然对于没完没了的广告,很多人也着实厌恶。

随着网络时代的到来,这个经典的现代广告阶段如今已经一去不复返了。很多人已经很长时间没有看电视、看报纸、看杂志了。唯一还在接触的传统媒体几乎就只剩广播了,在开车的时候,偶尔还会打开听听。

网络是一种颠覆性的媒体,它将所有传统媒体纳入其中,成了集大成者。在网络中,人们可以接触到各种形式的广告,既有音频、视频的,又有图文的,还有非常多的新形式广告。

网络破除了媒体渠道的垄断格局,进入了人人都握有麦克风的自媒体时代。每个人都有大量的渠道可以接触到各种信息,也有很多种方式可以传播信息。对于企业来说,也是如此,它可以不必像过去那样,花大钱购买传播渠道,而是有非常多可以免费传播自己的品牌的方式。整个传播生态发生了翻天覆地的变化;主要体现在以下几个方面:

第一,社交媒体成了品牌营销、传播的主阵地。

传统媒体已经式微,这是一个社交媒体当道的时代。对于品牌营销、传播来说,需要转换思维,积极利用新的传播渠道。在这个时代,如果一个品牌,不能够在社交媒体上被大家看到,并激发广大用户参与传播,那么这个品牌基本上是不会产生多大影响力的。品牌形象的生产和传播是在广大用户直接参与下完成的。作为品牌方,它可以对此加以适当的引导,但是不能像过去那样掌握全过程。

第二,品牌的数量暴增,注意力资源稀缺。

过去,品牌传播需要花费很多钱,因此能够在媒体上出现的,往往是具有较大资本实力的企事业单位,大量小微企业基本上被排除在广告市场之外。现在不一样了,传播渠道几乎对所有人免费开放,谁都能够找到价格低廉、便捷的传播渠道。即便不找专业的广告公司,也可以自行完成内容生产、传播等活动。品牌营销的门槛大大降低。并且,在这个时代,除了企业正式注册的品牌,还有大量个人品牌。因此,想要通过品牌传播活动获取影响力的品牌数量相当多,但是人们的注意力资源总归是相对稀缺的。这种悖论,在这个自媒体时代变得格外突出。

第三,品牌营销的理念和手段不断推陈出新。

在传统媒体时代,品牌营销、传播活动是相对规范的,套路相对固定。但是在这个新媒体时代,品牌营销、传播的可能性增多了。人们可以有很多的选择,可以做各种形式的活动。因此,它是不固定的。人们可以选择市面上已经有的做法,也可以另辟蹊径,创意出很多新的花样。实践层面如此,在理念层面也是这样。很多新的营销理念被人们发明、创新。品牌营销和传播进入了一个花样百出的时代。

其实,如今品牌营销还面临着智能传播变革带来的种种影响。人工智能、大数据、云计算、AR/VR 等各种技术在兴起。对于品牌营销来说,这是一个崭新的时代。营销者的"读心术"已经得到了极大的提升,能够精准洞察消费者的需求,从而推出投其所好的各种产品,讲述直击人心的品牌故事,大大提升了品牌营销、传播的效率和效果。

当然,新媒体时代,对于品牌营销来说,既是新的机遇,也意味着新的挑战。为此,企业必须及时调整营销传播战略,积极拥抱新事物,这样才能紧跟时代,成为时代的弄潮儿和佼佼者。

第三节 品牌营销理论

品牌营销、传播的理论有很多,特别是在这个新媒体时代,更是如此。数字时代,传统广告能够覆盖的人群越来越少,效果越来越差。碎片化时代必须采取新的营销理念和策略,例如虚拟品牌社区、借势营销、病毒式营销、内容营销等理论。即便很多相对传统的理论也在升级迭代,例如从4P到4C再到新4C、4I等(理论具体见后文),以适应数字时代品牌营销、传播的实践。

在数字时代,品牌传播活动主要在线上进行。品牌营销和传播活动可以跨越时空局限,面对不同地域的人,同步或者不同步地开展品牌推广,达成销售。

品牌知名度的提升似乎有了更大的可能性,可以将天南海北的对品牌感兴趣的人聚拢在一起,构建虚拟的品牌社区,达成更好的沟通效果。当然,品牌也面临着更大的竞争压力,人们的注意力资源是定量的,而争夺注意力的除了广告,还有很多主体。流量至上论一时风行。

在数字时代,大鱼可以吃小鱼,"大"依然是影响力的象征,具有做强品牌的先天条件。不过,"小"也并非不可能成功,只要能够快速行动。快鱼吃慢鱼是这个时代的重要特征。行动快才能占得先机,吸引更多的流量。行动慢,跟在别人后面,效果就很糟糕,有时甚至连汤都喝不上。有些品牌,在短时间内就触及引爆点,成为时尚,或者一传十,十传百,得以迅速裂变。还有一些品牌采用的是借势手段,由于反应快,上了热搜,成了热点,品牌一夜之间走红,成为大家街谈巷议的焦点。

在数字时代做品牌,要的是流量,没有流量,就难有品牌知名度,就不能够在信息洪流中脱颖而出。人们一天接触的信息实在太多,面对的品牌数不胜数,没有多少闲情逸致慢慢欣赏一个品牌,而往往是跟着大家一起追,有可能今天追这个,明天追那个。风来了,流量也就有了。

口碑同样可以提升品牌知名度。知名度需要由广大网民口耳相传来完成与传统媒体不同,商家不需要把品牌硬推到消费者面前,而是亲朋好友以非常自然的方式,将品牌种草、安利给用户。人们由此更容易接收有关信息,并随手转发,成为进一步的传播者。

数字时代,品牌不是单靠砸钱树立起来的。只要产品是极致的,是爆款,人们会帮助你传播,排队的人群会形成一种可见的广告。只要创意够好,可以引发病毒式传播的浪潮,人们一个接着一个,自愿成为品牌免费的广告人。只要故事感人,网络上会到处流传。只要借势巧妙、神转折来得自然而强烈,人们就会把看广告当作日常生活的消遣。

数字时代,品牌需要成为网红,才具有生命力,也才算取得了成功。由于信息实在太多,能够让人们予以关注的,也就那么几个网红。对于个人品牌来说是这样,对于商业品牌来说也是如此。成了网红的品牌,会在网民的努力之下,构筑起一张巨大的传播网,将大量的用户纳入其中。"凭借新颖独特的产品、与时俱进的营销策略,网红品牌曾经或正在经历着人们的广泛讨论,而人们讨论的阵地多聚集于推特、脸书、微信、微博等社交媒体。"[①]人们愿意在社交媒体上谈论这些网红品牌,并愿意与其建立一种关联。网红品牌可以带给消费者社交资本。人们与其有了这样那样的联系,意味着自己也沾了流量的光。

品牌成了网红,也就成了具有进一步开发潜能的IP。超级IP的触角可以很广,也能够延续很久。漫威动漫可以开发出很多产品,单单是电影,就可以有很多的故事,很多的续集。那些耳熟能详的人物,在人们日常生活中经常出现,成了这个时代的标识。IP是跨越时空的强大存在。优秀的品牌就应该是这样的。它不只是某个产品的符号和区隔之物,而是可以不断地生长,可以深入人心的。

品牌可以成为人们的崇拜之物。人们膜拜它、敬仰它,而它也成为消费者心中的一个"神",能左右人们的情绪、情感和认知。

在数字时代,传统媒体已然消亡,传统广告也已衰微,而品牌依然具有很强的生命力,在新的品牌营销理论、品牌传播手段的推动下,不断讲述它的故事。

---

① 周延风、张婷、陈少娜:《网红社交媒体传播及消费者情感倾向分析:以网红品牌"喜茶"为例》,《商业经济与管理》2018年第4期,第70—80页。

第四节　品牌营销案例

对于新闻传播学科的同学来说，除了要学习品牌营销的理论，还需要了解丰富的品牌营销案例。

新闻传播学科不是传统的、学理性很强的学科，而是非常注重操作技能的学科，同学们需要掌握其理论，但更要懂得如何操作。对于就业单位来说，要找的是那些能够上手的、实践能力强的人。因此，对于学习广告和品牌的同学来说，了解实际社会中那些知名的品牌是如何做营销的，就显得很有必要。我们接触的案例多了，就如熟读唐诗三百首，不会作诗也会吟，在今后遇到类似状况，也能够继续策划、创意并开展有效的营销活动。

案例是无穷无尽的，不可能全部囊括进来，即便是经典、优秀的案例也不可胜数。这里列出的是一些在我们看来比较有知名度、影响力、代表性、参考性的案例，当然，也只是沧海一粟，供大家管中窥豹。

对于企业管理者来说，除了看重应聘者显性的技能，还会重视其工作上的后劲。因此同学们注重理论学习是很有必要的。

通过案例和理论的结合，同学们会具有更立体的思维空间，具备更强的想象视野。

当然，我们需要认识到，社会是复杂的，理论和案例是死的。灵活运用、具体问题具体分析是非常重要的。不能够套用已有的案例，也不能拘泥于所谓的经典理论，生搬硬套所谓的成功之道。相反，随机应变、因势利导是我们需要具备的一种技能，也是数字时代不断发展的一个要求。

因此，重要的是各位同学需要提升综合分析问题、解决问题的素质。党的二十大报告中指出："坚守中华文化立场，提炼展示中华文明的精神标识和文化精髓，加快构建中国话语和中国叙事体系，讲好中国故事、传播好中国声音，展现可信、可爱、可敬的中国形象。"①面对复杂多变的数字时代，以

---

① 习近平：《高举中国特色社会主义伟大旗帜　为全面建设社会主义现代化国家而团结奋斗——在中国共产党第二十次全国代表大会上的报告》，《人民日报》2022 年 10月 26 日，第 1 版。

及日新月异的传播技术,能够迅速找到合适的工具,采取合适的策略,使用合适的语言,将品牌故事讲好、讲生动,才是我们所需要的。尤其在这个国际贸易非常发达的时代,我们不仅要讲好中国故事,也要讲好中国品牌故事,还可以通过讲好中国品牌故事帮助讲好中国故事。当然,这一切离不开在课堂中的学习和实践。

数字时代,广告应当是流动的,品牌营销也是液态的。在这个加速发展的社会中,企业需要不断地创新求变,这样才具有生命力。

视频资源

本教材已经录制了部分视频课程,共 48 集,480 分钟。以下是关于第一章的 2 集视频二维码。

1. 当品牌营销遇上新媒体。

观看课程,请扫码

2. 品牌营销理论与案例。

观看课程,请扫码

拓展阅读

[1]戴维·阿克.管理品牌资产[M].吴进操,常小虹,译.北京:机械工业出版社,2012.

[2]菲利普·科特勒,何麻温·卡塔加雅,伊万·塞蒂亚万.营销革命3.0:从价值到价值观的营销[M].毕崇毅,译.北京:机械工业出版社,2019.

[3]凯文·莱恩·凯勒,沃妮特·斯瓦米纳坦.战略品牌管理:创建、评估和管理品牌资产[M].5版.何云,吴水龙,译.北京:中国人民大学出版社,2020.

思考题

1.数字时代,品牌营销环境发生了哪些变化?

2.新媒体时代,品牌传播可以使用哪些渠道?

第二章 社群

本章要点：

1.小米品牌营销的具体做法。

2.虚拟品牌社区的有关理论。

3."罗辑思维"的社群营销与拼多多的裂变传播策略。

4.社群营销、裂变传播的相关理论。

关键词：

小米；虚拟品牌社区；社群；裂变传播

第一节 小米

小米这个品牌，给人的感觉，仿佛就像一夜之间从地底下冒出来的一般，迅速地吸引了大家的注意力，成了人们茶余饭后都在谈论的品牌。小米的成长之路是非常快速的，这与传统时代的品牌传播注重"慢工出细活"截然不同。可以说这是一个"快鱼吃慢鱼"的时代，行动快才能制胜。

小米一出生就可谓具有"网红"基因，公司的创始人雷军是一个非常有名的人物，由网红人物打造的产品天然地容易成为网红。

小米品牌的成功与互联网营销思维是分不开的。《参与感：小米口碑营销内部手册》一书对小米品牌的成功秘诀做了很好的总结。

雷军早在2008年就提出了互联网七字诀——专注、极致、口碑、快。"专注和极致,是产品目标;快,是行动准则;口碑,则是整个互联网思维的核心。"①这七字诀是小米品牌成长的重要指导原则。

互联网时代产品的极致都是在快速迭代中完成的,它需要与用户不断互动,让用户及时参与产品生产、改进、完善的过程中,才能推出符合消费者需求的极致产品。口碑的本质是用户思维,就是让用户有参与感。

随着社交媒体的兴起,人人都是传播者,都有可能成为某个圈子的意见领袖,加上信息传播的速度和广度都是前所未有的,因此这是一个口碑为王的时代。如果没能赢得消费者口碑,产品就没有多少生存空间。

互联网思维的核心是口碑为王。小米提出的"口碑的铁三角"是这样的:一是发动机——产品;二是加速器——社会化媒体;三是关系链——用户关系。②

在这里,产品品质是前提,是最关键的"1"。如果没有前面这个"1",那么品牌营销作为后面的"0"也就失去了意义。嗓门再高,吆喝再多,也难以真正撼动消费者的内心。只有产品做到极致,才能赢得消费者的信任。

社交网络是现实社会关系的延续,网民之间可以建构起很好的信任关系。在某种意义上,网络信息的流动,是一种人与人之间信任的传递。一个品牌如果能够和用户建立起良好的关系,那么品牌营销就能够拥有更好的用户基础。用户对品牌的信任度越高,口碑传播就越广,品牌营销就更有效。

对于小米来说,致力于构建的用户关系,是建立在想方设法和用户交朋友,取得其信任的基础之上的。在这个社交媒体时代,对于企业来说,不再是单纯卖产品,而是需要卖参与感、体验感、满意感或者幸福感等。在这里,参与感是基础,需要首先加以考虑。

那么如何构建参与感?对此,小米管理层提出:构建参与感就是把产品、品牌、销售、服务等各个领域和环节的过程予以开放,让广大用户能够参与其中,从而建立一个可触碰、可拥有,和用户共同成长,并形成互动沟通的品牌。他们提出的"参与感三三法则"是这样的:三个战略是指做爆品,做粉丝,做自媒体;三个战术则是指开放参与节点,设计互动方式,扩散口碑

---

① 黎万强:《参与感:小米口碑营销内部手册》,中信出版社2014年版,第5页。
② 黎万强:《参与感:小米口碑营销内部手册》,中信出版社2014年版,第11页。

事件。[①]

小米创建品牌的做法与传统行业很不一样。传统行业一般是先从提高知名度入手,再去提升美誉度,最后才是构建品牌忠诚度,从而做大做强品牌。小米则反其道而行之,一开始只专注忠诚度,先培育一批种子用户,然后通过品牌传播不断强化这一过程,直到积累了足够的能量,具备了粉丝效应得以爆发的条件,才转而投入精力提升知名度。

从品牌的知名度、美誉度、忠诚度这三者的关系来看:知名度意味着能让用户听见、看见;美誉度表明走到了用户身边,具有亲近感;忠诚度代表已在用户心里落根,体验感强烈。[②] 由此可见,最关键的是看一个品牌有多少忠诚的用户。忠诚的用户越多,粉丝经济才有更大的潜能。

粉丝效应不是一蹴而就的,而往往是从一个小族群开始。大家因为某个共同兴趣而聚在一起,逐渐形成一个趣缘社群。不同的人有着不尽相同的关注点和兴趣点。去中心化的互联网,未来将分化出无数的兴趣族群。[③]每个兴趣族群都具有粉丝效应的生成基础。

粉丝效应是水到渠成的结果,它不是依靠设计就可以达成的。不过,企业应积极作为,适当因势利导,尽可能地为用户创造更多可参与的互动方式,营造良好的氛围,这样品牌才能在粉丝心里生根发芽。

小米策划过很多活动,来推动粉丝效应的最大化,例如"橙色星期五""红色星期二""爆米花""米粉节"等,都取得了良好的效果。每年固定举行的粉丝节,可谓一种文化仪式。"小米粉丝节的创办为米粉与小米商家之间的互动在时间上以固定的方式确定下来,时间铸造的仪式感在最大限度上满足了粉丝对于归属感的需求。"[④]

为了更好地呈现自己的品牌形象,小米还设计了一个特卖萌的吉祥物米兔,并为它设计了一个"不装不端有点二"的形象,令人看后印象深刻。

吉祥物是一种形象化的企业性格的体现,也是企业家情怀的流露,是品牌非常生动的符号。通过吉祥物,品牌可以依靠柔性的姿态、形象的语言与

---

① 黎万强:《参与感:小米口碑营销内部手册》,中信出版社 2014 年版,第 19 页。

② 黎万强:《参与感:小米口碑营销内部手册》,中信出版社 2014 年版,第 66 页。

③ 黎万强:《参与感:小米口碑营销内部手册》,中信出版社 2014 年版,第 70 页。

④ 费勇、林铁:《盗猎文本、快感经济与身份政治——小米手机粉丝文化研究》,《现代传播》(中国传媒大学学报)2013 年第 9 期,第 1—5 页。

用户进行交流,实现情感上的沟通。

小米注重和用户做朋友,而不是请明星、找代言人进行强力推销。对于小米品牌来说,最好的策略就是将自己的产品打造成"明星",让广大的小米用户成为"明星",让小米的态度成为"明星",这样小米品牌也就成了"明星"。用户之所以喜欢小米品牌,就是喜欢小米的产品、团队和精神。用户能够基于这些选择小米,而不是因为明星,这是小米非常欣慰的,也是它品牌经营成功的关键。

因此,我们在电视上不太能看得到小米的广告。即便有那么几个电视广告,小米也是采用互联网思维进行运作,将广告本身作为一种传播物加以打造。电视广告出来之后,广大用户可以把它当作产品,进行二次和多次传播。为了达成更好的传播效果,电视广告信息不需要太复杂,而是越简单越好。电视广告应当被作为品牌广告,而不是那种功能广告。此外,在电视渠道资源的选择上,应当选最大平台进行集中爆破,而不是分散自己的力量。集中资源才能给人一种声量,实现有效传播,达成扩散效应。

谈到小米,很多人会想到雷军与格力老总董明珠的"10亿赌局",虽然引来不少争议,但是获得了广泛关注,达到了非常好的传播效果。小米认为一件传播事件,不需要百分之百都是正面声音,如果有七成是正面的,那么即便剩下的是负面声音,对传播效果来说,也不会造成多大的影响。

小米提出,新营销的第一步是让自己的公司成为自媒体。

企业做自媒体,在内容上需要贴近用户,要"讲人话",这是最重要的。

因此,企业会投入时间和精力提升自媒体的品质,做优质的内容。并且,除了自己做内容,还可以发动用户,让用户生产内容,在这个过程中用户也可以获得一种参与感。

在这个社交媒体时代,各种社交媒体,而不是传统媒体,应当成为企业品牌传播的主阵地。对于小米来说,做社会化营销的核心通道是微博、论坛、微信和QQ空间等。

微博是小米社会化媒体营销的第一站。例如"我是手机控",就是基于微博的营销活动。在这次活动中,广大用户纷纷晒出自己购买、使用过的手机,并将自己使用手机的体验、与手机的关系、手机给自己带来的影响等进行分享。"我是手机控"这个话题吸引了很多用户参与,在新浪微博上迅速形成超过1700万人次的讨论。在用户如此积极的参与之下,品牌得到了广泛的传播,并给用户留下了深刻的印象,以及难忘的体验感。

另外,"150 克青春"的活动,同样引起了很多用户的关注、讨论和参与。

QQ 空间基本上是年轻人的天下,小米非常注重与年轻人互动。

小米论坛是老用户的家,重在为其提供回报。例如,小米手机首批用户有机会到小米商城,输入"小米手机十周年",领取 1999 元红包。2021 年 8 月 16 日当天,可以在小米商城购买任何东西,没有任何门槛,没有任何套路。

小米的微信,主要是一个服务平台,提供咨询、售后等各种服务。

总的来说,小米手机的品牌传播机制是这样的:首先依靠"发烧友"。小米公司的著名口号是"为发烧而生"。这群忠诚的种子用户,为小米品牌的扩散传播打下了坚实的基础。之后,小米发挥不同媒体渠道的优势,和更多用户沟通对话,充分了解消费者的心理,并快速予以回应,拉近与用户的关系,接着利用微博、论坛、同城会、发布会等小米社区构建粉丝的身份认同,例如,"小米随手拍"活动,吸引其他粉丝关注和转发,以及大量的摄影爱好者参与。祝宇桐认为,小米品牌传播有四个关键词:吸引、拉新、沉淀和归属。这些都离不开社区对粉丝文化的构建,并最终指向归属感。"无论是微博营销还是论坛运营,粉丝文化为核心的品牌传播的最终目的是能够使粉丝真正与品牌成为一体,能够建立情感上和心理上的认同感和归属感。"[1]

"爆米花"活动让粉丝成为"明星"。小米在数百万"米粉"中选出几十位资深"米粉",并且为这些在各个领域非常有代表性的粉丝制作专门的 VCR。在粉丝节和相关活动中,邀请这些资深粉丝走上红地毯,领取"金米兔"奖杯。这些奖杯是属于粉丝的,这样的活动让他们成为粉丝中的"大明星",从而吸引更多人成为"米粉",并让他们以更大的热情置身粉丝活动中去。《爆米花》杂志也是为"米粉"打造的,在这里"米粉"是时尚封面的主角,也是品牌传播的代言人。

"小米社区可以被描述为社交空间、营销渠道和游戏化激励设计的结合体,试图利用各类游戏元素吸引、鼓动和奖励用户实现线上线下多种参与。"[2]由此种种,品牌就和粉丝真正地结合在一起,形成利益、情感、心理上的共同体。粉丝成了品牌形象的塑造者、传播者。他们对品牌有着强有力

---

[1] 祝宇桐:《社会化媒体环境下的粉丝文化与中国本土品牌传播趋势初探:以小米手机为例》,硕士学位论文,华东师范大学,2015 年,第 36—37 页。

[2] 陈园园:《游戏化对在线品牌社区用户参与的激励机理——基于小米的案例研究》,《管理案例研究与评论》2021 年第 3 期,第 325—338 页。

的认同感和归属感。品牌与消费者的关系变得牢不可破,品牌做大做强也就指日可待了。

第二节　虚拟品牌社区

一、品牌社区

小米品牌的传播很大程度上是品牌社区成功运营的一种体现。

作为一个专有名词,"社区"一词由德国社会学家滕尼斯提出。之后,2001 年,穆尼兹等正式提出了品牌社区这一概念。"品牌社区是以使用同样品牌产品的人们的社会关系为基础,由特殊的、非地缘关系所组成的群体。"[1]

从这里可以看出,品牌社区与传统的基于地理区域构建的社区是不一样的,它突破了地理界限,是以消费者对品牌的情感、兴趣,以及商家提供的利益等作为联系纽带构建的。"品牌社区突破了传统'消费者—品牌'关系模型中的单一维度,而强调和更加注重以品牌为媒介的消费者之间的关系。"[2]

在品牌社区理论的基础上,学者们进一步提出了其他品牌社区的理论。例如"以消费者为中心的品牌社区模型"理论认为,品牌、产品、消费者、营销者均为品牌社区的重要组成要素,并将消费者与公司、消费者与产品、消费者与品牌、消费者与消费者这四类关系纳入品牌社区范畴。该模型的重要

---

[1] Albert M. Muniz Jr., Thomas O'Guinn, "Brand community," *Journal of Consumer Research*, vol. 27, no. 4(2001), pp. 412-432. 转引自吴麟龙、汪波:《虚拟品牌社区对品牌关系的影响机制研究——以小米社区为例》,《管理案例研究与评论》2015 年第 1 期,第 71—83 页。

[2] 吴水龙、刘长琳、卢泰宏:《品牌体验对品牌忠诚的影响:品牌社区的中介作用》,《商业经济与管理》2009 年第 7 期,第 80—90 页。

特征是突出了消费者在品牌社区中的核心和联结作用。[①]

品牌社区主要具有以下三大特征：一是社区成员共享某种价值观；二是社区成员共有的"仪式和传统"；三是社区成员共有的"责任感"。[②]

社区成员共享某种价值观可谓品牌社区得以成立的基础。这种价值观是区别不同的品牌社区的一个主要尺度。在品牌社区中，各个成员拥有一种共同的价值观，他们对于某个品牌有特殊的情感，并且认为品牌个性、品牌文化、品牌价值观等与他们自己的"三观"是相似的、一致的。这种价值观上的契合度，让他们产生一种认同和共鸣，从而愿意聚在一起，围绕品牌开展各种活动，发挥自己作为社区成员的作用。

品牌社区也会有自己的"仪式"。例如，某个著名品牌规定，要想成为其俱乐部的高级会员，必须能够在规定的时间内克服种种困难到达规模的地点。这是一项不易完成的挑战，不过这种规定对于这个品牌俱乐部来说是一种入会必不可少的仪式。这种仪式代表了品牌社区所持有的一种理念：只有具备一定的勇气和能力，才有资格加入本团体，成为其中的一员。

作为一个品牌社区，其也担负着一种责任，使社区成员对整个社区或者社区成员之间的某种职责有认同感。它产生了共同的社区行为并且对社区的稳定起到凝聚作用。

布鲁克曼认为消费者在品牌社区的互动中能够提高品牌忠诚度，产生品牌认同感。品牌社区的互动能够赋予消费者全新的身份，产生人际交往的异样体验。"在品牌社群中，通过消费者彼此间的交往和互动能够创造出超越产品自身价值的新附加价值，即信息价值和社会价值。"[③]因此，品牌社区也在生产附加价值，从而推动品牌增值。

二、虚拟品牌社区

在互联网时代，人们日常活动相当一部分是在网络空间中进行的，人际

---

① 吴水龙、刘长琳、卢泰宏：《品牌体验对品牌忠诚的影响：品牌社区的中介作用》，《商业经济与管理》2009 年第 7 期，第 80—90 页。

② 黄静、王利军：《构建品牌社区》，《商业经济研究》2004 年第 18 期，第 50—51 页。

③ 王新新、薛海波：《品牌社群社会资本、价值感知与品牌忠诚》，《管理科学》2010 年第 6 期，第 53—63 页。

交往和商业交往也搬到了线上。从而,品牌社区有了新的形态,虚拟品牌社区得以出现。

国外学者科兹涅茨将虚拟品牌社区称为"在线品牌社区",其社区成员交流的载体主要是网络,社区成员主要通过品牌论坛、个人主页和博客等,交流彼此的品牌体验和对品牌的态度。[①] 畅榕认为虚拟品牌社区是由企业、品牌追随者或者第三方发起的,基于数字传播技术而形成的社会网络。[②] 沙振权等学者认为,虚拟品牌社区是指网上存在的,以讨论品牌知识、分享品牌经验与感受为主要内容的网络社区或者论坛。[③] 简单地说,虚拟品牌社区就是在网络空间中构建的品牌社区,例如一汽大众社区论坛等。

消费者参与虚拟品牌社区的动机是什么?虽然动机不尽相同,但是参与和互动是非常重要的、较为普遍的动机,人们希望通过虚拟品牌社区获得一种认同感和归属感。

佩斯和帕克等认为虚拟品牌社区为消费者提供的体验能够提升他们的品牌好感,影响到消费者日后对企业品牌营销活动的反应行为。舍费尔和布鲁恩等学者从 IT 行业品牌社区的维度进行分析,认为消费者在虚拟社区中追求有质量的信息。消费者在虚拟品牌社区参与互动的目的是寻求其中的信息价值,而社区通过提供有价值的信息培养消费者的社群意识。[④] 用户在虚拟品牌社区中的互动行为,主要是为了获得有价值的信息以及某种体验感,在这个过程中营销人员的努力有助于进一步强化用户黏性。

企业构建虚拟品牌社区主要在于通过各种手段的互动,树立良好的品牌形象,并在此基础上强化消费者的品牌认知,构建消费者对品牌的认同感、自豪感和忠诚度。"互动与体验对于增进成员的品牌情感与忠诚是至关重要的,而互动的起点是要激发成员参与互动的兴趣,体验的关键点是满足

---

① Robert V. Kozinets, "The Field Behind the Screen: Using Net-Nography for Marketing Research in Online Communities," *Journal of Marketing Research*, vol. 39, no. 2(2002), pp. 61-72. 转引自沙振权、蒋雨薇、温飞:《虚拟品牌社区体验对社区成员品牌认同影响的实证研究》,《管理评论》2010 年第 12 期,第 79—88 页。

② 畅榕:《虚拟品牌社区研究》,中国传媒大学出版社 2007 年版,第 35 页。

③ 沙振权、蒋雨薇、温飞:《虚拟品牌社区体验对社区成员品牌认同影响的实证研究》,《管理评论》2010 年第 12 期,第 79—88 页。

④ 王珂:《虚拟品牌社区的传播管理研究》,硕士学位论文,江西师范大学,2018 年,第 4 页。

成员对于信息、社交等方面的需求。"①

虚拟品牌社区的参与能够显著地影响成员对于产品品牌的忠诚度,但是不同层次的参与行为对产品品牌忠诚度的影响是不一致的。高互动行为,例如积极发帖、积极分享品牌经验、积极响应其他成员的话题、积极与其他成员进行联系等,更能影响消费者的产品品牌忠诚度;而低互动行为,例如浏览性参与行为,对消费者的品牌忠诚度影响比较小。② 因此,需要尽可能地鼓励用户进行高互动行为,提升其参与的深度和层级。社区融入是品牌社群的重要特征。"社区成员的参与度越高,消费者越能感受到虚拟品牌社区的特征,因此也愿意向周边人群推荐或推广该品牌,从而形成稳定的品牌承诺并正向影响消费者的品牌评价。"③

一般来说,消费者对虚拟品牌社区的信任度越高,参与的意愿就越强,也会产生更多高互动的行为。虚拟品牌社区信任主要可以分成系统信任、制度信任和人际信任三个层面。

系统信任是指社区成员对社区网站硬环境(例如服务器)可靠性的信任。它是消费者对社区网站功能的信任。

制度信任是指社区成员对社区运营管理、监管机制的信任。在虚拟品牌社区运营中,社区的规章制度是社区有效运行和获得成员信任的软环境。

人际信任是指社区成员对其他成员的信任。社区成员聚集在虚拟社区,交流彼此关注的品牌知识和体验,诚实地提供可信、有价值的信息。

经研究发现,虚拟品牌社区信任通过消费者的社区陷入对品牌忠诚产生正向影响。其中,系统信任和人际信任对社区陷入具有显著正向影响,且系统信任对社区陷入的影响力大于人际信任,而制度信任对社区陷入的影响未获统计学上的支持。④

其实,在这个媒介社会,不管是在现实的品牌社区,还是在虚拟的品牌

---

① 吴麟龙、汪波:《虚拟品牌社区对品牌关系的影响机制研究——以小米社区为例》,《管理案例研究与评论》2015 年第 1 期,第 71—83 页。

② 陈顺林:《虚拟品牌社区参与对产品品牌忠诚的影响研究》,硕士学位论文,浙江大学,2007 年,第 81 页。

③ 李冬梅:《虚拟品牌社区特征对消费者品牌评价的影响:机制与路径》,《商业经济研究》2022 年第 16 期,第 76—79 页。

④ 赵卫宏、王东:《虚拟品牌社区消费者参与动机研究:中国消费者视角》,《企业经济》2011 年第 7 期,第 58—62 页。

社区,人们获取信息的渠道都是多元的,而对于品牌的信任也受到了多种因素的影响。虚拟品牌社区需要根据消费者心理传递品牌信息,提供品牌体验,并构建消费者关系。

什么是虚拟品牌社区中顾客的品牌体验?有学者认为这是指在虚拟品牌社区中,顾客与品牌、品牌企业以及其他顾客在各个接触点上就品牌相关的主题进行互动获得的心理和情感状态。[①]在这个体验经济的时代,品牌营销务必采取各种措施提高顾客的体验,才能吸引顾客、留住顾客。为了提升虚拟品牌社区顾客的品牌体验感,激励顾客参与价值共创是一种有效的策略。企业、品牌与顾客之间相互交织的、密切的、有效的互动,可以让顾客有更强的参与感。顾客在虚拟品牌社区中的交流越多,体验感越深刻,对品牌的情感就会越深刻,品牌忠诚度就越高。

第三节 罗辑思维与拼多多

一、罗辑思维

"罗辑思维"是由罗振宇等创办的知识服务商和运营商,是自媒体时代的产物。

"罗辑思维"拥有多个产品和传播平台,例如微信公众号、知识类脱口秀视频节目、新浪微博账号、系列图书、得到 App 等,涉及文字、视频、音频三个层面的内容,已经形成了一个知识生产和传播的矩阵,品牌价值在不断提升。2019 年 10 月,"罗辑思维"以 70 亿元位列"2019 胡润全球独角兽榜"第264 位,可谓成绩斐然。旗下的知识服务平台得到 App 在 2016 年 5 月上线,旨在为用户提供"省时间的高效知识服务",提倡人们利用碎片化时间进行学习,使广大用户在短时间内获得大量有效的知识。一经推出,便赢得很多用户的关注。

---

① 李朝辉:《虚拟品牌社区环境下顾客参与价值共创对品牌体验的影响》,《财经论丛》2014 年第 7 期,第 75—81 页。

"罗辑思维"的运营模式主要经历了三个阶段。

第一阶段，粉丝自媒体模式。2012 年 12 月，申音与罗振宇合作创办"罗辑思维"。当时传统媒体日渐衰微，新媒体处于风口。"罗辑思维"提出了"有种、有趣、有料，做大家身边的读书人"的口号。在发展早期，"罗辑思维"的主要业务包括优酷视频、微博、微信公众号。营利模式较为单一，主要包括会员费（普通会员一年 200 元，铁杆会员 1200 元）、优酷广告收入、微信打赏。

第二阶段，电商自媒体模式。2014 年 5 月，罗振宇找到李天田，重新组建了团队，开启"罗辑思维"新的篇章。2014 年 6 月，"罗辑思维"微信公众号首次推出微信小店，创下 90 分钟 8000 套标价 499 元的图书售完的纪录。这时的"罗辑思维"开始将视频节目的优质内容精选出来，编辑成册出书，以此营利。

第三阶段，社群自媒体模式。2015 年 10 月，在多家行业大佬领投、跟投之下，"罗辑思维"完成了 B 轮融资，估值一下子达到 13.2 亿元人民币。在这个阶段，罗振宇进一步提出了"打造互联网知识社群"的口号。"罗辑思维"旗下的产品和业务多元化，囊括了视频节目、微信公众号、得到 App、"罗辑思维"百度贴吧、微信群、有道云笔记等，产品形态丰富多样，逐步发展为综合知识型社群平台。罗振宇称"罗辑思维"不是粉丝经济，而是社群经济。随着业务系统的多元化，营利模式也趋于多样化，有会员收入、广告收入、电商收入、商业品牌赞助、演讲收入、投资收入等多种收入来源。[①] 在知识付费的背景下，知识是一种商品。在知识社群，知识是核心的要素，良好的社群关系则促成了知识的变现。"社群中的知识使用价值可以分为信息价值、社交价值和娱乐价值几个维度，它们共同塑造和提升了知识的交换价值。"[②]在社群经济中，信息价值、社交价值、娱乐价值都需要在社群中生产和赋值。

"罗辑思维"是自媒体时代如雨后春笋一般涌现出来的诸多品牌之一。从"罗辑思维"运营模式的转变来看，社群变得越来越重要。就企业而言，需要注重社群在品牌传播中的作用，积极挖掘社群经济，从而达到事半功倍的

---

① 吴超、饶佳艺、乔晗等：《基于社群经济的自媒体商业模式创新——"罗辑思维"案例》，《管理评论》2017 年第 4 期，第 255—263 页。

② 卢尧选：《知识社群：知识付费的内容生产与社群运作——以罗辑思维社群为例》，《中国青年研究》2020 年第 10 期，第 12—20 页。

效果。

二、拼多多

估计很多人在微信上都收到过朋友发来的拼多多链接,要求你帮忙助力领红包。很多人正是通过这个渠道知道这个 App,并最终成为其用户的。

2019 年 8 月 29 日,拼多多上线了"天天领现金,打款秒到账"的活动,这个活动一开始很有吸引力,很多微信用户的朋友圈、微信群等空间都反复出现该活动的链接分享。用户只要点开链接分享就有可能获得数额不等的现金红包,这对很多用户来说,既新鲜,又实惠,因此很乐意参与,一时间可谓万民狂欢。

该活动的流程设计得非常巧妙,可以说是环环相扣。

首先,用户点击亲朋好友发来的链接,可以帮助好友领取红包。这是一种助人为乐的行为。与此同时,系统会自动识别被分享者是否下载了拼多多的 App,加以分别对待。一方面,引导那些已经下载的用户直接跳转拼多多 App 进行消费;另一方面,对于那些未下载 App 的人员,则引导其跳转 App Store 予以下载,使其成为用户。

接着,用户进入并登录拼多多 App 后,只要点开红包,就会出现好友感谢助力的消息,这对于用户来说是一种激励。与此同时,系统会给那些初次参与活动的用户发送一个大红包,并出现"立即提现"字样,这更是一种奖赏。用户在点击"立即提现"之后,页面就会显示满 100 元或者 200 元才可以成功提现,让其分享给亲朋好友。

最后,吸引更多用户参与,让他们不断地把链接发给自己的好友,助力将一直持续下去。整个活动流程就这样一环扣一环,被分享者不断地变成分享者,周而复始,循环反复,由此形成了一个裂变的闭环,达到了壮大用户人群的目的。[①]

为了提升用户的活跃度,拼多多的营销部门推出了多种玩法:

第一,团长免单模式。在拼多多,你可以选择那些团长免单的产品,看中后,只要点击"我要开团"就可以成为团长。如果是 N 人团,那么团长需要

---

① 陈鹏飞:《拼多多的拉新策略研究——基于红包分享的裂变效应》,《现代商业》2020 年第 21 期,第 43—45 页。

将该商品链接成功分享给其他人。在 N 个消费者凑齐之后,系统就会返还团长之前支付的金额,实现免单。这对于团长来说具有激励作用,团长愿意帮助卖家找客户,从而轻松实现裂变。

第二,"0.01 元"抢购。用户可以在拼多多 App 上选择自己的心仪商品,可以选择拼团,也可以点击"去开团"字样。如果能在用户的社交圈分享后组织团购,当达到开团人数时,就可以参与"0.01 元"抽奖。

第三,砍价免费拿。在拼多多 App 中,如果对那些能砍价免费拿的商品感兴趣的话,可以点击"砍价 0 元得"字样。在接下来的 24 小时内,你只需要将链接发送给自己的好友,让他们帮忙砍价,等到商品的价格砍到 0 元时,你就可以免费免邮获得该商品。

为了实现新用户的快速增长,拼多多还是挺"拼"的,可谓花样百出。然而,拼多多的这些营销活动多少有一些虚假宣传的成分,例如有些用户在好不容易将红包数额凑成 100 元或 200 元时,却并没有得到相应的现金奖励,而是得到 4 张代金券,这种做法让用户对其产生了很大不满。[①] 这就怪不得用户会感叹:砍价永远差一刀!

因此,虽然一开始,这种玩法激起了很多用户的热情,达到了良好的裂变传播效果,但是之后就显得不那么灵光了,很多用户在一次次的失望中对其失去了信心,不愿意再去为了红包,发朋友圈分享,也不愿意参与其他一些促销活动。裂变效应大打折扣。为此,拼多多需要少一些套路,多一些诚意,设计更有创意、更加真实的让利活动,才有可能再次引爆用户的热情。

在这个社交媒体时代,不管是对数字经济的网络平台来说,还是对实体经济的经营者来说,积累粉丝和用户都是经营活动的基础,当然这也是经营的重点和难点。很多商家,花了很多时间、精力和金钱,做广告,搞地推,却未必能够吸引多少顾客。如果能够让种子用户帮忙宣传和传播,达成裂变效果,既省时省力,又不必费钱,这是很多商家渴求的。

---

① 陈鹏飞:《拼多多的拉新策略研究——基于红包分享的裂变效应》,《现代商业》2020 年第 21 期,第 43—45 页。

第四节　社群与裂变传播

一、引爆社群

营销传播的理论已经有过多次更迭。经典营销理论是 4P,认为营销活动需要从产品(Product)、价格(Price)、渠道(Promotion)、促销(Place)这四个方面入手。

之后,随着市场环境的变化,唐·舒尔茨提出了整合营销传播理论,所谓 4C 是指消费者的需要和欲望(Consumer's needs and wants)、消费者愿意付出的成本(Cost)、购买商品的便利性(Convenience)、沟通(Communication)。

随着社交媒体时代的到来,我国学者唐兴通撰写的《引爆社群:移动互联网时代的新 4C 法则》一书中提出了新 4C 法则,认为这个时代的营销活动要从场景(Context)、社群(Community)、内容(Content)、连接(Connection)这四个方面入手,才能获得更好的效果。[①] 新 4C 法则是根据社交媒体的特性提出的,更符合当下的品牌营销实践。

具体而言,场景是非常重要的因素。极致的场景体验实质是在用户有需求或欲望时,向合适的人提供合适的信息及合适的服务。[②] 这样,用户会有宾至如归的感觉,对品牌的印象就会很深,并会比较满意。社群是用户的共同家园,是品牌与用户沟通的渠道。建立社群的目的不是投放广告、销售产品,而是为了构建彼此的信任。[③] 在数字时代,内容是关键。在互联网上,数字营销最重要的是做好企业的内容,即要把产品、品牌以合适的形式、方

---

① 唐兴通:《引爆社群:移动互联网时代的新 4C 法则》,机械工业出版社 2017 年版,第 3 页。

② 唐兴通:《引爆社群:移动互联网时代的新 4C 法则》,机械工业出版社 2017 年版,第 33 页。

③ 唐兴通:《引爆社群:移动互联网时代的新 4C 法则》,机械工业出版社 2017 年版,第 15 页。

式,通过有料、有价值的故事讲出去。并且,讲得生动,讲得形象,讲得有趣。[1] 在粉丝经济时代,品牌营销需要利用好各种社群、各种圈子。信息可以通过这些圈子的弱连接迅速渗透到强连接构建的社群中。[2]

总之,对于品牌营销来说,需要在合适的场景下,找到特定的人群,通过合适的内容,引发快速裂变和人与人之间的连接,这样才能达到理想的效果。[3] 在数字时代,消费者已经发生了很大的变化,营销人员从社群出发,利用用户的关系网推进品牌传播,才是有效的营销。

社群有很多种类型,例如产品型社群、兴趣型社群、知识型社群和品牌型社群。不同的社群,人们的关注点不同,成员构成以及关系也会有较大差异。

想要开展社群战略,需要认识到人们有扎堆、凑热闹的习惯,社群成员具有共同的兴趣和爱好,价值观趋于一致。因此,对于企业来说,需要找到目标社群,然后采取有针对性的行动,将其俘获。

我们需要认识到,一方面,社群结构不尽相同,主要有两种:一种是圈层结构,社群有一个明显的边界;另一种是链式结构,一种以自我为中心的社群网络结构。[4] 这两种不同结构的社群,传播模式显然也存在区别,因此需要分别对待。另一方面,用户加入网络社群的动机不尽相同,主要有以下几种:寻找自我、扮演角色、炫耀、攀比、学习、成长、窥视等。[5] 营销者为了有针对性地开展活动,就需要了解用户人群的动机。

建立社群,吸引用户加入并非易事。而有了社群,还需要进一步利用好社群,使其发挥作用。如果想要引爆社群,可以从以下几方面着手:摸清社群散落在互联网上的生态图;依据营销目的及实际情况找准目标意见领袖;

① 唐兴通:《引爆社群:移动互联网时代的新 4C 法则》,机械工业出版社 2017 年版,第 21 页。

② 唐兴通:《引爆社群:移动互联网时代的新 4C 法则》,机械工业出版社 2017 年版,第 24 页。

③ 唐兴通:《引爆社群:移动互联网时代的新 4C 法则》,机械工业出版社 2017 年版,第 25 页。

④ 唐兴通:《引爆社群:移动互联网时代的新 4C 法则》,机械工业出版社 2017 年版,第 108—110 页。

⑤ 唐兴通:《引爆社群:移动互联网时代的新 4C 法则》,机械工业出版社 2017 年版,第 108—110 页。

质量佳且关联度高的内容才可以带来正确的回响;正视消费者的意见与回馈,真心响应很重要。[①] 这几个方面一环扣着一环,合力引爆社群。

有些社群活跃度高,有些则很一般。为了构建高黏性和高参与度社群,可以采用八个策略:熟悉用户交流的热点话题;让用户能够自由讲话;营造和谐的社区文化;以真诚和热情去积极参与;激活忠诚粉丝;制订完善的运营计划;构建激励机制,善待负面评价。[②] 积极鼓励大家参与,营造良好的社区文化,创建和谐的传播环境,这样人们就愿意经常进入社群,社群的人气就比较高。

社群运营需要注重提升用户的仪式感、参与感、认同感、归属感,这样用户才能对社群产生黏性,才有活跃度。

社交媒体时代,需要重视社群的传播力量。人们生活在一个个的虚拟社群中,在这些虚拟社群中,人们交流各种新闻,展示自己的生活,并借此来了解各个品牌的信息。品牌经由消费者之口,在虚拟社群中传播,形成的正是一种口碑。口碑好,销售就会跟上,消费者的品牌忠诚就能逐步建立起来。

人类社群经过了"聚合—离散—重新聚合"的发展过程。对此,麦克卢汉有过类似表述。

传统意义上的社群是"以人们之间的相互关系和情感联结为标志,以地域为界限而形成的社会网络关系"[③]。传统社群的基本特征主要体现在共享的群体意识、仪式和传统、道德责任感这三个方面。[④] 人们很难超越地域结成社群,因此,人与人的交往很多时候是面对面的,人情往来较为频繁,是一种强关系的社群。工业革命之后,这样的社群面临着诸多冲击,原子化社会的特征得以增强。新媒体让人们重新聚合在一起,不过这次是在虚拟空间。

新媒体时代的社群具有其不同于传统社群的特点:"形成社群的基本因素从亲族关系、地域范围转向成员之间的情感需求。拥有不同兴趣爱好和

① 唐兴通:《引爆社群:移动互联网时代的新 4C 法则》,机械工业出版社 2017 年版,第 152—153 页。

② 唐兴通:《引爆社群:移动互联网时代的新 4C 法则》,机械工业出版社 2017 年版,第 140—142 页。

③ 王新新等:《品牌社群:形成与作用》,长春出版社 2013 年版,第 85—129 页。

④ 周志民、李蜜:《西方品牌社群研究述评》,《外国经济与管理》2008 年第 1 期,第 46—51 页。

需求的各类人群,通过互联网产生连接且逐渐形成规模,并以其独特的优势促进了各行业的发展。"①互联网时代社群经济有以下特质:组织稳定性、资源分布式、生产柔性化、营销个性化、产品双重性。一个基于趣缘的、跨越时空的新社群时代到来了。对于企业来说,有了与顾客更为直接的沟通渠道,可以根据顾客所需进行产品生产,根据不同的用户展开精准营销。

从社群经济对品牌的影响来说,社群经济催生品牌建构与传播的新理念:

其一,品牌建构——从产品驱动到用户驱动,品牌建构的基础由产品转变为社群,品牌建构的主体由企业转变为用户。

其二,品牌传播——从线性结构到网状结构,品牌传播的目的由促进产品销售转变为形成社群文化,品牌传播的渠道由大众媒介转变为口碑传播。

二、裂变传播

1967 年,美国哈佛大学心理学教授斯坦利・米尔格拉姆想要描绘一个连接人与社区的人际联系网,做过一次实验,结果发现了"六度分隔"(six degrees of separation)现象。

"六度分隔"现象,又称为"小世界现象"(small world phenomenon),可通俗地阐述为:"你和任何一个陌生人之间所间隔的人不会超过六个,也就是说,最多通过六个人,你就能够认识任何一个陌生人。"

由此看来,世界很大,世界也很小,人与人之间通过一张张传播网,紧紧地联系在一起。品牌可以通过一个个用户,将信息传播得非常广、非常远,这是传统媒体时代难以做到的。

正是因为这种将彼此紧紧联系在一起的传播网络,整个世界成了一个地球村,通过人与人之间的关系,裂变传播也就变得可能了。

各种社交媒体的兴起,为社交裂变提供了条件。庞圆圆认为社交裂变是指利用人们的社交属性以及特定心理(例如赚钱、省钱、炫耀、求关注等),

---

① 王战、冯帆:《社群经济背景下的品牌传播与营销策略研究》,《湖南师范大学社会科学学报》2017 年第 1 期,第 141—148 页。

促进人们自发进行产品传播,实现产品一传二、二传四的指数级增长。[①]

人与人之间的关系可划分为强关系和弱关系两种。两者在互动频率、信息内容、情感投入、亲密程度等方面都有很多不同。强关系可谓熟人圈,关系相对密切,互动频率高,信息内容的同质性高。弱关系可谓半熟圈,彼此不算是完全的陌生人,毕竟互为好友,存在关联,但又谈不上真正的朋友。弱关系可以获得很多异质信息,能够拓展人们信息交往的范围,起到重要的桥梁作用。裂变传播想要取得成功,以下几点是很重要的:第一,培育种子用户。种子用户是裂变传播成败的关键。具备一定数量的、忠诚的、热心的种子用户,就有了"星星之火,可以燎原"的裂变基础。第二,施以利益诱导。所谓"无利不起早",在合适的利益诱导之下,很多用户就有参与的热情,愿意推动裂变。第三,创作有趣的内容。那些生动活泼、充满趣味性的内容具有社交货币的属性,能让用户觉得有分享的价值。第四,开创便捷渠道。在人们有意愿参与之后,还应当让人们能够轻松、便捷地参与互动和传播,因此,开创简单易行的传播渠道也是重要因素。

趣头条曾采取老带新的点对点收徒制。老用户通过在社交媒体分享二维码或邀请码,邀请好友注册。一旦邀请成功,好友注册成了趣头条新用户,趣头条就会给这个老用户一定的现金奖励。这之后,这个新用户就是老用户的"徒弟"。"徒弟"的有效阅读会转换成金币,这些金币是给老用户的。接着,"徒弟"可以邀请其他新用户使用趣头条,使其成为自己的"徒弟"。[②]于是"徒子徒孙"就可以不断扩张下去,一条条传播链就会建立起来,从而达到裂变的效果。趣头条的这种做法有点类似传销的运作模式,两者都是通过一级级拉人的方式来扩大队伍。

如果品牌能够一传十、十传百地不断扩散传播开来,消费者能够一带二、二带四地不断增长起来,那么对于企业来说,这是非常好的一种态势。相反,在人们主要利用社交媒体来进行传播的时代,品牌如果不能达成裂变传播的效果,那么基本上就很难得到很大的扩散效应,想要成为一个网红品牌,也就不可能了。

---

① 庞园园:《社交裂变,电商营销新模式》,《金融博览(财富)》2019年第1期,第76—77页。

② 祁祺、刘凯文:《信息聚合平台的新模式:社交裂变——以趣头条为例》,《新闻研究导刊》2020年第3期,第199、201页。

视频资源

本教材已经录制了部分视频课程,共 48 集,480 分钟。以下是关于第二章的 4 集视频二维码。

1. 小米案例。

观看课程,请扫码

2. 虚拟品牌社区理论。

观看课程,请扫码

3. 罗辑思维与拼多多。

观看课程,请扫码

4. 社群与裂变传播。

观看课程,请扫码

拓展阅读

[1] 黎万强.参与感:小米口碑营销内部手册[M].北京:中信出版社,2014.

[2] 唐兴通.引爆社群:移动互联网时代的新 4C 法则[M].北京:机械工业出版社,2017.

[3] 吴麟龙,汪波.虚拟品牌社区对品牌关系的影响机制研究:以小米社区为例[J].管理案例研究与评论,2015(1):71-83.

[4] 周志民,李蜜.西方品牌社群研究述评[J].外国经济与管理,2008(1):46-51.

思考题

1.小米手机在品牌传播与管理上有哪些成功经验?

2.如何利用虚拟品牌社区构建良好的品牌—消费者关系?

3.粉丝经济时代如何营造品牌的参与感?

4.请结合有关理论,分析"罗辑思维"的品牌传播策略。

5.请结合有关案例,谈谈你对社群营销的理解。

6.品牌营销怎样才能引发裂变传播?

第三章　引爆

本章要点：

1.“凡客体”对品牌传播的作用。

2.引爆点营销理论的相关知识。

3.蜜雪冰城主题曲刷屏事件分析。

4.病毒式营销的相关理论。

关键词：

凡客体；凡客诚品；引爆点；蜜雪冰城；病毒式营销

第一节　凡客诚品

凡客诚品创办于 2007 年，是一个购物网站，可以买到男装、女装、童装、鞋、家居、配饰、化妆品等几大类产品。

凡客诚品当初将自己定位为互联网时尚生活品牌。更具体的阐释如下：“提倡简单得体的生活方式，坚持国际一线品质、合理价位，致力于为互联网新兴族群提供高品质的精致生活。”

一、“凡客体”

现在提起凡客诚品的人可能已经不多，不过它曾经风靡一时，在各地公交站牌都可以看到它的广告。它的代言人也是大牌明星，很多人都认识。

凡客 2010 年签约韩寒和王珞丹为代言人,2011 年又先后签约黄晓明、李宇春为代言人。凡客诚品广告画面显得非常简洁,背景是纯白的,没有芜杂的信息。而几位代言人韩寒、王珞丹等,个性鲜明,形象独特,要么耍酷不羁,要么清纯可爱,吸引了很多人的关注。

凡客诚品广为传播,并成为茶余饭后的话题,很大原因是他们创作了一种被称为"凡客体"的文案。

"凡客体"的广告词看起来高调直接、简单而又有些细碎,当然也挺幽默的,并且代言人以"80 后"的口吻标榜另类,张扬青年亚文化,以此塑造 VANCL 富有个性的品牌形象,令人印象深刻。

2010 年 7 月以后,这种以"爱[ ],也爱[ ],我不是[ ],也不是[ ],我是[ ]"为基本叙述方式的大批恶搞帖子迅速爆红网络。

据了解,上海互动广告公司 AKQA 的首席文案朱宇是第一个 PS"凡客体"的人,他为郭德纲等设计的独白生动贴切,虽然只有寥寥数语,不过人物性格却跃然纸上,非常鲜明,令人看后忍俊不禁、拍案叫绝。他将"凡客体"的主旨由宣扬个性转为戏谑恶搞,这与广大网民的心理是相契合的,之后各种 PS 不断出现,引发了网络狂欢。此外,网友康尽欢于当年 7 月 30 日在豆瓣网上发起"PS凡客,收集你的凡客"线上活动,进一步推动网络狂欢走向高潮。

网络上出现了大量"山寨版"凡客体广告,代言人被换成了郭德纲、小沈阳、凤姐等名人,甚至还包括动画片角色、网络游戏人物等,广告词也是精彩纷呈,可谓极尽调侃之能事,令人捧腹大笑。①

"凡客体"火了之后,被各行各业不断借用,例如南京警方的警示性公益广告:爱打电话,爱发短信,爱装警察,爱装法官,爱装检察官,也爱说电话欠费、法院传票、银行转账、恶意透支、涉及洗钱、安全账户……我不是神马,也不是浮云,我是电信骗子,警察一直在找我,如果我找你,马上拨打 110。

可以说,不管是韩寒和王珞丹的"凡客体",还是黄晓明的"挺住体",以及李宇春的"生于1984",韩寒后续的"春天体",等等,凡客的这几次广告传播,由于文案独特,都在互联网上掀起巨大反响,很多用户参与其中,一起恶搞,一起狂欢。

在这个网络狂欢的时代,从百变小胖到甄嬛体,不无表明,只要是网民

---

① 　陈文鹏:《"凡客体"之不凡处》,《电影评介》2010 年第 19 期,第 102、112 页。

觉得好玩的,大家都会非常乐意参与进来,并积极予以转发传播。凡客体正是网民觉得好玩的事物。

二、凡客诚品的营销策略

有学者总结了凡客品牌微博传播的几大特点:不做销售,而是忙活小事情,发布顾客所关心的内容。关注用户,跟踪用户对公司产品、服务的反馈意见并及时回复。杜绝官腔,坚持说人话,用网络语言拉近与粉丝的距离。策划活动,通过名人效应、公益活动等增强微博影响力。制造趣味,通过有意思的内容和有趣的八卦等话题吸引粉丝。[①]

可以说,凡客品牌的微博策划活动和设计话题主要有以下几个关键词:"名人""赠送""秒杀""公益"等。透过这些关键词,不难看出凡客品牌的传播特征。通过这些广告,凡客带给用户一种"良好的客户体验",而这正是品牌想要努力获取的。

2009年初,凡客诚品启动了客户体验升级活动,这次的规模可谓空前。他们提供了多项优惠政策:全免运费——无论购买多少钱的产品,运费全部免费;30天无理由退换货——只要用户不满意,不管有没有穿过,30天内都可以退换货;开箱试穿——用户收到衣服时,可以当面拆开试穿,不满意可以不收货。

在微博营销上,凡客诚品借助名人的人气,引发用户的关注。2009年11月9日,凡客诚品向关注度第一的姚晨粉丝群发送了一条微博——"打算给姚晨的21万粉丝们一点儿福利,但愿姚晨粉丝们出来说句话,怎样操作得好"。于是,两大粉丝群立刻开始讨论起来,用户的关注、评论、转发迅速增长。7月6日,借助韩寒《独唱团》上市之际,凡客诚品通过微博发起了秒杀《独唱团》杂志活动,从而引发广大用户的关注,转发量可观,并且因此新增了大量粉丝。[②]

在销售促进传播上,凡客诚品有一套自己的做法。凡客诚品采取的是"高性价比轰炸"的销售促进传播策略。这种策略让产品在确保质量的同时,以极低的价格,非常快速地切入一个新兴市场,并通过持续的销售促进

① 陈志强:《140个字的凡客穿透力》,《商界(评论)》2010年第8期,第66—68页。
② 陈志强:《140个字的凡客穿透力》,《商界(评论)》2010年第8期,第66—68页。

传播活动,提升某个市场的占有率。具体来说,例如凡客想要进军 B2C 鞋类市场,于是推出了 7 天 49 元低价抢购活动。最终,第一天就取得了狂卖 2 万单的惊人战绩。这种策略的推出,对于传统服装业来说,是巨大的冲击。因此,凡客诚品屡屡被冠以"价格屠夫"的称号。

在公关传播上,凡客诚品采取公益营销活动,同样吸引了很多用户。例如,在国庆 60 周年的时候,凡客诚品开展庆祝国庆的 T 恤义卖活动,该活动被称为"集善嘉年华"的公益营销活动,社会反响非常不错。①

当然,这一切都需要落到口碑传播上。

然而,凡客诚品在引爆流行之后,并没有延续非常好的势头,经过几轮融资,且最终不及京东、淘宝等网购平台,归于沉寂,是非常值得反思的。

作为网购平台,坚持自己明确的定位是非常重要的,不然很容易在品类上游移不定,在平台定位上模糊不清,在规模上大而不强。

当然,从品牌传播角度来说,"凡客体"是非常成功的,吸引很多用户参与,成了当时的一种网络亚文化。由于"凡客体"的流行,它的品牌知名度得以迅速提升,用户关系得以维系并升温。这是值得借鉴和学习的。

第二节　引爆点

"凡客体"作为一场网络的狂欢,它的流行现象很值得研究。在这里可以用经典的引爆点理论加以解释。

格拉德威尔写了《引爆点:如何引发流行》这本书,他认为流行病暴发需要三个条件:

一是能传播传染病病原体的人;二是病原体本身;三是其发生作用所需的环境。这三个因素,对于流行病暴发来说,可谓缺一不可。

通过对流行病事物的分析,格拉德维尔提出了流行三原则:个别人物法则(Law of the Few)、附着力因素法则(Stickiness Factor)和环境威力法则

---

① 　庄猛:《凡客诚品的品牌传播之道》,《新闻爱好者》2011 年第 10 期,第 78—79 页。

(Powcr of Context)。[1]

我们可以分别来看一下。

首先是个别人物法则。

我们知道有一个著名的80/20法则。一个社会80％的财富可能集中在20％的人手里，一个单位80％的人做出的成绩可能不及那20％的人，等等。研究发现，很多流行病的传播，其实是极少数人引发的。这就是个别人物原则，这些个别人物往往擅长社交、精力旺盛、博学以及在同类中有足够的影响力。

格拉德维尔提到了个别人物中的三个角色，分别是联络员、内行、推销员。

所谓联络员就是指那些人脉很广、交际能力强、跟谁都能扯上关系的人。他们可以将信息在很短的时间内传给很多的人，知道的小道消息也非常多，信息很灵通。有了这些联络员，消息就有可能像长了翅膀一样，得以广泛传播。

内行，顾名思义，是指那些掌握了一定内部资源、内部信息的人。在某些领域，他们懂的比一般人要多，要准确，也更真实。他们显然也会广泛阅读，接触大量媒体上的信息，并能积极参与传播。内行的出现，对于信息来说，意味着它具有非常高的权威性。人们更愿意相信来自内行的信息。由一个普通人推荐某个产品，人们将信将疑，采取购买行动的人不会太多；而由一个内行推荐，人们愿意相信并采取购买行动。例如，李佳琦是口红领域的内行，女性消费者愿意信任他。

不管怎样，推销员的角色还是挺重要的。一个好的产品，内行做了很好的推荐，如果想要引发流行，就少不了推销员的推动。推销员可以让信息一传十、十传百、百传千千万。况且，有些信息，人们本来不是那么相信，这就更需要推销员来个临门一脚，推一把，这样人们才可能会购买。

在社会潮流中，只有这三种角色同时存在，共同努力，潮流的引爆才有可能。

其次是附着力因素法则。

所谓附着力，就是能够在短时间内吸引人的注意力，并让人记忆犹新。

---

[1] 马尔科姆·格拉德威尔：《引爆点：如何引发流行》，钱清、覃爱冬译，中信出版社2014年版，第6页。

人们经常会花很多时间去思考怎样才能使信息更容易被传播。对于企业来说，要思考的是如何使产品或者观念让尽可能多的消费者知道和接收。这里，要把消息传播出去，一个关键点在于怎样确保接收者不会左耳进右耳出，而是让信息留在他的脑海中，也就是让信息具有附着力。信息的附着力意味着它会对人产生影响。这样一来，信息就不太会从你的脑海中被赶出去，也不会从记忆中被轻易地清除。[①]

如何才能创造让人记忆深刻的附着力？这里有很多窍门。要让一个事物流行开来，让大家接受，也许只需要做一些小小的调整。例如把有关信息进行重新包装，让那些看起来很复杂的信息变得简单、有趣、直接、有力，这样它的附着力就可以得到大大提升。

就品牌传播而言，要拥有强附着力意味着好的创意、产品和服务要完美结合。品牌营销者需要掌握大众的关注点和兴趣点，才能增强用户黏性和品牌忠诚度。

例如脑白金"今年过节不收礼，收礼还收脑白金"的广告。在说出前半句时人们会脱口而出后半句，在购买保健品时人们会先想到脑白金。广告的附着力使消费者记住了它。

最后是环境威力法则。

科学研究发现，流行病在很大程度上受到它们所处的外部环境、它们发生作用的条件和它们运转所需的特殊环境的影响。[②] 流行事物也一样，它的出现与各种条件、所处时空等密切相关。

引起大众做出改变的有可能是非常简单甚至是微不足道的某个点。

犯罪学家詹姆斯·Q·威尔逊和乔治·克林提出的破窗理论讲的是如果一个地方有一户人家的窗户破了，如果没有得到及时的修理，那么很快就可能会有更多的破窗出现。犯罪者容易受到社会环境的暗示，诱发犯罪行为。可见，犯罪就像一种流行疾病一样，也是具有传染性的。[③]

环境威力法则认为，那些诱发人产生不良行为的因素可以是非常简单、

---

① 马尔科姆·格拉德威尔：《引爆点：如何引发流行》，钱清、覃爱冬译，中信出版社2014年版，第11页。

② 马尔科姆·格拉德威尔：《引爆点：如何引发流行》，钱清、覃爱冬译，中信出版社2014年版，第13页。

③ 马尔科姆·格拉德威尔：《引爆点：如何引发流行》，钱清、覃爱冬译，中信出版社2014年版，第126页。

微不足道的日常生活中秩序混乱的信号。这些信号会诱人犯罪。

相反,当你走在一个非常清洁的街道上时,你根本不好意思随手扔垃圾。在图书馆里,看到周围都是静悄悄的,那么你自然就不好意思大声说话了。这与个人素养关系不大,主要是环境对人行为的影响。

要制止犯罪,只需要清洗掉墙壁上的乱涂乱画,逮捕那些搞小破坏的人就可以,也就是说只需要改变周遭已经表露出不良状况的环境和氛围即可。

那么,如何利用环境威力法则引发潮流?这里其实需要体现群体的力量。人在群体中所做出的推论或决定,和他一个人时做出的会有非常大的差别。在群体中,我们会感受到群体带来的压力和各种影响,我们需要和周边的人保持一致,需要遵循社会规范,不能够完全按照自己的想法行事。群体思维、群体压力等因素会裹挟着我们采取相同的行为,或者使我们加入某个潮流中,成为其中的一员。

在较小规模的群体中,人们的关系要密切得多。如果想要引发什么潮流,使其达到可以流行的程度,群体的规模是非常重要的因素。这里有一个150法则。

150法则也被称为邓巴数字。邓巴研究发现,150是一个引爆点,如果超过了这个数字,群体统一观念、一致行动的能力就会出现结构上的障碍。[1]

从数量上来看,跨越150这个数字,貌似在一瞬间,看起来似乎只是一个小小的变化,但是实际上,这种跨越所产生的结果,与之前的存在天壤之别。

据研究,麻疹的传播具有三个特征:第一,传染性;第二,微小的变化产生巨大的效果;第三,变化是突发式的,而非渐进式的。[2]

可见,它的传播具有突变性和爆发性。流行潮突然全面爆发,以及一切变化同时产生——这一极具戏剧性的时刻,我们把它命名为"引爆点"。[3]

由此可见,想要发起某种流行,就得把有限的资源集中在这个点上。我们只要换个视角、换种方式看这个世界,就会发现很不一样的面向,能够窥见其中的奥妙之处。一旦我们找到了这个点,那么只要轻轻一推,世界就自

---

[1]　马尔科姆·格拉德威尔:《引爆点:如何引发流行》,钱清、覃爱冬译,中信出版社2014年版,第162页。

[2]　马尔科姆·格拉德威尔:《引爆点:如何引发流行》,钱清、覃爱冬译,中信出版社2014年版,前言第XXV页。

[3]　马尔科姆·格拉德威尔:《引爆点:如何引发流行》,钱清、覃爱冬译,中信出版社2014年版,前言第XXV页。

已动了起来,天地就会由此打开。为什么有些品牌能够一夜之间走红,成为万众瞩目的焦点,有些品牌虽然花了很多时间和金钱,却总是不得要领,这里的关键在于是否能够找到流量密码,也即引爆点。引发引爆点的法则,正是这三个——个别人物法则、附着力因素法则和环境威力法则。

第三节　蜜雪冰城

　　2021 年 6 月,蜜雪冰城"你爱我,我爱你,蜜雪冰城甜蜜蜜"的魔性主题曲迅速在网络走红。主题曲非常简短,也就三句话,不断重复,令人印象深刻。蜜雪冰城还非常鼓励用户对主题曲 MV 进行二次创作。网友通过模仿、混仿、混搭等多种形式,运用多种元素,衍生出多个不同风格的版本,例如黄梅戏版、京剧版、方言版等。微信中"雪王"表情包异常火爆,并且吸引了多家企事业单位的官方账号跟进,推出相关短视频。在全民狂欢之下,蜜雪冰城在网络上获取了大量流量,知名度迅速提升,成了一个网红品牌。

　　蜜雪冰城营销宣传负责人王伟龙指出:"我们和外部咨询公司一道分析了《小苹果》等所有火爆的歌曲,它实际上是小单元重复的逻辑。在不断重复的情况下,它会带动消费者在脑子里循环往复,传唱率就高了。"[①]蜜雪冰城主题曲采取的也是简单重复策略,显得魔性十足。

　　蜜雪冰城主题曲的旋律来自美国作曲家斯蒂芬·福斯特在 1847 年创作的乡村民谣《噢,苏珊娜》,创作者选取了其中节奏感最强的一段加以改编而成。主题曲虽然简短,但它符合很多人的情感需求。不管是 Z 世代,还是其他人,面对爱的表达,都是容易感动的。你爱我,我爱你,两人相亲相爱,爱情甜甜蜜蜜,那是多么美好的画面。爱是人类永恒的主题。蜜雪冰城同样是在进行情感营销。

　　为了引爆流行,营销者研究了在抖音上的爆款歌曲,发现存在这样的规

---

　　① 王水:《蜜雪冰城火爆背后:二创、抖音与"十万铁军"》,《销售与市场(管理版)》2021 年第 8 期,第 72—75 页。

律:"它们普遍沿着'造梗—爆梗 接梗—引发潮流—流量收割'这一路径。"[1]蜜雪冰城的歌曲也是如此,通过精心的策划,达成了传播效果的最大化。

蜜雪冰城有近万家门店,在门店反复播出广告主题曲,有助于进一步催生广告歌在线上流行。

相当数量的爆款音乐都是翻唱、二创的"快餐音乐"。由于旋律之前就已经存在,人们对其并不陌生。经过翻新、再创作,音乐很容易就能勾起人们的记忆。对于熟悉的事物,人们更容易接受,流行的门槛低。加上不断重复,"洗脑神曲"就能刻印在人们的脑海中。《乌合之众》曾提到"断言、重复、传染"是传播的三大法宝。蜜雪冰城的主题曲,语句简短,不断重复,具有魔性,易于传染。

蜜雪冰城共计有十万员工,这些员工是蜜雪冰城的"铁军",在传播初期有助于推动主题曲的快速扩散。"十万铁军"虽然不是轻易就能加以调动的,但是一旦他们积极参与,那么品牌传播活动就显得很有气势,动能强劲。

很多网友到线下门店"打卡唱歌",曝出很多"社死现场",不过这进一步引发人们的热议,让热度得以延续。中南财经政法大学教授盘和林认为营销的重点在于制造爆点:"只要年轻人喜闻乐见,有爆点,能够为广大受众接受,并能够广泛传播,那么这次营销就是成功的。"[2]的确,正是有了爆点,病毒式传播才会发生。

除了广告歌,吉祥物也很重要。肯德基、麦当劳等大牌餐饮店都有自己的吉祥物,使品牌传播形象化,让人印象深刻。蜜雪冰城同样创造了属于自己的吉祥物"雪王"。"雪王"头戴王冠,手握冰淇淋权杖,身披红色风衣,造型可爱,深得年轻人的喜爱。

"雪王"形象与蜜雪冰城的定位非常契合,与产品的关联度很高,能够建立起很好的品牌联想。"雪王"也是主题曲MV的主演,从而与品牌建立了强烈的心理联结。人们看到"雪王",听到主题曲,会自然而然地想到蜜雪冰城,并勾起内心的情感体验。

---

① 王水:《蜜雪冰城火爆背后:二创、抖音与"十万铁军"》,《销售与市场(管理版)》2021年第8期,第72—75页。
② 许礼清、孙吉正:《营销出圈热度攀升 剖析蜜雪冰城的"生意经"》,《中国经营报》2021年7月5日,第D04版。

　　"《蜜雪冰城甜蜜蜜》的火爆就已经带动了'雪王'IP 的广泛传播,之后,蜜雪冰城通过线上持续输出'雪王'形象图片、动画短视频等方式进一步推动了'雪王'IP 的'出圈'。"[①]后续,即便主题曲的热度降低,已经"出圈"的雪王 IP 还会得到进一步的开发,从而成为品牌形象强而有力的代言人。

　　2022 年 6 月 19 日♯蜜雪冰城黑化♯的相关话题引发网友热议,上了微博热搜榜。蜜雪冰城白白胖胖的雪王 logo 变身"黑胖黑胖"的"煤球王",很多网友发帖留言:"雪王这是去挖煤了吗?秒变熊黑蛋,太可爱了!""这绝不是晒黑,雪王眼睛里的高光都没有了,一定是黑化!""为啥人家就不能是镀了一层黑巧克力呢?"……这是继《蜜雪冰城甜蜜蜜》之后的又一次成功营销,蜜雪冰城的品牌热度再次飙升。

　　在"黑化梗"广为传播之际,蜜雪冰城的新款产品"桑葚果茶"上线了。蜜雪冰城解密真相:"家人们,雪王变黑的真相只有一个,雪王去桑葚园摘桑葚被晒黑了。"由此,新品的知名度和销售量迅速上升。这与蜜雪冰城将目标对象定位为 20 岁左右的年轻一代是密切相关的。"这一代人成长在互联网时代,有互联网思维,网络生活环境适应性极强,所以'黑化梗'是在不断互动的情况下,让社交网络先成为粉丝聚集区,再成为热点的引爆点。"[②]面向年轻人做品牌营销,就需要站在年轻人的角度思考问题,开展年轻人懂的、懂年轻人的、年轻人愿玩会玩的活动。在品牌营销过程中,不断与客户进行沟通,了解客户的需求,增强客户的情感体验,并推动建立他们与品牌的黏性关系,这是相当重要的。

　　说起蜜雪冰城的定位,它的文化基因从它创办之初就已经埋下了,专注的是"低价"市场。早在 2006 年,蜜雪冰城就已在郑州"出圈",凭借的是只需 1 元钱的冰淇淋。即便到了 2022 年,蜜雪冰城 3 元一支的冰淇淋、4 元一杯的柠檬水、6 元一杯的珍珠奶茶,走的还是"低端市场"。蜜雪冰城与其他新式茶饮差异明显,主攻下沉市场,在三四线城市遍地开花。它的定位非常契合部分追求快乐的年轻人心理,门店经常出现排长队购买的现象,从而进一步提升了市场影响力。B 站有一条点击量很高的评论表明了人们对蜜雪冰

---

　　①　吴雅清:《新媒体时代品牌传播娱乐化探析——以中国本土茶饮品牌蜜雪冰城为例》,《声屏世界》2022 年第 18 期,第 87—89 页。

　　②　李婷、石丹:《蜜雪冰城,"黑化梗"里有故事》,《商学院》2022 年第 8 期,第 120—125 页。

城的好感度——"你不嫌我穷、我不嫌你 low"。蜜雪冰城依靠规模经济取胜,主要利润来自供应链,以及加盟费、服务费等。因蜜雪冰城尽力压低成本,消费者得到的是无须 10 元就能买到的奶茶。

蜜雪冰城的招股书显示,公司在 2019—2021 年营收分别为 25.66 亿元、46.8 亿元、103.51 亿元,归属母公司的净利润分别为 4.45 亿元、6.32 亿元、19.1 亿元。截至 2022 年 3 月末,全国拥有 22276 家门店,包括旗下现磨咖啡连锁品牌"幸运咖"和现制冰淇淋连锁品牌"极拉图"。作为一家 1997 年创立,如今年营收超百亿元的茶饮连锁品牌,它的品牌营销之道值得学习。

第四节　病毒式营销

一、病毒式营销的概念

贾维逊及德雷伯在 1997 年发表的《病毒营销》一文中首次提出病毒营销这一概念——病毒营销是一种具有强大力量的市场营销工具,它利用你的顾客作为传播者,使公司信息能够快速得到扩散;并初步将其定义为"基于网络的口碑传播"。[①]

"病毒营销并非真的以传播病毒的方式开展营销,而是通过用户的口碑宣传网络,信息像病毒一样传播和扩散,利用快速复制的方式传向数以千计、数以百万计的受众。"[②]

病毒式营销的优势在于:传播速度快,参与人数多,参与热情高,传播成本低,传播效果好。

六度分割理论可谓病毒式营销的理论基础。六度分割理论认为人与人之间的距离并没有那么远,要想把一个信息传递给另一个陌生人,并不需要经过太多次的转手。在这里,弱纽带关系在信息传播中起到非常重要的作

---

①　转引自陆昊菁:《病毒营销的社会化媒体传播动力挖掘》,《今传媒》2012 年第 4 期,第 78—81 页。

②　冯英健:《网络营销基础与实践》,清华大学出版社 2004 年版,第 10 页。

用。可以说世界上每一个人都是一个传播节点，身处巨大的传播网中。"病原体"的扩散速度是超乎想象的，只要成了爆点，那么转眼间就会成为人们关注、热议的焦点。病毒式营销理论还与梅特卡夫定律、口碑营销理论、裂变传播理论等密切关联。

二、病毒式营销的成功案例

病毒式营销的经典范例是 Hotmail。作为当时世界上最大的免费电子邮件服务提供商，短短的一年半时间，就拥有 1200 万注册用户。Hotmail 在每一封免费发出的信息底部都会加上这样一句话——"Get your private, free e-mail at http://www. hotmail. com"。于是，通过用户，Hotmail 不费吹灰之力就将这一广告传到了千家万户，越来越多的人受此影响而注册了账号。

开心网当年采用的也是病毒式营销策略，通过用户注册信箱群发给所有的联络人，一下子就可以将一个用户的关系网拉到平台中来，而开心网的"偷菜"游戏具有很强的社交性，让很多玩家有动机去将熟人拉进来。开心网病毒式营销是很成功的，用户数量迅速增长。"偷菜"一时间成为一个非常热门的游戏，甚至成了一种文化现象。

拼多多采取的是找人砍价这一玩法，通过让用户转发给好友，邀请他们注册来扩大用户。这一做法对于用户来说，降低了产品的价格，得到了红包；对于好友来说，也有各种利益。因此，在很短时间内，拼多多就成长起来。虽然后期，这种玩法多少有些令人厌烦，但是并不能否定它所起的作用。

Hotmail、开心网和拼多多等都是巧妙利用人们已有的社交网，轻而易举达成了病毒式传播的效果，用户在短时间内得以暴增。从"拉新"角度来说，它们的经验是值得学习的。

头些年，百度推出的系列微电影——《唐伯虎篇》《孟姜女篇》《刀客篇》，也是病毒式营销的经典案例。虽然百度没有花多少钱，但这几个微电影得到了海量的传播，效果非常好。网友之所以自愿转发，是觉得这几个微电影拍得非常有趣，自己看了之后哈哈大笑，也希望分享给亲朋好友，让他们有同样的快乐。其他网友收到这样的推荐作品，不会觉得厌烦，而会心存感激，从而相关作品可以不受阻碍地得以传播。

方太油烟机推出的系列烧脑广告,也是病毒式营销的成功案例。当年,人们纷纷在社交媒体中转发,并加以热烈评论。这些广告之所以打动人们,是因为其具有神奇的反转效应,让人大跌眼镜——广告居然可以这样做。另外,广告中出现的专业术语,文科生(包括普通人)很难理解,觉得烧脑,这样也就有破解、自嘲的乐趣,具备了社交价值。

蜜雪冰城、百度、方太等案例表明,好的广告(歌)就是天然的"病原体",不需要企业支付媒体费用予以传播,人们会自发地帮其传给更多的人。

在社交媒体时代,人们使用微信进行日常社交活动。微信也是企业营销的重要渠道。利用微信进行病毒式营销是很多企业惯用的做法。微信病毒式营销的方式主要有:转发福利式、游戏炫耀式、互动分享式、投票福利式、活动集赞福利式。① 其实,各种玩法和花样还有很多,重要的是采取措施引发人们的转发,让信息迅速扩散开来。

三、病毒式营销的策略

威尔逊博士提出了病毒式营销的六项基本要素:(1)有价值的产品或服务;(2)提供无须努力的向他人传递信息的方式;(3)信息很容易从小范围到大规模传递;(4)利用公众的积极性和行为;(5)利用现有的通信网络;(6)利用别人的资源优势。② 他认为,在具体运用病毒式营销策略时,具备的要素越多,效果也就越好。

也有学者认为病毒式营销的基本属性如下:首先要有"病原体",即信息主体;"病原体"还要具有"传染性",即富于情感;受体要有活跃度,即活动的社交圈;"病原体"能够引起共鸣,共鸣的传播速度快、范围广。③

病毒式营销应该如何开展? 总的来说,做好以下几点是关键。

一是设计好"病原体"。"病原体"需要具有极强的"传染性",能够引起人们的兴趣,并且对品牌传播具有价值。例如,一则短视频,它必须是独特

---

① 葛飞:《社会化媒体背景下病毒式营销的应用研究》,《中国商论》2017 年第 26 期,第 53—55 页。

② 陈致中、石钰:《病毒营销的理论综述与研究前瞻》,《现代管理科学》2016 年第 8 期,第 33—35 页。

③ 付亮、王俊伟:《病毒式营销的内涵、特点及应用》,《沈阳师范大学学报》(社会科学版)2020 年第 5 期,第 63—68 页。

的,不能太普通。面对常见的事物,人们勾不起兴趣。它必须是有价值的——可以是非常搞笑,能带来欢乐的;可以是非常感动,让人情不自禁的;也可以是非常有意义,能带给人们一种知识或者启发的;等等。有价值的事物,是一种社交资本,人们会乐于传播。它必须具有话题性。在社交媒体时代,没法引起人们讨论或者争议的事物,很难产生流量,成不了热点,传播力也就不会太强。话题性强,病毒式营销爆发的能量就大。当然,病毒式营销是一项营销活动,如果对品牌、销售没有什么帮助,那也就失去了价值。它必须与企业、品牌和产品有深度勾连,能够让人对企业、品牌和产品产生浓厚的兴趣。

二是培育好种子用户。"病原体"需要由人传播出来,前期的种子用户非常重要。如果连种子用户都吸引不了,那说明其没有传染性。只有感染了一批种子用户,病毒才有扩散开来的可能。种子用户可以是忠诚的粉丝、自己的员工,以及意见领袖。品牌营销者需要通过利益或者情感绑定让种子用户积极行动起来,这样病毒才能遇上更多的其他用户。

三是要考虑目标对象的易感性。病毒式营销是一种网络传播方式,传播对象主要是网民,如果目标对象不上网,那么病毒式营销就很难到达他们那里。即便是网民,如果这群人不热衷互动、不愿参与,社交圈很窄,那么病毒式营销的效果也会大打折扣。如果目标对象是具有很强易感性的人,那么采用病毒式营销就更有效。

📹 视频资源

本教材已经录制了部分视频课程,共 48 集,480 分钟。以下是关于第三章的 4 集视频二维码。

1.凡客诚品案例。

观看课程,请扫码

2. 引爆点理论。

观看课程,请扫码

3. 蜜雪冰城。

观看课程,请扫码

4. 病毒式营销。

观看课程,请扫码

 **拓展阅读**

[1]马尔科姆·格拉德威尔.引爆点:如何引发流行[M].钱清,覃爱冬,译.北京:中信出版社,2014.

[2]刘伟,刘昱彤,李纯青,等.刷屏的原理:在线内容的病毒式分享机制[J].心理科学进展,2020,28(4):638-649.

思考题

1. 凡客诚品品牌塑造和传播有哪些经验和教训?

2. 结合凡客诚品案例,谈谈你对引爆点理论的理解。

3. 广告歌在品牌传播中可以起到怎样的作用?

4. 结合相关案例,谈谈你对病毒式营销的理解。

5. 你对蜜雪冰城的"黑化梗"有何看法?

第四章 口碑

本章要点：

1. 欧莱雅的口碑营销案例。

2. 口碑营销的内涵。

3. 褚橙的品牌故事。

4. 品牌故事的相关理论。

关键词：

欧莱雅；口碑营销；褚橙；品牌故事

第一节 欧莱雅

女性消费者几乎没人不知道欧莱雅的。欧莱雅是一家规模庞大的世界级化妆品集团，旗下拥有 500 多个品牌，包括兰蔻、碧欧泉、巴黎欧莱雅、美宝莲、薇姿等知名品牌。欧莱雅在全球拥有非常不错的口碑，曾经被著名的英国《金融时报》和美国《商业周刊》等媒体誉为"最受尊敬的法国公司""美的王国"等。口碑对于欧莱雅的成功起了很重要的作用，很多消费者正是基于他人的推荐，以及欧莱雅良好的品牌形象而去购买产品的。

对于企业来说，生产的产品往往是有梯队的，有高档的，也有低档的。如果一开始是高档的，后来往低档兼容，相对容易成功。如果一开始是低档的，想要往高处攀，则要困难许多。对于欧莱雅来说，它是从金字塔的塔尖往下延伸的，一开始只延伸到中间部位，并没有涉及底下的塔基。

不过,后来欧莱雅调整战略,打算做全整个金字塔,于是开始发力。特别是在 2004 年前后,一口气收购了国内多个品牌,例如羽西、小护士等,从而在二三线市场得以布局,拓宽了销售渠道,进一步扩大了欧莱雅品牌的覆盖地域和受众人群。

欧莱雅根据不同消费者的需求构建的品牌结构,正是一种品牌金字塔。所谓"品牌金字塔",就是针对从高端到低端各个层级的消费者市场,都有其相关品牌予以覆盖。

位于欧莱雅品牌金字塔的塔尖部分是一些知名的高档品牌,例如赫莲娜、兰蔻、碧欧泉、植村秀等,主要面向的是那些具有很强消费能力的高收入阶层。从广告宣传来说,这些品牌往往出现在高档的时尚类杂志上。销售渠道主要是高档的百货商场。

塔中部分品牌也有不少,产品主要分美发产品和活性健康化妆品。美发品牌有卡诗、美奇丝、欧莱雅专业美发等,这些产品主要在专业的发廊里销售。活性健康化妆品品牌包括薇姿和理肤泉两个品牌,销售渠道主要是药房。

塔基部分面向的是普通大众。品牌众多,包括巴黎欧莱雅、羽西、美宝莲、卡尼尔、小护士等。这些品牌的广告出现在街边的广告牌、电视、网络上,销售渠道布局上采取"尽可能方便购买"的策略,消费者在全国大大小小城市的专卖店、百货商店和超市里都可以买到。[①]

对于一个庞大的企业来说,往往都会生产不同层次的商品,并且分别冠上不同的子品牌,这是为了满足消费者的不同需求。消费者是多种多样的,需求有着天壤之别,只有一个品牌是很难满足不同层次所有消费者需求的。构建品牌金字塔非常有必要,这样也可以让品牌的口碑效应得以充分放大。

巴黎欧莱雅一直致力于让女性拥有更多力量和自信,它的经典广告语"我们值得拥有"正是基于这样的理念提出的。欧莱雅的广告和产品让很多女性勇敢地追求美,寻找自我,并且形成了良好的口碑传播。

巴黎欧莱雅还与"NEIWAI 内外"品牌开展联名营销,旨在鼓励中国女性勇敢自信地追求本色,通过"裸色适我,由敢而生"的口号,赋予女性力量和勇气,去拥抱独特自我。

---

① 张勇:《欧莱雅品牌战略对中国化妆品业品牌建设的启示》,《商场现代化》2005 年第 28 期,第 252—253 页。

欧莱雅集团非常注重企业对外形象和口碑的管理,在公司的对外交流与公共事务部门下设有网络口碑(E-Reputation)团队,专门负责集团官方微博的管理。欧莱雅旗下各品牌的官方微博则由市场部的数码营销(Digital Marketing)团队负责管理。为了实现更专业、更有效的传播,他们还定期邀请资深网络营销专家对微博营销的内容和方式进行点评,以及开展相关培训。[①]

社交媒体时代产生销售的前提是口碑。如果没有口碑,人们不会选择购买某个牌子的化妆品,毕竟人们的时间、金钱都有限,需要花在那些他们觉得值得的产品上去。"口碑营销就是化妆品企业创造价值的关键力量。事实上,良好的口碑不仅仅是化妆品企业的一种荣耀,也是一种高效、低成本的营销手段。"[②]

对于包括化妆品企业在内的任何一个企业而言,并非所有的产品都有条件进行口碑营销。口碑营销对于有些产品并不起作用,例如那些没有什么卖点、特色不鲜明的产品。企业要进行口碑营销,其产品与服务的高品质是基础,是生命所在。重视产品与服务在细节上的完美是开展口碑营销前的必修课。

另外,口碑营销要具有可控性,以防止其可能带来的负面影响。

口碑营销的案例,其实日常生活中随处可见。2021年有一部电影非常火,刷新了中国大陆的票房纪录,那就是《长津湖》。《长津湖》上映后,很多人在自媒体中说起这部感人的电影,口碑上佳,在爱国情感的激发下,观众纷纷走进电影院。我们去看电影,会先看一下各种评论、评分。如果评分很低,即口碑不佳,那么就会退缩,选择不去观看;如果评分很高,并且在自媒体中经常被人提起,那么自然会前去观看。

在网购平台买东西,许多人也会看看评分,浏览消费者的评论,消费者都说好的商品,下单就更有理由,并且购物风险相对低,更放心购买。虽然人们也会看一些媒体上的广告,但对于广告,很多人将信将疑,并不能够真正信服,而来自亲朋好友的推荐就不一样了,那都是自己可信赖的人,不太

---

① 周凯、徐理文:《基于5T理论视角下的企业微博营销策略及应用分析——以欧莱雅的微博营销为个案研究》,《图书与情报》2012年第5期,第120—127页。

② 于斐:《化妆品企业创造价值的根本:口碑营销!》,《日用化学品科学》2017年第12期,第46—48、56页。

有人会选择拒绝。网络上的评论,虽然来自陌生人,但同是消费者,他们做出的评价,很多人觉得是相对客观真实的,因此更乐意相信。这些来自其他消费者的推荐,其实是一种横向传播现象,这与大众传播时代的纵向传播很不一样。来自企业的广告宣传,由于带着很强的说服目的,消费者很容易产生抗拒心理。

广告可以告诉我们市面上有这样那样一些商品,在信息传递上可以取得成功,但是要达成销售,还是得看口碑,特别是这个社交媒体时代,每个人都握有麦克风,拥有对自己购物体验和品牌体验予以表达的权利,口碑传播更具有威力。商家只管自己怎么说,不管消费者如何看,是肯定行不通的。必须有一批忠诚的粉丝,让他们帮你说,才能获得理想的品牌传播效果。

口碑被称为零号媒介,是社交媒体时代商家不得不重视的传播渠道,或者说任何品牌传播活动,能不能产生效果,最后都得看能不能引发口碑效应。

口碑相当于一种背书,告诉人们花的时间和金钱都是值得的,是有保障的,因为很多人已经亲身体验过了,你尽可以放心。

通过口碑传播,我们很可能对某个品牌产生强烈的认同。讲到品牌认同,日本电通公司基于大卫·艾克教授的品牌认同系统理论,构建了一个电通蜂窝模型。这个模型以消费者对品牌的核心认同为中心,包括了符号、权威、情感、功能、个性、典型理想顾客形象等六个品牌要素。整个模型结构呈蜂窝状,因此被称为电通蜂窝模型。[①]

围绕在品牌核心价值周围的这六个方面构成了品牌形象的识别要素,对于消费者来说,一方面形成了对品牌形象的认知,另一方面得以产生对品牌的认同。

蜂窝模型理论对于我们认识品牌认同是很有价值的。口碑的目标很大程度上就是传递给广大消费者一种信任感,建立一种对品牌的认同感。

---

① 陈书舫:《基于日本电通蜂窝模型的欧莱雅集团品牌建构研究》,硕士学位论文,浙江大学,2010年,第4页。

第二节　口碑营销

在数字时代,口碑是一个品牌能否成功的关键所在。如果一个品牌口碑良好,经常有消费者在社交媒体中自发地推荐,那么自然就会有更多的消费者选购该品牌。而一旦出现的是负面口碑,企业就会面临困境,想要改变局面并不容易。

一、塞诺威兹的口碑理论

关于口碑营销理论,安迪·塞诺威兹曾经撰写了《做口碑》一书,可谓经典。在书中,他谈道:"人们往往热衷于交谈。"在文字出现之前,人们主要使用的是口语。与人聊天,对于建立、维护人类社会来说是非常重要的。

对于品牌传播来说,如果你的品牌能够被人们交谈,那就事半功倍了。因此重要的是赢得用户的心,如果他们对你的品牌非常认同,并有强烈的忠诚度,那么品牌传播的很多事情他们都会为你完成,并且是免费的。

安迪·塞诺威兹认为口碑营销就是创造一个理由,让人们谈论你的产品,同时,还要创造机会,让人们谈论时更加轻松自如。口碑营销是"C2C"(客户到客户)的营销。

他认为,口碑营销有四原则:一要令人感兴趣;二要让客户高兴;三要赢得信赖与尊重;四要让口碑宣传简单易行。①

这里的前三个原则指向的都是赢得顾客的心。顾客只有心悦诚服,才能真心诚意地向其他人推荐该品牌。最后一个原则说的是操作层面的,毕竟人们都有惰性,都怕麻烦,只有简单易于操作的事情,才能促成客户予以帮忙。

让人们谈论你有三大原因:"他们喜欢你和你的产品;谈论让客户感觉

---

① 安迪·塞诺威兹:《做口碑》,林祝君、李东海译,机械工业出版社2008年版,第15—18页。

舒服;他们感到与群体息息相关。"①可见,人们不会无缘无故地谈论一个品牌。谈论品牌是因为内心有所触动,能够为自己以及其他人带去某种利益。那些具有社交货币属性的品牌或者话题,更容易让人们主动去谈论它。

具体而言,口碑营销要从五个"T"出发进行思考和策划:

谈论者(Talkers):谁会与朋友谈论你?

话题(Topics):他们会谈论些什么?

工具(Tools):你会以什么样的方式帮助传播这些信息?

参与(Taking Part):什么时候你应该参与话题谈论?

跟踪(Tracking):人们在谈论什么内容?②

口碑营销要分析谈论者,并选择合适的谈论者。谈论者有以下几类:愉悦的客户、网上谈论者、Logo 爱好者、殷切的员工、倾听者、狂热追捧者和沉迷者、专业人员。③ 那些对企业有帮助的谈论者,营销人员应当积极加以引导,让他们跟品牌站在一起。

口碑营销需要有人帮助你传播。对于品牌营销者来说,需要找到那些优秀的谈论者。一个优秀的谈论者具有很多特征,例如富有激情,给人感觉是可信的,说话是有分量的,而且他的谈论与品牌是有关联的,能够帮助品牌传播得更广。

话题要简洁明了,不能太深奥;要朴实自然,不能太花哨;要便于人们方便快捷地传播,不能太复杂烦琐;要出人意料,不能平淡无奇。

通过各种工具,要让人们乐于传播信息,例如将有关信息写在电子邮件上,在网页上设置"一键转发"按钮。

要想获得好的口碑,你必须真诚地参与进来。不管是谁想说话,以及想要说些什么,你都要做好准备,随时参与他们的话题,与他们交流。

最后,做好监测和评估。例如:尽量利用网络工具跟踪用户行为,积极鼓励用户反馈有关信息,及时查看和回复用户的留言,对口碑传播存在的问题进行检讨,对营销效果加以准确评估,等等。

---

① 安迪·塞诺威兹:《做口碑》,林祝君、李东海译,机械工业出版社 2008 年版,第 19—23 页。

② 安迪·塞诺威兹:《做口碑》,林祝君、李东海译,机械工业出版社 2008 年版,第 27 页。

③ 安迪·塞诺威兹:《做口碑》,林祝君、李东海译,机械工业出版社 2008 年版,第 68—71 页。

口碑营销,诚信非常重要,因此我们需要认识到以下几点:

第一,口碑不具有隐秘性。口碑是品牌与客户及相关群体进行公开而诚实的沟通而形成的。

第二,虚假口碑无济于事。如果玩虚假,它将会玷污你的声誉,你会陷入失败。

第三,抵制一切欺诈行为。从营销人员及客户的利益出发,保护口碑的核心精髓——信任。

第四,遵循诚信投资回报规则①。想要保持诚信,在具体的口碑营销中需要遵循这三个简单的原则:诚实的关系——你要说出你代表的是谁;诚实的观点——你要说出你真正相信的是什么;诚实的身份——你永远不要隐瞒自己是谁。②

总之,只有遵循诚信的原则,口碑才有说服力,才能起作用。那些建立在虚假事实基础上的口碑,注定是空中楼阁,总有一天会轰然倒下。

二、网络口碑传播动机

在数字时代,口碑营销越来越多地使用网络渠道和工具。"互联网＋"背景下,口碑营销具有"传播速度快、传播路径广、覆盖面广、传播过程具有隐私性"等特点。③

如今,口碑传播主要在各大社交媒体平台中进行。人们看其他人在那里安利、种草,自己也可能会积极参与其中。这个过程中,人们会有所选择,面对某些品牌,在某些时候,会参与,但是有些情况就不会,这里涉及动机问题。具体到网络口碑传播动机,可以分成三种:正面动机、负面动机和中性动机。

正面动机对于口碑传播来说自然是最有利的,消费者往往是基于对品牌的认同而进行传播。负面动机则是因为消费者心里有不爽、不满,以及其

① 安迪·塞诺威兹:《做口碑》,林祝君、李东海译,机械工业出版社 2008 年版,第 37 页。

② 安迪·塞诺威兹:《做口碑》,林祝君、李东海译,机械工业出版社 2008 年版,第 35 页。

③ 程健:《"互联网＋"背景下的口碑营销策略研究》,《中国商论》2021 年第 4 期,第 57—58 页。

他负面的情绪,需要通过网络表达出来,由此对品牌传播会造成消极的、负面的影响。中性动机,是有些人就是喜欢表达,喜欢晒,从而也会对品牌传播带来可大可小、可好可坏的影响。

戈德史密斯关于网络社区口碑主动接收者的动机研究认为,消费者寻求网络口碑的动机包括:降低感知风险;降低购买价格;追求时髦或追随他人;减少搜索付出;寻求容易利用的信息;寻求刺激。[①]

不难发现,人们参与网络口碑的传播,总有着这样那样一些动机。对于企业来说,激发人们的这些动机,也就可以取得更好的口碑传播效果,或者说,企业品牌营销活动很大程度上需要围绕消费者的口碑展开。企业行为需要规范,不能出现大的纰漏,特别是不能出现严重影响消费者利益的问题。不然,在数字时代,坏事的传播是极其迅速的,并且迅速恶化。除了防止负面口碑,企业还应当致力于营造正面口碑传播的氛围和条件。品质当然是口碑的基础,不过有了好的品质还不够,还需要有诱因,或者说某种利益驱动,才能让消费者自发地行动起来。

三、口碑传播效果的研究

从理论层面来说,口碑传播效果的研究主要是基于以下两个理论:

(一)可获得性—诊断性理论视角

这个理论主要讨论的是人们记忆中的信息对其行为决策的影响。

弗尔德曼等学者提出了可获得性—诊断性理论,认为:"如果先前的经验是容易获得的,并且与其他可以获得的信息相比,辨别性又比较高的话,那么人们就会在以后的行为中借鉴这种先前的经验。"可获得性是指先前获得的知识在人的记忆中被迅速提取的难易程度;诊断性是指所提取的知识是否足以帮助解决手头上的任务。[②]

---

① Ronald E. Goldsmith, David Horowitz, "Measuring Motivations for Online Opinion Seeking," *Journal of Interactive Advertising*, vol. 6, no. 2 (2006), pp. 1-16. 转引自张晓飞、董大海:《网络口碑传播机制研究述评》,《管理评论》2011年第2期,第88—92页。

② 黄敏学、王峰、谢亭亭:《口碑传播研究综述及其在网络环境下的研究初探》,《管理学报》2010年第1期,第138—146页。

(二)归因理论视角

海德的归因二分法认为,在尝试解释他人为什么会做出某些行为时可以有两种归因方法:一种是内部归因,认为他做出这种行为跟他自己有关,即和他的人格、态度和个性有关;另一种是外部归因,认为一个人之所以做出这样的行为,是因为他所处的情境,并假设大多数人在同样的情境下会做出同样的反应。[①]

从传播学角度而言,我们接受某个信息,会受到很多因素的影响。对此,巴特尔认为从个人的角度来讲,口碑传播是一个从输入到输出的过程。在这一传播过程中,人会受到很多因素的影响,包括外部环境——文化、社会网络、激励和商业氛围等,以及内部因素——消费者自身的一些因素。对于个人而言,无论是口碑的输入还是口碑的输出,都既有"寻求",也有"给予",可见口碑交流存在双向性。[②]

口碑营销是一项长期的系统工程。构建起自己的口碑,可快可慢,但都不容易,而想要维护好自己的口碑,则显得更难。毕竟企业运营过程中,难免会遇上这样那样一些棘手的局面,造成对品牌的损害。因此,品牌营销者要有可持续的品牌建设思路,将口碑作为一项战略来加以经营。

第三节　褚橙

很多人喜欢吃橙子,甜橙、脐橙、血橙、冰糖橙、红橙……好多品种。其中有一种橙子叫褚橙,不知道大家有没有吃过,不过即便你没吃过,相信你也听说过。褚橙是褚时健开发的品牌。褚时健是一个有着传奇色彩的人物,人生跌宕起伏。他曾经是一代中国烟草大王,后来作为褚橙创始人,又被誉为中国橙王。

---

① 黄敏学、王峰、谢亭亭:《口碑传播研究综述及其在网络环境下的研究初探》,《管理学报》2010 年第 1 期,第 138—146 页。

② 黄敏学、王峰、谢亭亭:《口碑传播研究综述及其在网络环境下的研究初探》,《管理学报》2010 年第 1 期,第 138—146 页。

他的创业故事是这样的。1928 年，褚时健出身于一个农民家庭。1979—1994 年，在他的主导下，红塔山被成功打造成中国名牌香烟，玉溪卷烟厂则发展成了亚洲第一、世界前列的现代化大型烟草企业。1999 年，71 岁的褚时健因巨额贪污和巨额财产来源不明罪被处无期徒刑、剥夺政治权利终身。

2002 年，因为患有严重糖尿病，褚时健获批保外就医。之后，74 岁的褚时健与妻子一道在玉溪市承包荒山，开始种橙。2010 年，2000 亩山地种的橙子——一种被称为"褚橙"的产品开始风靡昆明的大街小巷，成了人们津津乐道的一个传奇。由于褚时健的人生经历，褚橙被称为励志橙。

一、"褚橙"的由来

褚橙是一种冰糖橙，是一种甜橙。甜橙是云南著名特产，以味甜皮薄著称。甜中微微泛着酸。褚橙一开始的商业品牌是云冠橙。

不过这个品牌不如褚橙这个名字来得响亮。说起来这里还有一段故事。当时，褚时健老两口在街头促销卖橙子。不过，在过往行人眼里，这对老夫妻并不起眼，与其他的水果摊贩没什么两样。当地冰糖橙品牌实在太多，人们的选择余地很大，市场竞争非常激烈。种橙不易，而橙子怎么卖出去，则是一个更大的问题。

有一天，老伴马静芬为了吸引大家的关注，想要挂出一条"褚时健种的冰糖橙"的横幅。对此，褚时健一开始并不同意，但在马静芬的坚持下，也就默认了。结果，这条横幅一打出来，橙子很快就销售一空。原先的"云冠"品牌反被人们渐渐淡化，"褚橙"的名字由此被叫开了。[①] "褚橙"成了一个具有很高识别度的品牌。

此后，"褚橙"通过电商营销取得非常好的销售业绩。

2012 年，"褚橙"与电商本来生活网开展合作。借助网络得以大规模进入北京市场，取得了 5 天内热销 20 吨，11 月 12 日单日订单突破 1000 单的战绩。

2013 年 11 月，"褚橙"再次进行上市销售。借助"双十一"的人气，当日

---

① 王玉波：《"褚橙"热卖的品牌营销启示》，《全国商情（理论研究）》2013 年第 7 期，第 18—19 页。

首批特级"褚橙"全部售罄,销售量达到 200 吨,超过 2012 年全年总销量,创下国内农产品销售奇迹。

2014 年同样取得了非常好的成绩。11 月,褚橙上线销售的第一天即创下 8400 多单的销量。并且,当时各大网站、网购平台、知名博客、微博等社会化网络媒体纷纷对褚时健和"褚橙"的故事进行了报道和转载,不少名人如王石、韩寒等亦通过个人微博对此进行宣传。社交媒体时代,褚橙得以迅速传播,家喻户晓,广为人知。

到 2016 年,褚时健公司召开发布会,官方宣布"褚橙"正式成为其品牌商标,并于当天发布"褚橙"版新标识与新包装。

二、"褚橙"的品牌故事

可以说,就褚橙营销而言,它的成功与其蕴含的强烈情感因子不无关系。

到了销售季节,褚橙的网络经销商本来生活网会在其购物网站首页精心制作一个褚橙的专题页面,这里包含了五个板块,分别为褚橙了不起、橙园哀牢山、橙王褚时健、直播 2013 和橙粉小社区,各个板块都巧妙整合各种情感要素。

通过这个专题,消费者不仅能更深入地了解褚时健的人生经历、褚橙背后的品牌故事,引发情感共振,也能直观地看到褚橙从原产地采摘到运输再到入库至本来生活网仓库的整个过程,增强其安全感与信任感。

褚橙是一个有故事的品牌。褚橙创始人经历了人生起伏,但并不轻言放弃。除了中年企业家对褚时健的励志故事表示非常敬仰之外,本来生活网还邀请了赵蕊蕊、黄凯、张博等十位"80 后"名人,拍摄了"80 后致敬 80 后"梦想传承系列视频。让这些同样也是励志人物的名人讲述自己的励志故事,讲述自己如何面对曾经的挫折,如何面对事业的转型。通过这种方式致敬褚时健,达到了良好的传播效果。这些视频在网上的流传使褚橙及褚时健被更多的年轻群体所了解和熟悉,提升了他们的知名度,从而将"励志"这一情感深深刻入消费者心里。当时,消费者中流行这样一句话:"我们吃的不是橙子,吃的是励志精神。"

此外,微博、微信等社交媒体平台也逐渐成为褚橙品牌故事传播的主要阵地。2012 年 10 月 27 日,《经济观察报》报道了《褚橙进京》,写了 85 岁的褚时健汗衫上的泥点、嫁接电商、新农业模式等故事。本来生活网借机展开扩散传播，迅速利用微博予以转发，从而引发了热议。广大用户和许多业界大佬都转发这条微博，使其具有更大的传播影响。其中，王石还引用了巴顿将军的一句话——"衡量一个人的成功标志，不是看他登到顶峰的高度，而是看他跌到低谷的反弹力"，他在微博上对褚时健的致敬，更是点燃了整个事件。[①] 这些名人都是意见领袖，借助他们的力量，褚橙的品牌故事得以在社交媒体中迅速、大范围地传播。

2013 年，褚橙品牌继续在营销中加入了情感、幽默元素。褚橙的包装、宣传语以及一些宣传活动，显得非常幽默、有趣。褚橙通过推出个性化定制版的"幽默问候箱"，赠送给社交媒体中的意见领袖，如韩寒、流涟紫等，使其扩散传播。与此同时，褚橙还设计了一系列青春版的个性化包装，让广大普通用户在收到这些包装后拍照进行分享，参与到褚橙品牌的传播中来。"褚橙式幽默"由此在社交媒体中漫天飞舞，知名度、美誉度都得到进一步提升。针对不同对象、不同情境设置的创意包装，给人幽默而不失温馨的感觉，从而起到了情感营销、故事营销等效果。[②] 通过这样的创意和传播，品牌变得生龙活虎起来。消费者在参与、体验的过程中，对品牌产生了更加深刻、强烈的印象。

褚橙的营销将创始人的故事与品牌融合起来，同时在故事中注入励志、幽默的情感因子，通过影响消费者的情感来建立其对品牌的忠诚，实现品牌的建构与传播。

在社交媒体时代，这些品牌故事有了更大的传播空间。或者说，品牌故事需要与社交媒体进行巧妙的结合，才能获得巨大的传播力。

褚橙正是在品牌故事的激发下，点燃了品牌情感，从而催动购买行为，成了一个具有温度的、有着传播力的知名品牌。

---

① 杨丽华、刘明：《褚橙成功路》，《企业管理》2014 年第 4 期，第 58—59 页。
② 杨丽华、刘明：《褚橙成功路》，《企业管理》2014 年第 4 期，第 58—59 页。

第四节　品牌故事

一、乔纳·伯杰的 STEPPS 理论

前面提到褚橙借助褚时健的独特人生故事，一下子被大家传播开来。对此乔纳·伯杰在《疯传：让你的产品、思想、行为像病毒一样入侵》中解释了是什么因素使传播内容具备感染力。他注意到有六个共同的原则在起作用，并形成了信息、产品和思想被广泛传播的深层次原因。乔纳·伯杰将这些促使大众谈论、分享和模仿的原则概括为 STEPPS 理论。具体而言是指：

1. 社交货币(social currency)

"人们都希望自己看起来更加灵巧、更加富有、更加时尚。就像衣服和轿车一样，我们会以此作为评价对方的重要因素。这就是社交货币。"[①]其实，任何品牌都有可能成为社交货币。为此，"我们应该通过三种方式来完成社交货币的铸造：发掘标志性的内心世界；撬动游戏杠杆；使人们有自然天成、身临其境的归属感"[②]。人们愿意分享某些品牌故事，是因为这个品牌故事具有社交货币的价值，可以为自己加分，给他人带去某种利益。优秀的品牌，可谓自带流量，人们就是愿意谈论它。

2. 诱因(triggers)

品牌故事的传播，需要一些诱因，这样才显得自然。所谓诱因是指"用一些刺激物瞬间激发人们的记忆，让他们想到相关的内容，这就是所谓的激

---

① 乔纳·伯杰：《疯传：让你的产品、思想、行为像病毒一样入侵》，刘生敏、廖建桥译，电子工业出版社 2014 年版，第 24 页。

② 乔纳·伯杰：《疯传：让你的产品、思想、行为像病毒一样入侵》，刘生敏、廖建桥译，电子工业出版社 2014 年版，第 40 页。

活"①。

诱因与相关线索会促使人们不断地谈论、选择并使用相关产品,正是诱因使人们能够保持这种谈论行为。很多品牌都有故事,但有些品牌故事具有更强的诱因,让人们更愿意去谈及。

3. 情绪(emotion)

心动才有行动,勾起人们的情绪对于品牌营销来说是至关重要的。"能触动情绪的事物经常能被大家谈论。所以我们需要通过一些情绪事件激发人们分享的欲望。"②

在品牌故事的策划中,"只要简单地把一些有唤醒作用的情绪元素加入故事或广告中,就能激发人们的分享意愿"③。好的品牌故事触动了人们的心弦,不谈论它,许多消费者就会觉得不舒服。遇到合适的情景,人们就会一吐为快。

4. 公共性(public)

品牌传播首先需要让人看见、听见,才能让人理解和行动。人们如果没有看到相关的事物,是不会轻易模仿的,更不可能让这些事物变得流行。所以我们需要设计一些具备公共可视性的产品和思想。④

"公共可视性加速了人们的口碑传播行为。东西越容易被看见,人们谈论它的可能性就越大。"⑤成功的营销活动,应该让活动本身具有很高的可见性。同样,优秀的品牌故事需要让消费者可见,这样才能迅速传播。

---

① 乔纳·伯杰:《疯传:让你的产品、思想、行为像病毒一样入侵》,刘生敏、廖建桥译,电子工业出版社2014年版,第25页。

② 乔纳·伯杰:《疯传:让你的产品、思想、行为像病毒一样入侵》,刘生敏、廖建桥译,电子工业出版社2014年版,第26页。

③ 乔纳·伯杰:《疯传:让你的产品、思想、行为像病毒一样入侵》,刘生敏、廖建桥译,电子工业出版社2014年版,第138页。

④ 乔纳·伯杰:《疯传:让你的产品、思想、行为像病毒一样入侵》,刘生敏、廖建桥译,电子工业出版社2014年版,第27页。

⑤ 乔纳·伯杰:《疯传:让你的产品、思想、行为像病毒一样入侵》,刘生敏、廖建桥译,电子工业出版社2014年版,第163页。

5.实用价值(practical value)

所谓"无利不起早",利益可以诱导行动。当然,利益可以是多个层面的,金钱的、情感的,也可能是其他的。"人与人之间本来就有互相帮助的倾向,只要我们向顾客证明我们的产品或思想能够为他们节省时间或者钱财,他们就会大力宣传我们的产品或理念。"[①]

"人们喜欢传递实用的信息,也就是一些别人能用得上的信息。"[②]如果能够给他人带去某种利益,显然,很多人愿意去做这样一件好事。

6.故事(stories)

以上这几点,对于品牌故事来说,都是适用的。"人们不仅会分享信息,更可能会讲述其中的相关故事。"[③]故事是非常好的传播载体。故事具有一种魅力,可以触动我们的心弦。"虽然故事的外壳只是情节,但却能够获取你的注意,吸引你的兴趣。"[④]我们很容易被各种故事吸引,故事具有很强的感染力和传播力,品牌故事具有诱发野性消费、情怀消费的巨大能量。"一个很好的故事甚至不需要做任何的商品促销就可以吸引众多人的注意和顾客们年复一年的持续消费。故事既节省了时间,也节省了精力,以人们最容易记住的方式向人们提供了他们最需要的信息。"[⑤]可见,品牌故事具有很多优势。

不过,只记住了故事却忘记了品牌是一种糟糕的状况。"当品牌或者产品利益与故事相整合时,故事的活力才最具价值性。当产品和思想如此深

---

① 乔纳·伯杰:《疯传:让你的产品、思想、行为像病毒一样入侵》,刘生敏、廖建桥译,电子工业出版社 2014 年版,第 227 页。

② 乔纳·伯杰:《疯传:让你的产品、思想、行为像病毒一样入侵》,刘生敏、廖建桥译,电子工业出版社 2014 年版,第 187 页。

③ 乔纳·伯杰:《疯传:让你的产品、思想、行为像病毒一样入侵》,刘生敏、廖建桥译,电子工业出版社 2014 年版,第 227 页。

④ 乔纳·伯杰:《疯传:让你的产品、思想、行为像病毒一样入侵》,刘生敏、廖建桥译,电子工业出版社 2014 年版,第 213 页。

⑤ 乔纳·伯杰:《疯传:让你的产品、思想、行为像病毒一样入侵》,刘生敏、廖建桥译,电子工业出版社 2014 年版,第 218 页。

刻地融入故事情节中时,人们不可能只谈论故事而不谈论产品。"[1]我们需要采取各种手段,让品牌故事有趣,具有传播力的同时,能够让人们记住产品和品牌,形成销售力。

不管怎样,故事对于品牌传播来说还是非常重要的。我们不难发现,国内外成功企业的创始人,每一个人身上都有很多故事可以讲。这些创始人的故事是品牌故事的重要构成,为品牌形象提供了丰富的内涵。品牌故事某种意义上就是一种广告,并且是品牌与消费者能够构建起良好的情感联结的广告。

二、品牌故事

国内外的很多学者对品牌故事做了定义。

袁绍根指出,品牌故事就是企业借助相关的广告、新闻软文、公关活动以及文化传播活动,通过讲故事的形式传达品牌内涵;它也是产品和服务的利益诉求点、品牌的背景文化以及价值理念的形象化体现。[2]这个定义强调的是,品牌传播以讲故事的形式进行。

汪涛等认为,品牌故事是用故事这种最古老、最有力的沟通形式向消费者巧妙地传递品牌背景、品牌核心价值理念和品牌情感,可等同于品牌叙事。[3]

埃弗里等认为品牌故事在一定意义上可谓品牌传记(brand biographies),并指出企业要善于创造自己的哀兵传记(underdog brand biographies),防止消费者对其产生负面态度,以取得竞争优势。品牌传记是

---

① 乔纳·伯杰:《疯传:让你的产品、思想、行为像病毒一样入侵》,刘生敏、廖建桥译,电子工业出版社 2014 年版,第 228 页。

② 袁绍根:《品牌叙事:提升品牌价值的有效途径》,《日用化学品科学》2005 年第 7期,第 25—30 页。

③ 汪涛、周玲、彭传新等:《讲故事 塑品牌:建构和传播故事的品牌叙事理论——基于达芙妮品牌的案例研究》,《管理世界》2011 年第 3 期,第 112—123 页。

以一种选择性的叙事形式,按时间记录品牌起源、经历、变革而展开的故事。[①]

瓦妮莎·纳斯和克里斯蒂尔·安东妮娅·罗素提出品牌故事可理解为品牌背后的故事。品牌背后的故事让品牌创始人或制造商向消费者展示品牌鲜为人知的方面,运用时间和空间的因素,使消费者走入品牌的幕后,可将其理解为另一种形式的体验式品牌故事。[②]

品牌故事的定义可谓五花八门,有些将品牌故事等同于品牌叙事,有些将其视为品牌传记,还有一些则认为是品牌背后的故事,虽然侧重点有所不同,但都表明了品牌故事具有重要的传播价值,能够传递品牌文化和情感等。

良好的品牌故事是品牌形象的塑造者和传播者。关于品牌故事的功能,赵蓓、贾艳认为,主要包括以下四个方面:教育功能;影响消费者情感;影响消费者—品牌关系;影响消费者忠诚。[③]

一则品牌故事由哪些要素组成呢?

摩根和丹尼希对此问题有所阐述。他们在《讲故事的力量:一种管理发展观点》一文中提出,一则好的故事具有六个连续的组成部分或步骤:背景(setting)、建构(build-up)、问题产生(trouble's coming)、危机或高潮(crisis or climax)、启示(learning)、新的行为或认识(new behaviour or awareness)。[④] 品牌故事也应按照这样几个步骤来进行创作,使它变得更加完整,更具有生命力。

---

① Jill Avery, Neeru Paharia, Anat Keinan, et al, "The Strategic Use of Brand Biographies," *Research in Consumer Behavior*, vol. 12 (2010), pp. 213-229. 转引自赵蓓、贾艳瑞:《品牌故事研究述评:内涵、构成及功能》,《当代财经》2016 年第 12 期,第 65—76 页。

② 贾艳瑞:《品牌故事对消费者态度的影响研究》,博士学位论文,厦门大学,2016 年,第 13 页。

③ 赵蓓、贾艳瑞:《品牌故事研究述评:内涵、构成及功能》,《当代财经》2016 年第 12 期,第 65—76 页。

④ Sandra Morgan, Robert F. Dennehy, "The Power of Organizational Storytelling: A Management Development Perspective," *Journal of Management Development*, vol. 16, no. 7(1997), pp. 494-501. 转引自赵蓓、贾艳瑞:《品牌故事研究述评:内涵、构成及功能》,《当代财经》2016 年第 12 期,第 65—76 页。

品牌故事有很多种,存在多种分类。根据其内容,品牌故事可以分成爱情故事、创业故事、励志故事、慈善故事、爱国故事等多种,还可以根据对象分为关于人的品牌故事、关于企业的品牌故事、关于产品的品牌故事等。

这些年,很多企业使用励志品牌故事进行品牌营销,达到了引导消费者偏好的效果。这些励志品牌故事"只要这种主题及人设与企业特征更加匹配,就可以看作一种价值上的'暗示性'品牌,有利于品牌的记忆和传播"[①]。励志、爱国等故事容易激起消费者的正面情感,推动品牌的情绪式、病毒式传播。

杨大筠认为,一个品牌的成长是由无数个故事堆砌而成的,这些故事包括品牌诞生的传奇故事、关于品牌质量的严谨故事以及为顾客服务的感人故事。品牌最终能打动消费者,依靠的不仅仅是产品,更多的是通过故事与消费者达成情感共鸣,从而使消费者将品牌铭记于心。[②]

对于构建品牌故事的原则,赵诗睿认为应当遵循四点:简单、真实、能见度和相关。[③] 简单,消费者才能记得住,并且传得开;真实,才具有持续的生命力;能见度高的故事,可以迅速传播,并且具有更大的社会影响;与品牌相关的故事,才是具有市场价值的。

📹 视频资源

本教材已经录制了部分视频课程,共 48 集,480 分钟。以下是关于第四章的 4 集视频二维码。

1. 欧莱雅案例。

观看课程,请扫码

---

① 陈香、郭锐、Cheng Lu Wang 等:《残缺的力量——励志品牌故事人设健全性对消费者品牌偏好的影响》,《南开管理评论》2019 年第 6 期,第 4—15 页。
② 杨大筠:《将品牌故事化》,《中国品牌》2007 年第 2 期,第 125 页。
③ 赵诗睿:《营销 4.0 时代下品牌故事营销模式创新及启示》,《视听》2019 年第 1 期,第 211—212 页。

2.口碑传播。

观看课程,请扫码

3.褚橙案例。

观看课程,请扫码

4.品牌故事。

观看课程,请扫码

 拓展阅读

[1] 安迪·塞诺威兹.做口碑[M].林祝君,李东海,译.北京:机械工业出版社,2008.

[2] 乔纳·伯杰.疯传:让你的产品、思想、行为像病毒一样入侵[M].刘生敏,廖建桥,译.北京:电子工业出版社,2014.

[3] 黄敏学,王峰,谢亭亭.口碑传播研究综述及其在网络环境下的研究初探[J].管理学报,2010,7(1):138-146.

[4] 汪涛,周玲,彭传新,等.讲故事　塑品牌:建构和传播故事的品牌叙事理论:基于达芙妮品牌的案例研究[J].管理世界,2011(3):112-123.

[5] 赵蓓、贾艳瑞.品牌故事研究述评:内涵、构成及功能[J].当代财经,2016(12):65-76.

思考题

1.结合欧莱雅案例,谈谈你对口碑传播5T理论的理解。

2.面对网络负面口碑传播,企业应怎么做?

3.哪些因素会影响口碑传播? 口碑传播可采取哪些策略?

4.结合社交媒休的兴起,谈谈口碑传播模式的转变。

5.结合相关案例,谈谈口碑传播在当下品牌营销中的价值。

6.品牌故事的价值体现在哪些方面? 如何通过品牌故事实现有效的品牌传播?

7.你对使用名人姓名命名的品牌现象如何看?

第五章　借势

本章要点：

　　1.杜蕾斯品牌营销的具体做法。

　　2.借势营销在品牌传播中的积极影响。

　　3.品牌做好借势营销的具体策略。

　　4.优衣库的联名营销策略。

　　5.联名营销的有关理论。

关键词：

　　杜蕾斯;借势营销;优衣库;联名营销

第一节　杜蕾斯

一、杜蕾斯的微博营销

　　新媒体具有传播内容碎片化、传播途径多样化、传播模式互动化等特征。在热点频发的时代,品牌应迅速把握时机,找准关联点切入,将品牌价值传播出去。

　　说起微博、微信营销,很多人第一时间想到的就是杜蕾斯。杜蕾斯的微博营销在业界可以说是独领风骚的,充满特色的营销手段使其成为营销行业中的佼佼者。相信有很多人都关注了杜蕾斯的官博官微,每天看看杜蕾斯的推文,倒也不失为一种消遣。

在 2012 年伦敦奥运会举办期间,被誉为"亚洲飞人"的刘翔不幸旧伤复发,导致跨栏摔倒,不过他还是坚持走完了全程。这事引发了广大网民强烈的关注。杜蕾斯抓住机会,迅速在官微发帖:"最快的男人并不是最好的,坚持到底才是真正强大的男人!"这则微博内容充满人情味,有人文关怀,文字表述上可谓恰到好处,效果良好。

在 2014 年,著名运动员李娜宣布退役,获知消息后,杜蕾斯官微发文参与♯李娜退役♯的微博话题,讨论"一路有李,娜就很好"。字不多,但意思非常明了,人们对李娜的依依不舍之情、喜爱之情等情感都体现在其中了。

2015 年 1 月 20 日,知名艺人吴奇隆与刘诗诗在微博上宣布结婚,晒出了两人的结婚证,并配上了文字——"珍惜幸福"。这条微博推出后仅 20 分钟,杜蕾斯官微就发了一条帖子——"珍惜性福",配上的是一张与吴奇隆微博配图极其相似的图片,结婚证则被换成了杜蕾斯的产品。

2015 年 8 月 27 日,同样是艺人的陈晓发图文微博公布了自己的恋情:"总有一天,你会跟我姓。"杜蕾斯官微迅速行动,除了配发类似图片,还发了这样的微博:"总有一天,你会跟我 xing。"玩起了谐音梗,让人诙谐一笑。

当北京成功获得冬奥会举办权,其又在一分钟内做出反应:滑到家了。反应之快,让人叹为观止。

为了更直观形象地展示自己,杜蕾斯将企业官微打造成一个拟人化形象,并给这个虚拟代言人命名为"小杜杜",这个名字听起来非常具有亲和力。而"小杜杜"给人的感觉是一个热爱生活、爱开玩笑、认真对待爱情的形象。如此一来,原本显得冰冷的商业品牌一下子就有了温度,变得温暖起来。品牌由此也成了一个有趣的"人"。"它"还经常以风趣幽默的语言与粉丝互动,达到了良好的沟通效果。

杜蕾斯企业官微的这种定位与杜蕾斯愉悦而不忘安全的产品形象是相一致的。"小杜杜"对此做了非常好的阐述。杜蕾斯作为一种私密性的产品,有很多条条框框在,广告其实并不好做,一不小心就会触及雷区。而使用"小杜杜"的可爱形象,并借助"小杜杜"轻松活泼的口吻进行宣传和推广,就可以一下子拉近企业与用户之间的距离。品牌具备很强的亲和力,用户自然更容易接纳产品,由此进一步提升用户对品牌的好感度。①

———————————

① 梁潇:《浅析杜蕾斯官微的运营之道》,《视听》2015 年第 10 期,第 151—152 页。

二、杜蕾斯官微运营之道

有人从杜蕾斯的案例中总结了其企业官微的运营之道,主要有八点:

一是遵循三大原则。第一是不谈宗教,第二是不谈政治,第三是适度谈"性"。杜蕾斯对性的理解是这样的:性是生活的一部分,我们不是去分享隐私话题,而是传播大家对性的认知,对性的爱。

二是运营微博就像运营报纸。报纸都有一些固定的板块,不同的板块内容不一样。微博也应该设有一些固定板块,针对不同的人群提供不同的内容。例如,早上发一些轻松愉快并让人感悟的内容,让上班路上的人们阅读。

三是结合热点。在这个网络社会,每天都会有一些热点。热点也在不断切换。但不管怎样,对于热点,人们的关注度都是很高的。结合热点,进行品牌传播,那么流量才能上去,才可以传播得更广。

四是对热点进行权衡。每天的热点虽然很多,但也不是随便什么热点都可以结合,而是需要对这些热点加以权衡取舍。那些与品牌相关性高,能够给品牌形象塑造和传播带来正面影响,并且可以引发多次传播的热点可以积极选择,其他一些热点则可以不选。例如,面对"抱抱体"和"杜甫很忙"这两个热点,杜蕾斯当时选择的是"抱抱体",因为这个热点是在阐述人与人的关系,而"杜甫很忙",就不太适合杜蕾斯的定位。

五是与粉丝保持互动。对于粉丝的跟帖,要回应一下,并适时开展一些粉丝可以参与的小活动,这对保持微博粉丝的黏性有很大的好处。

六是持续的创意引爆。有了人气之后,还需要让粉丝的这份热情一直保持下去,使其对品牌产生一种期待,形成忠诚。因此,杜蕾斯微博需要持续进行创意引爆,不时给予用户有趣的内容。

七是对内容再三审核。杜蕾斯微博的发帖量很大,一年大概要发 2400 条,至少 24 万字,这么大的工作量是由一整个杜蕾斯的编辑团队共同完成的。并且,为了不出错,文字更精练,往往一条微博做出来后,会进行三层审核。审核主要看这条微博是否符合品牌风格和杜蕾斯微博的定位,以此来加以定夺。

八是别太急功近利。品牌传播不应该急躁,不可能一蹴而就,而是需要耐性,需要坚持。微博是与用户近距离沟通的平台,是一个联络感情的地方,而不是直销渠道。通过微博,构建良好的消费者关系才是关键。

三、杜蕾斯雨夜鞋套事件

2011 年 6 月 23 日快下班的时间,北京突降暴雨,很多微博用户开始拍照发帖,报道雨势。杜蕾斯营销团队感觉这是一个好机会,于是策划制造了"杜蕾斯雨夜鞋套事件"。主要就是利用杜蕾斯产品的牢固性,将其作为鞋套来使用,以此避免鞋子被雨淋湿。这个创意推出之后,其成功与否关键看是否在社交网络上大范围传播。

社交媒体对于那些有趣的内容不会拒绝,加上杜蕾斯够大胆、反应又快,与热点做了很好的结合,且没有出现原则性的问题,因此这个创意具备取得成功的条件。于是,杜蕾斯营销团队打算将其落实下去。首先是由杜蕾斯营销团队的员工发出微博,接着由杜蕾斯官微加上"粉丝油菜花啊!大家赶紧学起来!!有杜蕾斯回家不湿鞋"的评论予以转发。这样操作是为了避免杜蕾斯官微首发广告色彩太浓的问题。

结果,这条微博发出不到两分钟,就被网友迅速转发,而且转发数量迅速暴增,最终成了新浪微博转发排行榜第一名。过去杜蕾斯都是因为一些明星、天灾人祸之类的事情上热搜,而这次则是凭原创和品牌相关的内容成为当周转发热门榜第一名,这是很难得的。

从效果上来说,这次事件策划得非常成功。其间,相关话题在微博上转发超过 9 万次,前 20 名转发的粉丝总和超过 1000 万,覆盖了至少 5700 万的新浪用户。此外,在腾讯微博、搜狐微博等其他平台上覆盖的人数也在千万级别。[①]

此次"杜蕾斯雨夜鞋套事件"获得了中国艾菲数字营销奖。评委对此是这样说的:无论从哪个方面讲,"杜蕾斯雨夜鞋套"创意传播案例都很好地符合了艾菲奖"创意＋效果"的核心考量标准,也很好地使用了微博这种社会化媒体的特性,达到了非常理想的品牌营销传播效果。[②]

[①] 《杜蕾斯雨夜鞋套事件》,《广告大观(综合版)》2011 年第 11 期,第 101—102 页。
[②] 《杜蕾斯雨夜鞋套事件》,《广告大观(综合版)》2011 年第 11 期,第 101—102 页。

四、杜蕾斯品牌传播策略

对于杜蕾斯微信平台的品牌传播策略,曾凌轲认为主要有以下五大要点:一是 UCG 满足尊重的需要。让用户自己生成内容几乎不花费成本,提高了粉丝活跃度。二是抓住重要时间节点展开创意,满足用户的情感需要。杜蕾斯团队以各种暗示和双关手法将各种节日和自己的产品联系起来,这些应景且极具创意的内容无疑更容易吸引用户的注意。三是用游戏传播达到功利传播的目的。四是注重年轻人亚文化圈,发挥"无聊的力量"予以精准营销。五是普及性知识、推广性文化,满足用户的安全感。[①]

第二节　微博营销与借势营销

一、微博营销

杜蕾斯作为相对特殊的一种产品,由于广告法律法规的限制,没有办法在广播、电视等大众传媒上进行广告宣传,不过它因祸得福,早早地使用了社交媒体,在微博、微信上开展品牌传播活动。在这个社交媒体时代,人们越来越多地在虚拟空间获取信息,参与表达,互动交流,微博、微信在品牌营销活动中显得越发重要。

章颖、蒋冲认为微博传播在企业品牌营销中有以下优势:一是操作方法简便且准入门槛低,谁都可以参与,并且不需要花多少钱;二是微博营销的即时性和互动性强,企业能够直接与消费者沟通;三是微博营销裂变范围广,一传十,十传百,百传千千万。[②]

---

① 曾凌轲:《微信平台的品牌传播策略——以杜蕾斯品牌营销为例》,《中外企业家》2015 年第 11 期,第 241、243 页。

② 章颖、蒋冲:《企业品牌的微博营销模式探析》,《商业时代》2012 年第 34 期,第29—30 页。

从这些优势来看,微博营销在企业的品牌传播中可以发挥重要的作用。郑亚琴、郭琪认为主要体现在以下四点:一是可作为信息发布平台,进行产品推广;二是能与消费者互动,了解最新动向;三是能够进行品牌维护,提升其影响力;四是有助于第一时间进行危机公关。[①]

更具体地说,微博营销需要创建一个有助于互动沟通的具有亲和力的平台,及时了解用户的需求,使沟通更有针对性,提升策划能力,多创作一些有创意的话题,加强与受众交流,并通过意见领袖来扩大传播范围,对于微博平台中各种与企业相关的负面新闻,甚至谣言,需要及时做出回应,在第一时间采取行动,避免陷入被动。很多事情一旦上了微博热搜,就会显得非常棘手。因此构建微博信息的实时监测和反馈机制非常重要。

有些学者认为有必要构建企业微博整合营销机制。他们提出可以根据口碑互动(IWOM)的企业微博整合营销理论——PRAC 法则,即平台管理(Platform)、关系管理(Relationship)、行为管理(Action)、风险管理(Crisis),构建企业的整合营销机制,即以品牌微博、客户微博为主加强平台管理和客户关系管理,通过事件营销、品牌推介等方式开展行为管理,并针对微博信息公关与投诉建立风险预警机制。从而,通过这一套系统的体系来实现良好的管理和营销效果。[②]

具体到微博营销的策略,主要有以下几个方面:

一是构建一个沟通畅通的传播网络。对于企业来说,官方微博需要培育种子用户,想方设法扩大粉丝群,并使其处于活跃状态,这样微博营销才有一个真正可用的平台。

二是需要经常发布信息,回复信息。对于企业来说,微博是品牌传播的阵地,企业要让微博上的信息能够流动起来。因此,企业的发展动态、各种营销活动等相关信息需要及时发布。并且,为了维护好与用户的关系,企业需要及时回复跟帖,积极参与互动,尽可能地照顾到粉丝的情绪。

三是利用大数据,针对用户进行精准画像,准确把握消费者心理。对用户了解得越多,微博内容的针对性越强。在智能传播时代,可以借助相关技

---

①　郑亚琴、郭琪:《微博营销对企业品牌传播的影响》,《吉林工商学院学报》2011 年第 4 期,第 27—31 页。

②　郑亚琴、郭琪:《微博营销对企业品牌传播的影响》,《吉林工商学院学报》2011 年第 4 期,第 27—31 页。

术,达成精准的微博内容推送,促进有效传播。

四是发挥意见领袖的作用。那些微博大 V 拥有非常庞大的粉丝,如果能够借助其渠道进行品牌传播,自然可以产生更大的影响力。人们对意见领袖有很高的信任度,让其参与品牌营销活动,积极与其互动,可以提升品牌的传播力。

五是需要做好品牌舆情的监测。一旦微博平台出现不利于企业发展、有损品牌形象的负面信息,企业需要第一时间做出回应,尽最大可能予以沟通解决,不让其发酵、爆发成舆论事件。微博是企业危机公关的重要平台,需要做好相关风险的管控。

二、借势营销

杜蕾斯除了利用企业官微这一社交媒体平台,为裂变传播提供条件之外,还采用了借势营销的策略。

所谓借势营销,就是将销售的目的隐藏于营销活动之中,将产品的推广融入消费者喜闻乐见的环境里,使消费者在这个环境中了解产品并接受产品的营销手段。具体表现为通过媒体争夺消费者眼球、借助消费者自身的传播力、依靠轻松娱乐的方式等潜移默化地引导消费者关注并采取购买行动。换言之,借势营销是通过借势、造势等方式,以求提高企业或产品的知名度、美誉度,树立良好的品牌形象,并最终促成产品或服务销售的营销策略。可以借势的事物很多,不仅是热点事件,还有节日、场景、明星、平台等。[①]

林海亮在他的著作中提出了借势的六大维度:借趋势——顺应而非领先于趋势;借市场——借别人的鸡生自己的蛋;借人心——客户的痛点就是营销切入点;借形象——善用特殊符号,让客户忘不了;借声势——让别人的大事件成为你的大新闻;借支点——让品牌快速腾飞。[②]

在社交媒体时代,借势营销说白了,主要就是借各种热点人物、热点事

---

① 刘倩倩:《新媒体时代借势营销在品牌传播中的应用》,《新媒体研究》2016 年第 6 期,第 51—52 页。

② 林海亮:《借势:互联网时代新营销法则》,北京联合出版公司 2015 年版,第 239—240 页。

件、热点话题的势,从而吸引更多用户关注,增加品牌流量。

关于借势营销对品牌传播的积极影响,刘倩倩认为主要体现在以下几个方面:

一是企业投入成本低,品牌传播效果具有可控性。企业在进行造势时,投入的成本较高,花费时间较长,且效果具有不可控性。相对于造势而言,借势具有明显的优势。

二是契合受众心理,为培养品牌粉丝铺路。热点事件的关注度高,借势契合消费者心理,能够引起消费者的共鸣。持续多次的借势营销,可以让消费者对品牌留下深刻印象,产生品牌认同。

三是优质内容能传达品牌个性,并增强品牌联想。一般来说,一个热点事件出来之后,各大品牌都会借势。对于品牌来说,这也是一个展示自己品牌个性的好机会,采取符合品牌个性的表达形式,可以增加品牌联想。

四是传播路径多样化,引爆速度快。一个人民群众喜闻乐见的热点事件,在网络上的传播速度非常之快,借势营销可以产生出人意料的蝴蝶效应。星星之火,可以燎原。[1]

为了取得更好的借势营销效果,借势营销有三个基本出发点:快、准、巧。[2]

所谓快,要快到什么速度,以天计算显然不合适,而是应该以小时计算。各种热点事件都有时效性,过了某个时间点,热度就会迅速下滑,人们的兴趣就会发生转移。因此,必须争分夺秒,最好能有预案,这样一旦有热点出现,就可以马上展开借势行动。

借势营销追求快,还体现在竞争上。热点大家都可以借,如果等到各个品牌都已经借了,你再去借,就落后了,人们的先入之见已经形成,对你很难有太多的热情,传播效果大打折扣。而如果能在第一时间推出借势营销活动,人们更有可能予以转发、议论,对你刮目相看。毕竟,所有的势,都会随着时间逐渐减弱,因此在第一时间借势,你才是真正的弄潮儿。

所谓准,就是要准确了解热点的"痛点"所在。借势虽然是一场时间战,

---

① 刘倩倩:《新媒体时代借势营销在品牌传播中的应用》,《新媒体研究》2016 年第 6 期,第 51—52 页。

② 苏落:《借势营销的"我们"如何成为赢家》,《成功营销》2015 年第 7 期,第 82—85 页。

但如果仓促上阵,抓不住势的"牛鼻子",那也是白搭。面对热点事件,要懂得从何处下手,才能让整个借势活动具有强大的传播力,才能调动起广大用户的积极性,才能启动热点快速扩散传播的按钮。因此,为了避免误入歧途,我们需要对借势对象有一个全面的了解,进而击中要害,精准借势。对借势对象科学研判、权衡利弊,才能有的放矢。

所谓巧就是热点需要与品牌有关联,不能一点关系都扯不上,八竿子打不着的事情,硬生生地借势,那样会让消费者觉得有些丈二和尚摸不着头脑,借势的效果就会很糟糕。借势营销也得借得自然,让人觉得意料之外,情理之中,这样才会引人拍案叫绝,并纷纷点赞、转发。成功的借势营销,品牌与借势对象是浑然天成、水到渠成的。

第三节　优衣库

优衣库品牌由迅销股份有限公司创建。优衣库一开始是日本一家销售西服的小型服装店铺,在 1991 年更名为迅销,如今已是休闲服装品牌及服装零售的巨头,位居亚洲服饰零售业第一位、全球服装零售行业第四位。近年来,其在中国市场快速扩张,大型店面遍布各大城市的商场,颇具市场号召力和影响力。

优衣库采用超市式自助购物的模式,并以统一的服务、靠谱的价格、优质的产品等优势赢得消费者,即便在日本经济低迷阶段也有不错的销售业绩。在数字时代,优衣库"更个性、更潮流、更年轻、更百搭"的定位,符合时代特征,深受年轻人的喜爱。

2019 年 6 月 3 日,优衣库与 KAWS 联名潮流服装发售。很多顾客连夜排队,跑步抢购,场面异常火爆。据称,全系列在 3 秒内就卖出了惊人的 100 万件。线上线下疯狂抢购的视频,被人们在网络上纷纷转发和评论。网传的抢购场面,如同菜市场一般,有人挤坏了卷帘门、货架,有人丢了手机、拖鞋,有人不看尺码就成堆抱走,还有人卸了假体模特的胳膊。如此夸张的场面,一度让路人以为不要钱、免费送。如此火爆的场面,具有非常强烈的话题性,"优衣库联名"等相关的话题登上了社交平台的热搜榜。"优衣库×KAWS"这一联名产品成了爆款。

优衣库这次联名的 KAWS 原名 BRIAN,是一名出生在美国的涂鸦艺术家。他因将骷髅头元素用在电话亭和海报上而一举成名,2006 年开始进军潮流服饰市场,他的作品风格前卫、个性、时尚,备受年轻群体的喜爱。艺术家的作品很昂贵,一般人买不起,不过优衣库则价格亲民,属于平民服装品牌。这次与著名艺术家的联名,让很多年轻消费者有了接触艺术家作品的机会。99 元的价格被粉丝戏称"这可能是唯一一次能买得起 KAWS 作品的机会了"。由于 KAWS 声称这是最后一次与优衣库合作,这次的联名款意义非同一般,具有很高的收藏价值,加上数量有限,由此引发疯抢。

优衣库抓住快时尚"快、狠、准"的特性,瞄准有朝气、有活力的年轻人,市场定位非常清晰。这也是其成功的重要因素。在中国,中产阶层的队伍在不断壮大,追求个性和时尚的年轻人,选择购买象征潮牌文化的联名款服饰是情理之中的事。"潮牌服饰大多都是出自年轻设计师之手,大多年轻设计师更喜欢有个性的元素,所以不循规蹈矩,特立独行成了潮牌服饰的标签和特点。"[1]因此,在某种意义上,联名款成了一种年轻人的身份标签。

联名是两个品牌之间的符号连接。品牌符号的象征意义是引发很多消费者购买产品的因素,对于那些时尚产品来说尤其如此。人们购买的不只是产品,更是一种符号。联名之后,人们购买的符号不再是过去单纯的品牌符号,而是多了一层新的品牌符号价值,因此,具有更强烈的吸引力。优衣库与 KAWS 的联名,使得原本平民形象的品牌,具有高贵的特性,触发了人们的阶层高攀心理。联名营销,针对的就是人们这种符号消费的心理,给予品牌更多的符号价值,从而引燃人们的购买冲动。

人们选择联名产品,除了阶层向往、炫耀心理因素之外,还存在盲目跟风的心理。看着别人都在抢购,心里会有一种恐慌感,也会身不由己地加入进来,抢购的队伍由此更加庞大。另外,人们喜欢凑热闹,在乐队花车效应作用下,抢购就像是在过节,购买联名款,就像是为了完成某种仪式。因此,这也是一场群体狂欢活动。"由 KAWS 带来的涂鸦文化,是一种非主流视觉呈现的青年亚文化。其背后所体现的恶搞、疯狂、幽默与夸张,恰恰为困

---

① 孟萍莉、崔佳慧:《快时尚服装品牌的营销策略分析——以优衣库联名遭疯抢为例》,《中国商论》2020 年第 4 期,第 85—87 页。

于社会多重压力下的青年打开了一个宣泄释放的出口。"①优衣库与 KAWS 的联名款代表的文化意涵，与消费者的心理需求是相契合的。对于 Z 世代消费者来说，非主流文化更容易引爆消费热潮。并且，这些非主流文化正在被越来越多的人所接受。

联名营销要产生效果，显然需要借助各种宣传工具，不仅要让人们知道有这样的活动和新的产品，而且需要营造出一种"欲购从速，手慢则无"的紧张氛围。这次联名活动在传播上做得有声有色。"在宣传方面大致可分为以下几个阶段：产品展示、意见领袖推动、发布联名消息、引起关注、产品发布、到达高峰期、引发微博等其他平台热议和其他媒体跟进消息。"②早在2019 年 4 月，设计师本人就在 Instagram 软件上发帖预热，5 月份更是有 10 天官微发布了相关帖子，获得了大量粉丝的点赞。并且，找了倪妮、林允、井柏然等多位明星参与推广，在微博上发布他们身穿联名款 T 恤的照片，勾起了很多粉丝的购买欲。同时利用宣传视频、动图等多种传播形式，借助网络传播渠道，开展多层次的传播。"互联网不仅提供了无法比拟的传播环境，也使受众参与到热门的讨论当中，成为话题制造者和参与者。"③广大用户是品牌传播的积极推动者，使品牌声浪一波接着一波。

联名营销对双方来说都是有利的，具有多赢的效果。原本以基础款为主的优衣库，通过与独特前卫的 KAWS 合作推出联名款，不同品牌的设计元素产生的奇妙化学反应，让人们看到了优衣库更多的可能性，从而丰富了品牌内涵，优化了品牌形象，增强了品牌魅力，进而更新了顾客的认知，强化了顾客的忠诚度。对于 KAWS 来说，提升了品牌知名度，吸引了一批新的消费者，扩大了其市场规模。对于消费者来说，不仅得到了新款的服装，而且获得了不一样的体验感、满足感。

---

① 陈思涵：《消费者行为正在戏剧化——优衣库×KAWS 联名款遭遇疯抢的背后》，《中国广告》2019 年第 7 期，第 99—100 页。

② 洪妍妮、张芬芳：《优衣库和 Kaws 品牌联名的艺术营销》，《东南传播》2020 年第 5 期，第 129—135 页。

③ 洪妍妮、张芬芳：《优衣库和 Kaws 品牌联名的艺术营销》，《东南传播》2020 年第 5 期，第 129—135 页。

第四节 联名营销

一、联名营销的定义

"品牌通过与其他品牌的合作,单方或共同推出具有合作双方品牌特色的融合型产品,这一产品形态通过联名的形式实现营销的跨界以及品牌之间的优势互补,品牌企图通过制造陌生感和新奇感等来形成新的营销卖点,同时从中积累品牌资产。"[①]

联名营销与跨界营销有联系也有区别。联名营销是两个或者两个以上品牌之间的合作,它可以是两个不同领域品牌之间的跨界联名营销,也可以是基于供应链价值的联名,以及同一品类的两个品牌之间的联名。跨界营销可以是两个品牌之间的联名活动,也可以是单个品牌进入其他品类,推出与其之前风格迥异的新产品。

不管是哪个行业,采取联名手段进行营销的品牌还是挺多的。例如,法国 Moncler 与街头潮牌 Off-White 联名,Gucci X 与 Angelica Hicks 联名,法国奢侈品牌 LV 与美国潮牌 Supreme 联名,Nike 与 Off-White 联名,可口可乐联名国内服装品牌太平鸟,中国李宁与《人民日报》联名推出系列潮品,等等。联名营销往往可取得不错的效果。例如,Redmi 由于与知名游戏"原神"联名,一款原本不起眼的耳机,一下子就被玩家买断货了,非常抢手。

CBNData 和天猫联合发布的《美妆行业品牌联合跨界研究(2019)》显示,国货彩妆品牌联名的相关热度持续走高,具体表现在联名产品浏览量、销售额、购买人数和人均消费方面,都呈现出逐年增长的态势。根据该研究报告,目前国货彩妆行业的品牌联名营销模式主要包括三种:品牌×品牌;品牌×IP;品牌×艺术设计。[②]

---

① 张炙尺:《喜茶联名营销策略研究》,《商业经济》2021 年第 6 期,第 73—77 页。

② 田雨佳:《国货彩妆行业品牌联名营销模式发展现状及问题与对策》,《中国商论》2022 年第 8 期,第 31—33 页。

有学者认为,品牌联名的基础在于价值认同,以及元素组合和融合,基于价值和元素的品牌联名是主流的联名方式。[①] 在价值和元素上的共性,可以推动联名营销更顺利地开展,消费者能接受,品牌双方也能满意。

二、为什么要联名

企业进行联名营销,主要有以下几个原因。

(一)扩大消费人群

不同品类的品牌有着不一样的消费人群,如果进行联名,那么不同品牌的消费群体就可以在一定程度上实现共享。在 A、B 品牌联名营销活动中,原本是 A 品牌的一部分消费者,就可能会成为 B 品牌的消费者,B 品牌的消费者则可能被引流到 A 品牌。对于这两个品牌来说,都扩大了已有的消费人群,提升了市场规模。

(二)节约营销成本

联名营销相当于两个品牌各出一半钱开展品牌宣传活动。从费用上说,达到了事半功倍的效果。品牌营销的成本降低了,而效果则比单独做宣传还要好一些,毕竟存在"1+1＞2"的整合效果。

(三)促进产品销售

联名营销拓展了原有的领地,增加了产品线,使其有了更大的市场空间。并且,联名营销往往会配合各种促销行动,增加了流量,营销信息得到更大的聚焦,消费者的热情被激发出来,人们更有可能采取购买行动,从而有助于提升产品的销售量。

(四)提升品牌知名度

两个合作品牌的知名度可能有高有低,也可能在各自领域都拥有超高

---

① 李江:《基于品牌价值供应链视角的联名营销策略研究》,《中国市场》2022 年第 29 期,第 133—135 页。

人气,通过联名,可以让更多的消费者知晓品牌名称。联名营销是两个品牌之间的相互借势,可以为彼此带来更大的影响力。品牌联名是互为对方的媒介,相关信息不管是印在宣传海报上,还是出现在彼此的包装上,都可以起到广告宣传的作用,增加品牌亮相的机会,从而提升知名度。

(五)丰富品牌内涵

联名营销是一项具有新意的事件,可以让消费者有新的话题,从而在市场中掀起一阵阵传播的声浪。"品牌联名的目的应是丰富与发展自身品牌的内涵与创新理念,通过联名,与消费者产生情感共鸣和互动。"[①]合作品牌一般都有不少的优点,经过联名之后,品牌的符号意义会在一定程度上实现转移,从而让品牌内涵变得更加丰富。

(六)开发新的产品

联名营销有助于开发新的产品。通过与不同领域品牌的联名,企业可以借机合作开发新的产品。合作品牌在某方面的技术优势,可以得到运用,从而推出匠心独具的新产品。

三、如何进行联名营销

(一)以消费者为中心

不能为了联名而联名,联名是为了更好地满足消费者的需求。消费者参与这一活动或者购买相关产品,出于获得体验感、满足好奇心、赢得促销产品等多种动机。联名营销的策划需要考虑到消费者的动机,做到以消费者为中心,从而有助于更好地构建消费者关系,这样品牌才能长远发展。

(二)选择合适的合作对象

联名营销是两个品牌之间的合作,它需要两者都同意,以及从中获益。

---

① 马巾涵:《新老品牌联名营销案例研究——"椰云拿铁"营销案例分析》,《中小企业管理与科技》2022 年第 8 期,第 141—143 页。

合作对象需要认真选择,不然效果就会大打折扣。有些联名营销,可能实际上只是一方为另一方做广告,也可能一方给另一方的品牌形象带来负面影响,或者出现消费者流失等不良后果。合适的合作对象,不仅可以双赢,还能创造性地获得新的可能。

(三)把握合适的时机

联名营销需要找到合适的时机。在寻找合作对象的时候,时机得当,双方更能够一拍即合,达成合作意愿。合适的时机更有可能开展借势营销活动。联名要善于借势,让热点节日、热点话题、热点事件等为双方的合作增益。

(四)持续制造相关话题

联名是一次事件,具有宣传的价值。为了将联名效应放大,更好地开展品牌传播,需要持续地制造与联名活动相关的话题,让更多的消费者知晓这一事件,参与到相关活动中来。话题可以让联名的热度持续得尽可能久一些,从而营销效果也会更佳。

总之,联名营销应当注重效果,尽量避免各种风险。推动产品的创新、市场的扩大,增强消费者的认同,提升品牌的价值,是联名营销主要的目标追求。

视频资源

本教材已经录制了部分视频课程,共 48 集,480 分钟。以下是关于第五章的 4 集视频二维码。

1. 杜蕾斯。

观看课程,请扫码

2.借势营销。

观看课程,请扫码

3.优衣库。

观看课程,请扫码

4.联名营销。

观看课程,请扫码

拓展阅读

[1]郑亚琴,郭琪.微博营销对企业品牌传播的影响[J].吉林工商学院学报,2011,27(4):27-31.

[2]洪妍妮,张芬芳.优衣库和Kaws品牌联名的艺术营销[J].东南传播,2020(5):129-135.

思考题

1.杜蕾斯在借势营销上有哪些成功经验?

2.为了助力品牌资产的创建,微博营销可以怎样做?

3.为了品牌资产的维持和保护,企业官微应如何运营?

4.在互联网背景下,企业应如何做好借势营销?

5.品牌联名营销的优势有哪些?

6.优衣库的品牌营销有哪些特色?

第六章　共生

本章要点：

　　1.两大可乐、两大凉茶的品牌营销。

　　2.共生营销的相关概念与理论。

　　3.茅台冰淇淋的跨界营销。

　　4.品牌进行跨界营销的具体策略。

关键词：

　　加多宝;王老吉;共生营销;茅台冰淇淋;跨界营销

第一节　可乐与凉茶

一、可乐之战

　　在五花八门的饮料世界中,可口可乐和百事可乐可谓两大具有全球影响力的可乐品牌,想必很多人都曾买来喝过。这两种可乐到底哪一种更好喝呢?有些人会说可口可乐,有些人则会选择百事可乐。甚至有些消费者情有独钟,非某种可乐不喝。这正是品牌的力量。我们发现,现在市面上除了这两个品牌,你很难再找出其他品牌的可乐。过去出现过非常可乐、幸福可乐等多个品牌,但都不具有竞争力,在两座可乐大山面前没有多大发展空间。对于大多数消费者来说,正宗的可乐就只有这两种,其他出现的都只能算是山寨，找不到那个味儿。

不过回望可口可乐和百事可乐的发展历程，两者其实出现过多次惊心动魄的交锋，竞争非常激烈。

可口可乐首先出现并占据市场，百事可乐作为后来者，为了抢占地盘，发起了强劲的挑战。

为了建立自己的优势，百事可乐采取了大容量的策略。量比可口可乐大一倍，价格却和可口可乐一样。这种加量不加价的策略，其实也是一种价格战。为了让价格的优势广为人知，百事可乐还编写了一首广告歌："百事可乐不多也不少，满12盎司让你喝个够。也是五分钱，可饮两倍量。百事可乐，属于你的饮料。"

光是打价格战，显然是不够的，为此，百事可乐还把自己塑造得年轻、活泼，将可口可乐贬为老派。百事可乐发起了"百事可乐，新一代的选择"等主题的广告宣传活动，将年轻人作为主要的广告宣传受众，以此来吸引年轻消费者的关注。这种定位，将自己与可口可乐进行了很好的区分。年轻人受其影响，很可能就会选择百事可乐，以此来标榜自己不同的形象。

在此基础上，百事可乐针对自己口感不错、含糖量更高的特点，在1972年开展了一场规模较大的试饮运动。他们让消费者试饮两种可乐，并就口感和味道进行比较，结果多数消费者选择了百事可乐。在这场比试中，百事可乐以3∶2的优势战胜了可口可乐，从而为自己赢得了非常不错的声誉，销量一时间大涨。百事可乐的市场占有率与可口可乐之间的差距在缩小，两者几乎不相上下。[1]

除此之外，两大可乐品牌还做了不少针锋相对的广告，可谓火药味十足，吸引了很多消费者的关注。

百事可乐非常重视名人推荐。例如，1959年，借美国在莫斯科举办博览会之机，请苏联国家元首赫鲁晓夫评价百事可乐的口味，并将此事进行大肆宣传。此事吸引了很多苏联消费者，他们也想品尝一番百事可乐。百事可乐由此轻轻松松就打开了苏联市场。[2]

---

[1]　鲁小萌：《广告在竞争中的作用——谈百事可乐与可口可乐百年广告战》，《中外企业家》2005年第3期，第58—61页。

[2]　薛玉建：《百年商战——"百事可乐"与"可口可乐"之争》，《经营管理者》1999年第9期，第46—47页。

当然,如今聘用最多的还是体育界和娱乐界的明星,两大可乐品牌的代言人团队都很庞大。

经过长达百年的发展,两大品牌都形成了自己独特的文化。从视觉元素上来看,双方各有特色,百事可乐主色调是蓝色,可口可乐则是红色,很容易区分。两个品牌虽然斗来斗去,有过很多次你来我往的交锋,但并没有因此倒下,而是都变得非常强大,强大到世界上很难有第三个可乐品牌能够生存,因此,这种品牌竞争,某种意义上是一种合作,共同构建起品牌壁垒。消费者也就非此即彼,只能二选一,且只愿意在二者中选择。

可口可乐与百事可乐都在广告宣传上不遗余力,它们使用了一切可以想到的广告形式,成功地把自己包装成一种文化象征,而不是一款廉价的糖水。这背后,是亿万级的广告投放与无孔不入的渠道渗透,也是它们能战胜同类竞争者的关键原因。双方表面上看一直是竞争关系,实际上却在竞争中达成默契,不断巩固着各自的地位。

二、凉茶之战

头些年,国内的两大凉茶饮料品牌发展势头一度很猛,大有成为中国的可乐之势,这就是王老吉和加多宝。不过它们一度斗得不可开交。

加多宝公司在获得了王老吉这一商标的使用权之后,开始生产红罐王老吉,广药公司生产的则是绿盒子凉茶,两者在包装上有区别。在市场上,红罐王老吉的销量要好很多,选购的消费者较多,可谓风靡一时,而那句"怕上火喝王老吉"的广告语也成了流行语。

由于市场前景不错,王老吉的品牌价值不断增长。早在 2010 年,王老吉商标估值就已达到 1080 亿元。不过,正是在这一年,广药公司向加多宝发出律师函,要求收回其商标使用权。主要的原因是在 2002 年和 2003 年分别签署的延长租赁期限的补充协议过程中被曝出存在贿赂行为,为此,广药方面认定补充协议无效。自此,二者间开始了漫长的争端。它们围绕商标使用、包装、广告语等一共对簿公堂 20 多次,涉及金额将近 50 亿元。

一是商标使用权之争。2012 年 7 月,北京一中院最终裁定广药胜。于是,原先的红罐王老吉更名为"加多宝"凉茶。加多宝过去是企业名称,具有一定的知名度,现在同时作为产品品牌名称,消费者具有较高的接受度,由此,两大凉茶品牌正式形成。

二是广告语争议。"全国销量领先的红罐凉茶改名加多宝"的广告词，沿用多年，不过广药集团认为这是虚假宣传，会对消费者产生误导，误以为现在的加多宝和王老吉是同一款产品。后来，法院判决加多宝撤回所有宣传，予以赔款并且公开道歉。讲起凉茶，很多消费者对"怕上火喝王老吉"这句广告语记忆深刻。这句广告语后来裁定为双方可以共享。有了加多宝之后，怕上火也可以喝加多宝凉茶了。

三是"红罐之争"。包装是品牌标识的构成要素，具有重要的价值。对此，法院在 2017 年 8 月判决双方可以在不损害他人合法利益的前提下，共同享有"红罐"包装权益。其实改成金罐包装的加多宝，消费者同样是认可的。

在两者不断打官司的过程中，双方的品牌营销都在继续进行。例如，加多宝在每次败诉后，很快就调整状态，提出新的广告语，并且从《中国好声音》第一季开始连续四年冠名赞助这一热门节目。由于《中国好声音》节目的观众群体与加多宝的目标消费者存在很大的重合，加上这个节目的收视率很高，一度成为现象级综艺节目，加多宝可谓赢得了很大的关注，取得了非常不错的市场效益。

从销售数据上来看，2012 年，加多宝全年销量突破 200 亿元，占据罐装凉茶市场约八成份额，在全国罐装饮料市场销量榜上排名第一。

即便是在两大巨头出现争议的 2009—2012 年，凉茶市场依旧保持 16%—18% 的高速增长。

加多宝和王老吉在打商标争夺战的时候，吸引了无数消费者的目光，很多人在具体选择商品的时候，纷纷站队，或者支持加多宝，或者拥护王老吉，加上加多宝冠名《中国好声音》节目，王老吉也做了很多广告，市场的声势挺大。这个过程中，吸引了很多其他饮料的消费者前来购买凉茶。应当说，两大品牌之战，在一定程度上，激发了凉茶市场的活力。

之后，随着诉讼和仲裁的尘埃落定，彼此的嗓门变小了，消费者的行为开始趋于理性，从而导致凉茶市场有所萎缩。

以 2015 年为界，上半年凉茶市场增速为零，2016 年以后，同仁堂、霸王、和其正等后来者无不黯然退出，加多宝亦在裁员停产中艰难度日，整个行业的境况急转直下。

百事可乐和可口可乐之间的竞争，共同扩大并维护了可乐市场。加多宝和王老吉的前景如何，以及如何在竞争中合作、共同发展，还值得观察和思考。

第二节　共生营销

一、共生营销的理论

饮料界的这几个品牌,存在激烈的竞争,但同时伴随着市场的成长。品牌竞争未必就是你死我活,品牌之间可以找到一种共生、合作的关系,在良性竞争中谋得发展。

这里,我们需要关注的是品牌竞争对品牌传播来说意味着什么,能不能带来正面的影响,品牌竞争是否可以取得双赢的效果。

这是一个品牌竞争异常激烈的时代,企业为了在复杂的动态环境中谋求生存和持续发展,需要进行有效的品牌管理。随着经济全球化、劳动分工细化和信息资源共享化,合作性竞争将成为现代竞争的核心。正是在这样的社会背景下,共生营销这一理论成了企业经营的战略手段。如何利用好共生营销手段,做好品牌的发展与升级,将是企业得以长远发展的重要因素。[①]

共生(Symbiosis)一开始是生物学上的概念,是指一种相互的活体营养性联系,即生物进化的机制。在市场营销学中,共生营销指的是一种营销策略、组织间的一种竞合模式、一种横向的合作系统或组织形态。共生营销建立在两大关系之上——竞合关系和互补关系。面对日趋激烈的竞争,为了寻找适合自己生存的空间,企业之间必然既有竞争又有合作。健康的竞合关系为品牌共生提供了先决条件。合作各方在资源或项目上优势互补,基本观念和目的一致,能实现双赢,这是双方愿意开展合作的必要前提。[②]

对于生物来说,可以有很多种共生的方式。对于共生营销来说,也存在

---

① 衣成林:《国内外共生营销文献述评》,《现代营销(经营版)》2019 年第 8 期,第
105 页。

② 衣成林:《国内外共生营销文献述评》,《现代营销(经营版)》2019 年第 8 期,第
105 页。

很多种形式。共生营销通过共享资本、人力、生产、销售、渠道、传播等方面的资源,实现共同公关、共同促销、共同广告、共同服务、共同生产、共同销售、共同研发新产品、共同创办新企业等。

这些形式可以单独采用,也可以一起进行。不管是哪一种形式的共生,都需要遵循双赢的原则。合作双方能够从中获益,促进品牌的成长。

随着顾客体验等理论的发展,学者们也越发重视共生营销在品牌构建、顾客感知、顾客忠诚等方面的重要意义。薛大勇认为共生营销的作用主要体现在以下几个方面:降低营销成本;提高营销效率;吸引注意力,制造轰动效应;有利于进入新市场;有助于多角化战略的展开;减少无益竞争。[①]

企业选择共生伙伴大多是从自身的利益出发,例如有助于降低生产成本、获取外部资源、降低风险成本及开拓新市场等。虽然这样的动机有点本位主义,不过共生营销实施的结果依然具有很大的社会意义。共生营销能够拓展整个行业发展的空间,有效规避发生在行业内部的恶性竞争,同时由此带来的企业发展目标的实现,又进一步增强了相互间共生关系的稳定性。[②] 因此,共生营销对企业个体和整个行业来说都是利大于弊的。

共生营销的实现路径主要有以下几个方面:

第一,确定共生营销的项目和方向。一个企业可能有很多产品,涉及多个品类,需要明确进行共生营销的具体领域。

第二,明确自己开展共生营销的优势和不足。能够给对方带去什么,有可能会对自己造成多大的影响,在谈判中可以强调哪些,只有经过这样的分析,才能对共生营销的可能性做出判断。

第三,谨慎选择合作对象。共生营销作为一项营销活动,需要投入很多成本,也会带来很大影响,如果随随便便找一个合作者,可能会适得其反。

第四,签订合作协议。只有明确双方的责任权利,才能让共生营销真正落地,并且,一旦出现问题,也可以有法可依。

第五,加强管理,推动落实。只有做好监督,才能让共生营销有效运行,才能产生效果。

---

① 薛大勇:《营销新模式——共生营销》,《中国经贸》2004 年第 2 期,第 42—43 页。
② 冯银虎、薛阳:《我国乳制品企业共生营销模式研究——以伊利、蒙牛为例》,《内蒙古工业大学学报》(社会科学版)2012 年第 2 期,第 19—24 页。

二、相关概念与理论

除了共生营销,还有很多相似的提法、理论,例如关系营销、协同营销和合作营销,在用词上有所不同,但营销理念是接近的。

关系营销的基本内涵是,将企业放在社会经济大环境下,考察企业的市场营销活动,认为企业营销是一个复杂的系统工程,是一个与消费者、竞争者、供应商、分销商、政府机构和社会组织等各个相关参与者发生互动、相互作用的过程。关系营销的目标是让用户成为自己的长期顾客,并得以共同谋求长远战略发展,建立起消费者与企业间的连续性关系。正如查理斯·古德曼所说:"公司不是创造购买,它们要建立各种关系。"[①]品牌营销需要正视这些关系,采取各种手段,维护好关系,这样品牌的发展才可以有更好的土壤。从某种意义上说,品牌在各种关系中形成,特别是企业与顾客的关系直接影响品牌发展的空间。如果企业和顾客是一种长期的、相互依存的关系,那么品牌美誉度、忠诚度及长期的销售就更有可能实现了。

合作营销以竞争—合作作为基本的指导思想。合作营销既突破了传统营销的桎梏,又把握住现代市场竞争的特点,被视为"对传统营销理论的一次革命"[②]。企业的生产经营活动需要有一个良好的外部环境,与其他企业建立合作关系,有助于共生发展。

协同营销有以下几种情况。

水平协同营销:提供同类但不同细分市场产品的企业、提供具有互补关系的不同产品的企业、提供相同产品的企业、提供完全不同产品的企业。

垂直协同营销:企业在不同营销内容上合作。

交叉协同营销:企业在营销过程中全方位、多角度合作,主要针对不同行业间的合作。

---

① 转引自邓文芝:《关系营销战略浅议》,《商业经济文荟》1998 年第 3 期,第 55—57 页。

② 方家平:《合作营销——营销观念的革命》,《商业经济文荟》2001 年第 1 期,第 43—46 页。

三、在竞争中谋求共生

以上这些理论表明,品牌之间可以找到彼此共存的方式,可以有竞争,也可以有合作。在竞争中,可以扩大整个品类的声浪,引发市场的关注,并且激发忠诚消费者的热情,巩固消费者与品牌之间的联系。在竞争中加以合作,则可以阻止其他品牌的进入,扼杀其他品牌的生存空间。就如可口可乐和百事可乐那样,大家都可以是这个行业的巨头。

近年来,白色家电的几大品牌——格力、奥克斯和美的围绕专利权之类的斗来斗去,非常热闹。在这个市场饱和的战场中,此消彼长,竞争白热化。不过如果斗得太凶,虽然可以吸引大家的眼球,增加行业的曝光度,但是流量有了,销量未必就会上去,弄不好两败俱伤。对于王老吉和加多宝之争,虽然一开始大家都围着看热闹,但之后,两大品牌并没有真正被消费者接纳,凉茶的市场规模并没有持续扩张或得以保持,这是值得我们思考的。对于企业来说,良性竞争是必要的,但需要学着斗而不破,共同成长,注重创新,寻找新的蓝海,这才是根本。

总之,如果能够利用好品牌竞争,那么竞争也可以成为一种广告宣传的手段,扩大品牌的影响力,扩大品类的市场潜力,共同做大蛋糕,从而彼此都能从中获得利益,得以共生。

在生物界,常见的种间关系有共生、寄生、竞争与捕食。对品牌来说,如何在共生中竞争,在竞争中共生,是值得我们研究的一个新课题。

第三节　茅台冰淇淋

随着消费升级,冰淇淋/雪糕市场在不断扩大,为企业提供了巨大的商机。近年来,相关品牌如雨后春笋般涌现,为不同群体提供了多样的选择。

目前,冰淇淋的价位主要处于 10 元以下。不过也有一些品牌的价格要贵一些。市场上的产品价格有贵的,也有便宜的,针对人群不一样,并没有多大问题。不过,那些价格贵的产品往往会吸引更多人关注,也更可能会出现一些状况。

例如,2022 年 7 月,18 元 1 支的钟薛高雪糕,由于"31 度室温下放 1 小时不化"以及"用打火机点燃钟薛高疑似烧不化"而引发网民的吐槽,并被冠以"雪糕刺客"之名。

除了钟薛高,在 2022 年,还有另一个同样标价很高的产品也备受关注,引发了人们的热议,那就是茅台冰淇淋。所谓茅台冰淇淋是茅台酒与冰淇淋的合体。市面上有三款茅台冰淇淋:经典原味、香草口味与青梅煮酒味。这些产品中飞天茅台酒的添加量分别为 2%、2% 和 1.6%。

虽然茅台冰淇淋价格很高,但是受到了很多消费者的热捧。2022 年 5 月 29 日 17 时这三款冰淇淋于"i 茅台"上线,开售仅 51 分钟便全部售罄,销售数量超 4 万个,销售金额超 250 万元。并且,66 元一杯的价格甚至被炒到 250 元一杯。多个城市出现"年轻人排队打卡""线下销售额破 20 万元"等火爆情况。

就价格而言,钟薛高和茅台冰淇淋都是"贵族"。一种产品能够以高价出售,主要在于品牌。品牌具有溢价效应,能够让产品显得别具一格,意义非凡。

茅台冰淇淋的经营状况目前还是挺不错的。从第一家旗舰店开业到入驻商超、下沉至终端渠道,茅台冰淇淋仅用了四个月的时间,可谓旗开得胜。

茅台冰淇淋的成功,很大程度上是因为贵州茅台品牌的魅力。国酒茅台一直以来都非常受国人青睐,这些年由于其股票市值不断走高,产品价格居高不下,更是引发人们的关注。

从品牌定位来看,茅台冰淇淋走的是高端路线。贵州茅台相关人士曾指出,茅台酒的主要消费客群是中产及以上阶层。一瓶市场价 3000 元的飞天茅台酒确实让许多年轻消费者无力购买。不过,对于年轻消费者而言,虽然购买千元飞天茅台酒有点没底气,但咬咬牙购买售价几十元且含有 2% 飞天茅台酒成分的茅台冰淇淋并非难事。与此同时,茅台冰淇淋在旗舰店的选址与装修上也竭力接近年轻人的审美趣味。茅台冰淇淋是贵州茅台年轻化、亲民化、时尚化的表现,入驻商超则是这一策略的落地。[①]

茅台冰淇淋的高定价具有两方面的意义:一是较高的定价与茅台自身高端的品牌形象一致,不会因为茅台冰淇淋而损害茅台的形象;二是通过价格调控的手段能够精准筛选潜在消费者,可以借机找出那些具有茅台消费

---

① 赵述评、王傲:《干货还是噱头? 茅台冰淇淋能否俘获年轻消费者》,《北京商报》2022 年 9 月 26 日,第 3 版。

潜力的年轻客户群体。虽然这群人目前的消费能力尚不及中产阶级,但他们更愿意尝新。年轻人的第一口茅台酒,来自冰淇淋而不是商业应酬,这不仅有利于建立他们对茅台酒的好感度,还利于将茅台品牌与品质的调性深深地植入消费者的心智中。①

知趣咨询总经理蔡学飞认为:"茅台自身因茅台酒供不应求,长期受到很高的社会关注,这波热度延续到茅台冰淇淋,属于意料之中。茅台推出冰淇淋也是公司进行年轻化营销的一部分,在无形中已笼络了部分试图尝鲜的年轻消费群体。"②

白酒营销专家肖竹青表示:"白酒行业是传统行业,需要讲好故事来增加曝光率与关注度。过去白酒企业往往在讲过去的故事,现在为了吸引年轻人推出跨界产品,是在讲未来的故事。"③

中国科学院心理研究所副研究员樊春雷说,年轻人在购物选择中的炫耀心理或对阶层的向往正在减弱。"一方面,他们更在意的是与众不同,凸显个性和品位;另一方面,他们更需要社交,与同伴寻找共同话题,于是才特别热衷那种有趣、有话题度、有传播性的产品。"④

茅台冰淇淋面向的不仅是年轻消费者,更是年轻的女性消费者。《2020年轻人群酒水消费洞察报告》显示,"90后"女性酒水消费人数已超过男性,低度零卡、小甜酒等产品则受到女性消费者的青睐。⑤ 通过茅台冰淇淋的培育,未来茅台酒的女性消费者可能会增加。

"白酒+雪糕"在一定程度上实现了传统白酒企业和年轻消费者的"双向奔赴"。白酒营销专家肖竹青认为:"现在各大酒厂在研究培养年轻人的消费习惯,酒企通过雪糕能实施品牌渗透,创造更多的消费场景。"⑥

可见,"品牌跨界卖雪糕,赚钱不是主要目的"。快消业内人士表示,虽

---

① 张瑜宸:《茅台冰淇淋,到底"冰"了个啥?》,《华夏酒报》2022年6月7日,第A06版。

② 林志吟:《茅台冰淇淋单杯代购价被炒至上百元》,《第一财经日报》2022年7月11日,第A09版。

③ 李婷、石丹:《茅台冰淇淋,一次"蓄谋已久"的跨界》,《商学院》2022年第7期,第110—112页。

④ 胡珉琦:《奢侈品"下凡"背后的心理战术》,《中国科学报》2022年6月6日,第3版。

⑤ 《2020年轻人群酒水消费洞察报告》,2020年9月20日,https://www.163.com/dy/article/FMUESJA90511B3FV.html,2022年10月22日。

⑥ 刘琼:《酒淇淋火了》,《深圳商报》2022年9月1日,第A03版。

然不赚钱,但是赚人气。雪糕是自带流量与话题的商品,再加上品牌跨界的反差感,营销效果事半功倍。[①] 通过茅台冰淇淋,指向的是整个茅台品牌。

在数字时代,个性鲜明的 IP 形象可以获得用户的喜爱,从而能够得到广泛的传播,推升品牌的知名度和影响力。茅台冰淇淋很懂得利用 IP 形象来加深消费者对品牌的认知。经过精心设计的茅台冰淇淋 IP 形象——"茅小凌",一经推出,就成了各大社交网站的"网红",不仅各路达人争相打卡,广大用户也纷纷参与转发。IP 形象是品牌内涵、品牌价值的直观化呈现,是一种可以留存在用户大脑中的深刻的、丰富的符号记忆。

由此看来,茅台在行业、模式、消费群体和竞争方式方面,都做出了正确的选择,这也是其跨界成功的重要原因。

第四节　跨界营销

一、跨界营销事件

说起跨界营销,除了茅台冰淇淋,与此类似的"白酒＋雪糕"的案例还有很多。2019 年,泸州老窖曾与钟薛高联手推出含 52 度白酒的"断片"雪糕;2020 年,蒙牛"随变"与江小白合作,推出白桃和焦糖两种口味的酒心巧克力冰淇淋;2021 年,"黄酒第一股"古越龙山也与钟薛高推出联名款黄酒青梅雪糕;2022 年 8 月 28 日,洋河股份推出两款文创盲盒雪糕,10 支装赠 2 支,共计 166 元。此外,五粮液与喜茶推出酒味冰淇淋。

其他领域跨界营销的各种经典案例其实也有。例如国外著名牛仔裤品牌李维斯携手苹果公司推出了支持 iPod 播放器的 Levi's Wire 牛仔裤,这款牛仔裤具备电子化的特性。在国内,故宫放下身段,搞起了跨界,推出了很多新产品,使故宫形象年轻化,赢得了良好的经济和社会效益。2018 年 10月,百雀羚携手故宫推出的美妆产品——"雀鸟缠枝美什件"限量版彩妆一经发布,便迅速被抢购一空。2018 年,李宁 X 红旗的跨界营销以致敬中国

---

① 刘琼:《酒淇淋火了》,《深圳商报》2022 年 9 月 1 日,第 A03 版。

文化为核心主题,采用线上(微博)线下(快闪)联合出击的形式重磅登场,瞬间成为被热议的焦点。云南白药一看名字就是一种药品,却跨界进入牙膏领域,推出的云南白药牙膏是牙膏中的高端产品。"互联网甜品"BON CAKE 把老北京传统的六必居黑芝麻酱、红螺冰糖葫芦、百花荆花蜂蜜、便宜坊烤鸭酱、京华茉莉花茶,与法国奶冻式甜品慕斯融合在一起。这套高颜值国潮礼盒,年轻人比较喜欢。

此外,还有很多药企,也走了跨界之路,同仁堂祛痘膏、马应龙眼霜、三九口红、仁和药业面膜等,它们跨界进入美妆领域,都引起了消费者的关注和兴趣,取得了良好的市场效益,推动了企业的升级发展。

二、跨界营销概念

跨界营销的概念起源于"共生营销"。跨界营销使得两个不同领域的品牌共同发展,与生物界不同物种的共生现象很接近。什么是跨界营销,很多学者对此做了界定。不同的企业"利用各自品牌的特点和优势,将核心的品牌元素提炼出来,与合作伙伴的品牌核心元素进行契合,从多个侧面诠释一种共同的用户体验,这种营销方式称为跨界营销"①。"跨界最直接的理解即指不同领域之间的合作,其本质是资源的整合和融合。"②

"跨界"代表一种新锐的生活态度和审美方式的融合。跨界营销则可谓新潮的品牌营销模式。跨界合作对于品牌的最大益处,是让原本毫不相干的元素相互渗透、相互融合,从而给品牌一种立体感和纵深感。能够建立跨界关系的不同品牌,一定是具有互补性而非竞争性的品牌。这里所说的互补,并非功能上的互补,而是用户体验上的互补。③

三、为何要跨界营销

跨界营销的种类有很多,如产品跨界、渠道跨界、文化跨界、内容跨界、

---

① 胡水:《跨界营销 重申用户体验》,《中外管理》2007 年第 11 期,第 87—89 页。
② 陈炎坤、杨兴华:《老字号品牌跨界营销的影响因素分析——基于消费者特性视角》,《商业经济研究》2022 年第 14 期,第 86—89 页。
③ 邓勇兵:《跨界营销:体验的综合诠释》,《中国市场》2007 年第 42 期,第 56—57 页。

促销跨界、IP 跨界、交叉跨界等。从品牌角度来说,跨界营销的两个品牌实现了某些资源的共享,扩大了品牌的生长空间。

不管是哪种类型的品牌,采取跨界营销,主要有这些原因:打破刻板印象,树立品牌年轻化形象;拓展用户群体,提高品牌影响力;连接新场景,有效拓展品牌渠道。[①] 对于合作双方来说,都能够从跨界营销中获得额外的好处,这其实是主要的因素。

通过跨界营销,企业不仅拓展了一块新的增值空间,赢得了新的发展机会,而且丰富了品牌的形象内涵,拓宽了品牌的意义维度,提升了品牌的符号价值,扩大了品牌的知名度和影响力,为品牌的长远发展谋得了新的可能性。关于跨界营销对品牌传播的意义,有学者指出,在移动互联网的营销环境下,跨界营销不仅注重满足消费者的体验需求,更注重发挥社交媒体的作用。一方面,跨界营销碰撞出的"网红产品"通过引发消费者的自发分享,为企业赢得免费的、包含社交价值的二次传播机会;另一方面,跨界的产品成为消费者在网络空间自我呈现的道具。[②] 通过与跨界产品建立关联,消费者由此获得了一定的社交资本,并有助于构建自己的"人设"。

四、如何进行跨界营销

那么,怎么样才能够更好地进行跨界营销? 对于一个企业来说,是不是可以不加选择地进行跨界,或者说只要是跨界都能取得成功? 显然不是这样。跨界营销需要遵循一定的准则,才有可能取得成功。

有学者认为,实施跨界营销需要遵循几点原则:资源相匹配原则;品牌效应叠加原则;消费群体一致性原则;品牌非竞争性原则;非产品功能性互补原则;品牌理念一致性原则;以用户为中心原则。[③] 这些原则告诉我们,跨界营销需要具备一定的条件,且采取合适的策略。

不管是怎样的跨界,跨界营销都有其自身的逻辑性:"第一是跨越领域

---

① 聂佳琪:《浅析国货品牌中的跨界营销》,《西部广播电视》2019 年第 13 期,第 43—44 页。

② 程丹亚、袁炜灿:《跨界营销——品牌另辟蹊径的营销之道》,《新闻研究导刊》2018 年第 15 期,第 76—77 页。

③ 伯建新:《跨界营销的应用及原则》,《中国牧业通讯》2008 年第 19 期,第 42—43 页。

及行业的界限;第二是融合,即通过与其他的品牌合作产生'1+1＞2'的价值,为消费者和潜在消费者提供多元化的消费体验。"①既然是跨界营销,首先需要有跨越,但更重要的是要有融合。只有融合,才能给人跨界的合理性,才能实现跨界的价值。

跨界营销需要寻找合适的合作对象。"这里的合适主要是指跨界合作品牌或企业在优势互补的同时又不会牺牲品牌自身的特色,在此基础上进一步增强消费者对品牌的认识与认可,在更大程度上放大各自的优点,增强双方的竞争实力。"②

也有学者认为,合适的跨界合作对象,需要具备以下几点:合作双方的资源要匹配(要有"共有消费群体",两者实力要相匹配);合作双方的关系要互补;合作双方的资源要共享。③ 匹配和互补才能更好地实现双赢。

还有学者在分析 Uber(优步)选择跨界营销合作伙伴时提到七种常用方法:(1)资源匹配法;(2)品牌效应叠加法;(3)消费习惯一致法;(4)服务嫁接法;(5)品牌非竞争性法;(6)非产品功能性互补法;(7)品牌理念一致法。④

由此可见,寻找合适的合作对象是跨界营销能否成功的重要因素。并不是所有的跨界都是有益的,弄不好,甚至可能给品牌形象带来伤害,对消费者认知造成困扰。跨界营销双方在地位上是平等的,但从投入和收益来说,双方未必是均等的。只有那些彼此都能接受,对品牌均有助益,以及对彼此的长远发展均有利的跨界营销才有可行性。

从具体的策略上来看,虽然制造冲突感、增加营销内容和形式上的趣味性,是深度跨界的重要手段与有效路径,但是跨界营销需要尽可能寻找双方的共性。品牌跨界的背后其实是双方品牌对于价值观、生活方式、用户体验等信息和理念的共享,所以在进行跨界时,需要考虑清楚双方的目标用户是

---

① 赵大川:《品牌联名跨界营销的逻辑分析》,《新闻传播》2021 年第 12 期,第 72—74 页。

② 陈海军、张瑞清、王竞宇:《互联网时代品牌跨界营销策略研究——以三大媒体2019 年度盘点为例》,《新媒体研究》2020 年第 23 期,第 37—40 页。

③ 卓曼:《跨界营销的成功要素与实施路径研究》,《长春师范大学学报》2017 年第 6期,第 195—198 页。

④ 颜婧宇:《Uber(优步)以跨界营销打响品牌知名度的实践思考》,《中国商论》2015 年第 16 期,第 8—13 页。

否存在共性,品牌输出的理念是否相符,是否能够进行互补互利。[1] 对于食品领域的跨界营销,需要注意不能触及食品安全这一底线,这样才能赢得长远的发展。

视频资源

本教材已经录制了部分视频课程,共48集,480分钟。以下是关于第六章的4集视频二维码。

1.可乐与凉茶。

观看课程,请扫码

2.共生营销。

观看课程,请扫码

3.茅台冰淇淋。

观看课程,请扫码

4.跨界营销。

观看课程,请扫码

---

[1] 胡明宇:《整合营销传播视角的品牌跨界营销:创新与挑战》,《中国广告》2020年第10期,第83—87页。

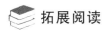 **拓展阅读**

[1]冯银虎,薛阳.我国乳制品企业共生营销模式研究:以伊利、蒙牛为例[J].内蒙古工业大学学报(社会科学版),2012,21(2):19-24.

[2]胡明宇.整合营销传播视角的品牌跨界营销:创新与挑战[J].中国广告,2020(10):83-87.

思考题

1.品牌竞争对品牌传播的正面、负面影响有哪些?

2.结合有关案例,谈谈你对共生营销的理解。

3.跨界营销应避免哪些误区?

4.企业在互联网时代如何更好地进行跨界营销?

第七章　情绪

本章要点:

1.鸿星尔克捐赠事件中的品牌传播。

2.情绪营销的内涵及其相关理论。

3.999感冒灵宣传片爆火的原因。

4.情感营销的相关知识和策略。

关键词:

鸿星尔克;情绪营销;999感冒灵;情感营销

第一节　鸿星尔克

一、鸿星尔克2021年捐赠事件

2021年夏,河南遭遇特大暴雨。面对非常严重的灾情,当地企业纷纷捐款捐物。其中有一家企业表现格外突出,甚至由此成了网红,那就是鸿星尔克。这次,鸿星尔克向河南灾区捐赠5000万元物资。

这一事件的信息传播过程如下:首先是2021年7月21日鸿星尔克官方微博发布了"河南一定行,鸿星尔克向河南捐赠5000万元物资"的图文信息。之后,有网友跟帖指出,鸿星尔克自身企业经营不济却大手笔低调捐款,为其鸣不平:"明星(捐)50万直接冲热搜,良心企业(捐)5000万评论100多,点赞才2000,我真的有点意难平。"

经迅速发酵,鸿星尔克的这一善举最终引起了很多网民的关注。♯鸿星尔克的微博评论好心酸♯话题带来了超高的全网热度,连续多日占据微博热搜榜。并且,鸿星尔克在某头部短视频平台的粉丝数在7月22日至24日这短短几天内暴涨了1200多万。

从经营效果上看,这一事件推动了鸿星尔克产品销量的暴增。鸿星尔克的直播间涌进了大量网友,并且数百万网民采取了野性消费行动。甚至出现了有人要为鸿星尔克微博充会员费至2140年,以及买500元货品却付款1000元等狂热场景。即便是在线下,门店也几乎被顾客挤爆,销售额暴增十多倍。网友们催促鸿星尔克"快去踩缝纫机,把产品都赶工出来让大家买"。由此,各地鸿星尔克库存迅速告急。鸿星尔克一度还因存货不够而紧急道歉,恳请网友理智消费。

据飞瓜数据,7月23—24日,鸿星尔克品牌官方旗舰店淘宝直播间销售额突破1.07亿元,总销量64.5万件,直播间观看人次近3000万。这些数据无不表明这次野性消费的热情之高。

7月29日凌晨,鸿星尔克发布紧急通知称,由于近期订单大量涌入,公司系统崩溃,40多款产品跟不上备货量的需求,各地的仓库已售空,生产线已超负荷运转,再次呼吁大家理性消费,退掉目前没有库存的商品订单。

一位呼和浩特的消费者表示:"有个人直接购了45件商品,试衣间根本排不上,在我和朋友犹豫到底要哪个号的一瞬间,店里就只剩我俩手里的两件了,结完账后看到模特身上的衣服也被扒下来卖了。"[1]

据第三方数据平台,鸿星尔克品牌官方旗舰店的抖音账号在7月31日至8月1日,迎来大批粉丝增长。其中,7月31日新增粉丝12369人,8月1日新增粉丝30819人。有消费者在相关话题下评论称,要去野性消费,继续支持国货之光鸿星尔克。2021年10月,鸿星尔克在厦门总部成立了直播中心,以矩阵账号形式推进直播业务。截至2022年8月,主账号"鸿星尔克品牌官方旗舰店"粉丝量高达1300万以上,"鸿星尔克吴荣照"的粉丝量亦达到1019.7万。[2]

---

[1]　黎竹、刘旺:《"野性消费"之后鸿星尔克情绪营销下的冷思考》,《中国经营报》2021年8月2日,第D01版。

[2]　王敏杰、马云飞:《鸿星尔克的隐与忧》,《国际金融报》2022年8月8日,第11版。

在这次野性消费热点事件中,鸿星尔克在消费者心中树立了"铁憨憨"的形象,而背后,则是一种务实、低调的企业文化,一种负责任的民族品牌形象。①

二、鸿星尔克其他捐赠活动

说起鸿星尔克,这个品牌已有相当长的历史。企业创立于 2000 年,创始人是吴荣照。2005 年 11 月 14 日,中国鸿星体育有限公司在新加坡主板上市,共募集资金 4800 万新加坡元。不过,鸿星尔克长期以来市场份额和知名度都不及安踏、李宁、耐克、阿迪等海内外运动品牌。

其实,鸿星尔克的善举并非一时兴起,而是其一直以来致力于承担企业社会责任的体现,是其良好的企业文化建设的结果。例如,自创办以来,鸿星尔克从未停止爱心助学的步伐:

2003 年,鸿星尔克为民建高寨希望小学的贫困学生捐赠 5 万元。

2005 年,鸿星尔克响应泉州团市委"希望工程爱心助学行动周"倡议,慷慨捐资。

2006 年,鸿星尔克在江苏常熟理工学院设立助学金。

2007 年,鸿星尔克给甘肃省白银市会宁县两所乡初中捐赠了 1000 双运动鞋。

2008 年,鸿星尔克参与"共同托起他们的理想"助学活动……

除了助学捐赠,鸿星尔克还在国家遭受地震、疫情、旱涝灾害等危难之际,在扶贫助残方面慷慨相助。例如:2018 年 5 月 7 日,鸿星尔克开启了以"鸿星助力·衣路有爱"为主题的两年 6000 万元助残捐赠项目;2020 年 1月,由于新冠疫情,向壹基金捐赠 1000 万元防疫物资;2020 年 7 月,向福建省残疾人福利基金会捐赠价值 1 亿元的服装。这样的捐赠活动实在太多,可谓举不胜举。

---

① 冯梦宁、孙军锋、崔文涛:《野性消费背景下鸿星尔克品牌价值提升策略研究》,《产业与科技论坛》2022 年第 15 期,第 54—57 页。

三、多个品牌的野性消费事件

除了鸿星尔克,野性消费的相关案例还有不少。例如,2021 年 7 月 24 日,贵人鸟官方微博发文称:"绵薄之力,爱祖国是我们的需要,唯愿四方平安! 家国有难,召必应,战必胜。"该微博下面,是一片赞誉之声。

2021 年,国货老品牌蜂花发布新产品,遭遇网友设计难看、售价低的吐槽。蜂花回复"这个要花钱吧""我们其实本来就很廉价"。结果蜂花刷了一波好感,火得猝不及防。11 月 16 日,面对网友对其破产的担忧,蜂花再度回应"请大家放心,不会倒闭",并且许诺,未来也不会因为火了就涨价。于是一瓶只要九块九,十年仅涨两元的蜂花一天之内卖了平时一个月的量。

2021 年 11 月,女装品牌"拉夏贝尔申请破产"的消息不胫而走,考虑到价格、国货情怀等因素,很多消费者也加入野性消费的行列。

2022 年,随着北京冬奥会的举办,吉祥物冰墩墩迅速走红。"我只想要一只冰墩墩,谁能给我一只冰墩墩啊"……魔性洗脑的《冰墩墩之歌》在很多社交媒体上传播。

随着冰墩墩热度的提升,奥林匹克官方旗舰店连续多次进行冰墩墩徽章、钥匙扣等产品的补货,产品上线便被秒空。有网友感叹:"这比茅台还难抢。"

一时间,"一墩难求""梦墩以求"等谐音梗成了最新的网络热词。①

总之,这些年野性消费现象迭起,很多企业在有意无意地利用消费者的情绪开展相关营销活动。

第二节　情绪营销

网络上出现的如"安踏鸿星尔克特步 361 度国货之光""突然觉得鸿星尔克的标志,绝美"等朴实无华的赞美之词,体现的不仅是网友对鸿星尔克的品牌认同,也反映了人们对国货的情感认同。

---

① 刘照龙:《冰墩墩的"野性消费"》,《国际品牌观察》2022 年第 8 期,第 45—46 页。

这些年,很多国货品牌成了消费者购物时的首选。"国货热"正是情绪消费的一种体现,是消费者民族大义的呈现。很多消费者认识到"中国品牌并不比国外品牌差"。并且,随着中国制造的技术水准提升,国货开始有意识地打造品牌。中国消费者将爱国之心系于购买国货上,寻求身份认同。

鸿星尔克爆红正是网友善意的集体释放、国货情绪的集中呈现。

一、野性消费

野性消费这个词近年来很火。2021 年 12 月,"野性消费"一词甚至入选了《咬文嚼字》编辑部发布的 2021 年度十大流行语。

野性消费是一种在情绪冲动下进行的消费行为,人们用野性消费行为来表达品牌认同感,体现的是爱国主义和支持国货的情感主张。[①]

在这个社交媒体时代,为何野性消费如此盛行?有学者总结了其成因:热点事件引爆,"人设"形象驱动情感共鸣;仪式狂欢,群体互动"造梗"破圈;媒体共频共振,推动野性消费裂变传播。[②]

一般认为,与理性消费相比,野性消费显得非理性,并且效果短暂。不过也有人认为:"野性消费建构在理性价值的基础之上,是爱国情怀、公益事业、正能量价值观等的承载与群体展现方式,它将演化成一种长期的消费趋势,而非一时的短期热点现象,也可能是中国文化背景下特有的消费潮流。"[③]当然,要想让野性消费达成这样的效果,显然需要具备多种条件,企业需要苦练内功,长期致力于品牌形象建设。积极履行社会责任是重点。鸿星尔克引发野性消费,表明了人们对企业社会责任感的认可。

什么是企业社会责任?1999 年,彼德·德鲁克在《21 世纪的管理挑战》一书中把企业社会责任分为两类:一类是企业对社会的影响,即"企业的经营对社会产生了什么影响";另一类涉及社会问题,即"企业能够为社会做些什么"。

---

① 马兢:《新媒体视域下情绪催化的裂变式传播分析:以鸿星尔克事件情绪催化下的野性消费行为为例》,《新闻研究导刊》2021 年第 20 期,第 47—49 页。

② 王芳、高菲:《社交媒体对"野性消费"的影响》,《海河传媒》2022 年第 4 期,第 24—27 页。

③ 陈凌婧、胡璇:《企业社会责任、网络情绪传播与品牌价值:基于鸿星尔克的案例分析》,《商业经济研究》2022 年第 3 期,第 94—96 页。

作为社会的一分子,企业必须勇于承担社会责任。原因有三:第一,它体现了企业对社会契约缔结的承认和尊重;第二,它体现了企业对公众关系的重视以及对伦理公正的关注;第三,它是企业建立市场诚信、实现其利益最大化的制胜之道。[①]

为了履行社会责任,企业应开展慈善捐赠。社会需要通过慈善进行财富和资源的调节。对于企业家来说,慈善是一种基于人性光辉的行为。何谓慈善?"怀有仁爱之心谓之慈,广行济困之举谓之善。"企业如果能够克服一味追求利润的冲动,将一部分利润拿出来做慈善,这对企业和社会来说都是一大进步,对品牌营销而言则是重要的举措。

二、情绪营销

(一)什么是情绪

人人有七情六欲。有学者将基本情绪分为八种——生气、厌恶、恐惧、悲伤、期待、快乐、惊讶、信任。情绪是行为背后主要的动力。了解情绪,才能理解行为。

情绪具有感染性,一个人的情绪会传给一群人,一群人的情绪会传给更多的群体。对此,哈特菲尔德、卡乔波和拉普森认为个体在交互过程中,会自动和持续地模仿和同步于他人的面部表情、动作、声音、姿势和行为等,并倾向于时刻捕捉他人的情感。他们把这一过程称为"情绪感染",并进一步将情绪感染定义为一种自动的模仿和同步于他人的表情、动作、声音、姿势和行为的倾向性,其结果往往使得情绪聚合并统一。[②]

在社交媒体时代,网络上的情绪感染离不开拟身共在机制的作用。"拟身共在机制是指,网络空间互动仪式主体通过话语符号、添加关注、点赞转

---

① 甲鲁平、倪文豪:《从鸿星尔克事件看新时代企业社会责任的履行》,《现代商业》2021 年第 35 期,第 27—30 页。

② 杨锴:《服务员工能够激发顾客的积极情绪吗?——情绪感染理论及其在服务营销领域的应用》,《生产力研究》2011 年第 1 期,第 174—176 页。

发、弹幕表征等数据记忆形成共同在场的运作方式。"[①]在拟身共在机制与其他机制的共同作用下,个体的情绪逐步转换成为群体的情绪。

(二)什么是情绪营销

映盛中国的创始人兼 CEO 谭运猛认为,情绪营销引领营销新革命。情绪营销主要有以下作用:首先,情绪营销可以带来品牌声量现象级的扩散。其次,利用用户的情绪可以塑造一个全新的产品形象。最后,情绪可以直接影响消费者的购买抉择,带来销量的转化。[②] 在这个后真相时代,不管是政治宣传还是品牌营销,情绪的力量都已十分凸显,必须予以重视。

对于营销来说,掌握了消费者的情绪,即可谓掌握了营销的关键。甚至可以说无情绪不营销。

所谓情绪营销,就是"将品牌赋予一种常见的社会情绪或者营造与产品理念相契合的情绪氛围,从而在产品实用价值的基础上附加了新的情感购买动机"[③]。与以理服人的理性诉求不同,情绪营销采取的是以情动人诉求策略。只要消费者的情绪起来了,采取购买行动是自然而然的事。

影响消费者情绪的因素有很多,如消费者需要的满足度、购物环境的优劣、商品与消费者期望的相符度、营销人员隐性信息的传递等。[④] 品牌营销者需要准确洞察消费者的心理,理解他们的情绪变化,这其实也是以消费者为中心的一种体现。

情绪、信息与分享行为三者之间的关系主要是通过直接路径和中介路径两条路径实现的。"在直接路径中,情绪和信息合为一体;而在中介路径中,情绪是营销信息刺激导致的结果,在信息作用于分享的过程中发挥着中介作用。"[⑤]不管采取哪一种情绪路径,品牌营销者都需要根据不同的消费

---

① 郭娟娟:《网络青年从"原子化"到"族群化"的生成机制研究——以鸿星尔克出圈为例》,《当代青年研究》2022 年第 3 期,第 20—26 页。

② 谭运猛:《情绪营销引领营销新革命》,《声屏世界·广告人》2018 年第 11 期,第 49 页。

③ 张佳琪:《网络自制剧情绪营销模式研究》,《合作经济与科技》2019 年第 11 期,第 106—109 页。

④ 李晶:《消费者情绪营销的策略探究》,《市场论坛》2013 年第 12 期,第 61—63 页。

⑤ 李宏、刘菲菲:《基于情绪视角的营销信息分享述评与展望》,《外国经济与管理》2018 年第 9 期,第 143—152 页。

者、不同的消费场景,开展针对性的行动。

(三)情绪营销的策略

企业想要开展情绪营销,其实会面临很多的难题,主要有以下几点:第一,精准洞察用户的情绪难;第二,情绪的不稳定导致情绪营销的控制难;第三,情绪营销效果大部分偏感性,导致其评估难。[①]可见,情绪营销并非轻而易举就能达成,需要认真策划,并加以切实执行。

那么,我们应该如何开展情绪营销?

想方设法抓住消费者的情绪,是情绪营销的关键。人们的情绪容易被某些事件、某些因素激发。寻找消费者情绪的激发点,使其与品牌相关联,这样才能够引发野性消费。对于营销者来说,除了要密切建立情绪与品牌的关联点,还要注意不能为了事件而故意制造事件,而应注重企业文化的建设。所谓事件,应当是在企业文化引导下的自然选择。

并且,在这个数字时代,企业需要积极利用抖音、微信等社交媒体平台,通过网聚、裂变效应,让其善举得到广泛传播。同时,企业需要坚持正确的社会责任观,致力于做好做精产品的品质,建设完整的、规范的营销体系,充分挖掘消费者情绪的正面价值。

情绪营销需要恰到好处,这样才能赢得消费者的信任、共鸣,并使之付诸行动。如果是为了情绪而情绪,采取过度的、激进的情绪营销,则可能会危及自身的品牌形象,消费者不仅不会同情,反而会反感,引发负面的情绪反应。

与此同时,网民的情绪也需要加以及时疏导,否则,如果出现如部分非理性的网友到其他品牌直播间"逼捐"、谩骂、施以网暴的现象,则不利于社会文明的健康发展。

---

① 谭运猛:《情绪营销引领营销新革命》,《声屏世界・广告人》2018 年第 11 期,第 49 页。

第三节　999 感冒灵

在市场竞争激烈的情况下,产品同质化现象日趋严重。要想在众多产品中脱颖而出,企业不仅需要展现功能价值,更应该在其情感价值上大做文章,通过情感营销更好地满足客户需求,进而为其情绪产品埋单。

999 感冒灵深谙此道,在情感营销方面做得非常优秀。999 感冒灵在创立之初的宣传策略主要是诉诸其感冒药的宣传疗效,品牌在激烈的竞争市场上引起的效果平平。后期 999 感冒灵实行了差异化的品牌定位,主打"温情牌",以"温暖、关爱"为主题触及消费者心中最柔软的地带,也因此率先占据消费者的心智[1]。2017 年,999 感冒灵发布了广告短片《总有人偷偷爱着你》,打造全新的"走心"形象,不仅在消费者心中树立了良好的形象,也完成了其口碑宣传,为其后续的发展带来持续的动能,建立了暖心的品牌形象。这则短片采用反转拍摄手法,以"天使在身边的温暖"拥抱"丧文化",传达出"这世界没你想得那么糟,这世界总有人偷偷爱着你"的情感。短片在对社会进行一场心灵治愈的同时,重塑了 999 感冒灵品牌的"走心"形象。

宣发期间 999 感冒灵百度指数翻倍增长,30 天移动端百度指数同比增长 130%;宣发第 2 日 999 感冒灵微信指数增幅 1177%,短片关键词"有人偷偷爱着你"微信指数增幅 9891%;999 感冒灵微博指数 10 倍增长。[2]

整个短片时长 4 分 25 秒,前半部分基本上呈现的都是压抑色调和矛盾斗争状态。女孩要自杀、外卖员被排斥出电梯、无助的老大爷撞到豪车面临即将被打的画面,短短几个镜头片段就将弱势群体的无助展现得淋漓尽致,勾起了消费者的同情心理,情感矛盾斗争瞬间涌上心头,成功地吸引了大量注意力。

然而在中间部分,画风一转。热心网友开始安慰自杀女孩,外卖员在最

---

① 周永昌、周朝霞、罗丹凤等:《"999 感冒灵"广告策略研究分析》,《现代营销(信息版)》2020 年第 4 期,第 255—256 页。

② 《999 感冒灵暖心广告"总有人偷偷爱着你"》,2018 年 5 月 10 日,https://www.17emarketing.com/html/anli/2018/0508/7726.html,2022 年 9 月 21 日。

后一刻被一位好心大叔让进电梯,豪车司机只是象征性地拿出棍子拍打了老大爷的三轮车边缘,告诉老大爷这件事儿扯平了。随着故事的后续展开,观众发现事情并没有按照原先所预料的态势发展,而是出现了温暖人心的反转。这一冷一暖的对比,使得暖的呈现更为强烈,欲扬先抑的表现手法将整个后半段带入高潮,让观众看完不由得热泪盈眶。世界也许远没有想象的那么糟糕,温暖处处可见。正是通过这种强对比的表现手法,实现极致反转,才让消费者的情绪转化达到最高峰值,将整体的宣传效果最佳化。

虽然视频很短,然而短短几分钟就囊括了六位主人公的故事。影片运用了蒙太奇式的跳跃剪辑手法,将六位主人公的经历同时进行展现,但是并不混乱,故事线非常清晰。短视频以女孩的网络问答为线索,将六个故事完美地串在一起,使短片拥有一条完整的线索,给予观众极佳的观感体验。

短片将旁白设置成第二人称口吻,直接与消费者进行对话,让消费者有了更为直接的代入感和体验感。短视频呈现的主要是画面,文案并不多,但是每一句文案都恰到好处。前半部分配合各主人公的失意,文案“你的苦楚不过是别人眼中的笑话”起到了画龙点睛的作用,很好地烘托了故事情节,调动了消费者的情绪。

其实,一句“你是我的天使”就能瞬间拉近品牌与消费者之间的距离。999感冒灵不只是药,更是关爱。“我也有天使般的守护”为品牌注入了温情元素,将现实世界里的人与事、人与物联系在一起,用故事来传递温暖、关怀和正能量。

999感冒灵的短视频运用的是情感营销策略,它将情感作为核心元素加以突出。

区别于常见的亲情、爱情、友情,陌生人的善意更容易打动人。该视频强调平凡生活中的细节互动,呈现生活中陌生人之间的情感流露和真情实感,发现生活之美和人性之美。

搀扶老人反被讹诈,社会上的寒心新闻层出不穷,试探着人们善良的底线。999感冒灵正是洞察了这些社会现象,将消费者自然而然地带入此情境中去。它并没有停在前半部分,而是巧妙地利用反转将影片进行了升华。这个世界虽然不乏恶意,但那只是小部分,要相信爱,相信美好,相信这个世界上总有人爱着你。

当下人们的生活节奏加快,人们无暇顾及他人,也在不知不觉中变得冷漠,但是人们心底仍怀着对美好生活的期待。999感冒灵正是洞察到人们内心的渴望,通过短片传递了人世间的真情,给冬天的人们送来了一份温暖。同时,自然而然地通过这场情感营销展现出自己的价值观,塑造了正面温暖的品牌形象。

整个广告片从头到尾甚至没有其品牌的硬性植入,只有片尾才展现出999感冒灵的Logo,然而其宣传效果直抵人心,很多消费者为之动容,在社交平台自愿进行二次转发。

根据马斯洛需求层次理论,我们可以得知,情感营销之所以会成功,是因为它满足了人们的安全需求、社交需求和尊重需求等。因为消费者在消费的过程中感受到心理满足,所以心甘情愿为产品埋单。

999感冒灵短片中的六位主人公基本上都是社会底层人士,但是不能依据职业高低分出贵贱,哪怕是底层人士也有被尊重的需求。这则广告恰恰满足了每个个体被尊重的需要,因而获得了人们的广泛认可。

总而言之,要做好情感营销,首先必须深层次地洞察消费者的情感需求,其次要找到品牌与消费者情感需求之间的契合点,运用创意的表现手法将二者进行巧妙衔接,通过产品传达情绪,通过产品实现情绪价值的升华,从而建立起更高的品牌忠诚度,以此促进情感营销达成,进而促进企业的长远发展。

第四节　情感营销

一、什么是情感营销

(一)情感营销的定义

根据心理学的定义,情感包含情绪和感情。情绪是个体对客观事物产生的具有较大情景性、激动性和暂时性的态度体验和相应的行为反应,而感情是长期和稳定的,情感是情绪和感情的总称。[①] 由此可见,情绪营销是情感营销的一个方面,情感营销的范畴更大,涉及的因素更多。

美国的巴里·费格教授首次把情感全面引入营销理论中,并命名为"情感营销"。他认为:"形象与情感是营销世界的力量源泉,了解顾客的需要,满足他们的要求,以此来建立一个战略性的产品模型,这是你的情感原型。"[②]

学者认为:"情感营销就是把消费者个人情感差异和需求作为企业品牌营销战略的核心,通过心理的沟通和情感的交流,赢得消费者的依赖和偏爱,进而扩大市场份额,取得竞争优势的一种营销方式。"[③]

情感营销强调的是不同消费者之间个人情感和需求差异,因此品牌主必须洞察消费者心理,敏锐捕捉能引起消费者心理波澜的细微之处。

(二)体验经济时代的情感营销

依据现代营销学说,顾客需求已经从量和质的需求阶段转向更高层次的情感需求阶段。[④] 因此需要注重情感营销,满足顾客的情感需求。

情感营销具备与传统营销不同的特点:"(1)注重情感服务,追求服务的艺术性。(2)注重与顾客在心理上的接近。(3)注重体现服务的个性化和精确性。"[⑤]

情感营销与体验经济时代的到来有很大关系。随着人们越来越重视体验感,营销者务必从情感入手做文章。品牌如果在情感上与顾客亲近、融合了,那么也就走进了消费者的生活,进入了他们的心智。

---

① 苏勇、方凌智、陈云勇:《品牌情感的形成及其拓展:基于情感营销的研究综述》,《中国流通经济》2018 年第 6 期,第 53—61 页。

② 李劲、李锦魁:《情感营销》,经济管理出版社 2005 年版,第 10—19 页。

③ 曹祎遐:《品牌战略创新:从感官营销到情感营销》,《湖北经济学院学报》2013 年第 3 期,第 88—92 页。

④ 于忠民:《全新的情感营销》,《华东经济管理》1999 年第 2 期,第 43—44 页。

⑤ 王德胜:《体验经济背景下情感营销策略研究》,《中国流通经济》2008 年第 11 期,第 54—56 页。

二、情感营销的功能

第一,提升顾客的情感体验。在这个体验经济时代,品牌给予消费者的情感体验是否强烈直接关系到品牌的发展。情感营销从消费者的情感需求入手,通过讲述情感故事、策划各种活动,在品牌与消费者的沟通过程中将品牌的关爱传递给消费者。

第二,促进产品销量的增长。情感营销让品牌有故事、有温度,让消费者感到温暖和舒心,并且能够更好地解除消费者的疑虑,增强对企业的信心,从而拉近品牌与消费者的距离,让消费者更愿意掏钱购买。

第三,激发员工的工作热情。企业在开展情感营销时,公司员工是重要的实施者。员工在与顾客的沟通过程中,可以与其建立起一种情感上的联系,不仅顾客获得了满足感,而且员工能获得心理上的充实感。情感对于任何人来说都是非常重要的,积极的情感互动可以增强员工对工作的热情,激发其工作动能。

第四,推动品牌形象的传播。企业突出强调品牌的情感因素,能够打动消费者。顾客心动才能有所行动。在看到感动的视频时,人们会予以转发,推动品牌的传播。

第五,构建品牌—顾客的情感关系。品牌与顾客之间不能只是简单的买卖关系,而要有情感上的联系。情感营销将某种情感赋予品牌,顾客在想起这个品牌的时候,也会产生某种情感。情感营销有助于构建品牌与顾客之间的情感关系,并使其更加紧密。

三、情感营销的诉求

(一)情感的类型

情感营销重在以情动人。能够运用的情感类型很多,主要有以下几种。
爱情:爱情是非常美妙的,让人难忘。
友情:同学、同事、邻里之间都会产生友情。人是社会性动物,需要有很多朋友。诚挚的友情让人心动。
亲情:父母与子女,以及亲戚之间的关系。基于婚姻和血缘,亲情是最基础的、最紧密的关系。亲情是最能打动人的。

乡情:每个人都有一个故乡。小时候生活过的地方,人们记忆深刻,最难割舍,即便长大后离家再远,也会在梦里想起,因此故乡会让很多人牵挂。

怀旧:对于那些年纪较大的人来说,过去经历的事、接触的人、使用过的物等,作为一种难忘的回忆,一直留在心里,这样的诉求会勾起他们很多的记忆,能够触动他们的心弦。

同情:人人都有恻隐之心。通过展示值得同情的人物形象和故事,会让很多人产生心理共鸣,触动慈悲之怀。

除了这些,其他的还有不少。人们需要理性,但同样需要感性。情绪、情感其实是很能打动人的。品牌营销者需要认真研究用户的心理和情感,以便直击人心。

(二)情感主张的类型

情感主张的具体类型可以概括为以下五种:(1)情爱温暖型;(2)情感沟通型;(3)怀旧情结型;(4)诙谐幽默型;(5)恐惧情绪型。[①]

情爱温暖型:表现各种人世间的情感故事,动人的故事能触动人们的内心,给予人们力量和温暖。

情感沟通型:通过对话、交流、讲述等,疏解人们的不良情感体验,化解不满情绪。通过提供述说的渠道,让人们将郁闷、不解、压抑等情绪表达出来,达成沟通的效果。

怀旧情结型:表现怀旧情结、怀旧元素,让人们通过怀旧,找回逝去的时光,重温昔日的柔情,让心灵得到安宁的抚慰。

诙谐幽默型:通过有趣、搞笑的语言、文字和画面,让人们开怀一笑,达到放松的目的。

恐惧情绪型:通过一定程度的恐惧诉求,让人们产生一定的焦虑感和紧张感,从而采取购买行动。

[①] 廖秉宜、郑佳卉:《社交媒体环境下品牌情感营销传播创新研究——基于品牌资产理论视角》,《广告大观(理论版)》2019 年第 5 期,第 46—55 页。

四、情感营销的策略

顾客情感驱动因素包括以下四个方面:(1)品牌价值(Equity);(2)体验(Experience);(3)精力(Energy);(4)认知能力(Cognition)。[1] 情感营销者可以从这几个方面入手推出有影响力的广告,策划和创意各种媒体作品,开展品牌传播活动。

情感营销可以运用的工具有很多,广告软文、短视频、微电影、Vlog、VR/AR 等都可以是表达情感的手段。不同的媒体形式在调动顾客情绪、情感层面的能力是不一样的。情感营销需要根据目标对象的特性、自身产品和品牌的优势予以选择使用。情感的呈现需要合适的形式,这样才能更好地体现品牌的力量。

情感营销需要通过多种手段,包括情感设计、情感包装、情感品牌、情感广告、情感价格、情感公关、情感推销、情感服务等,来激发消费者多元的情感体验,满足消费者情感需求,进而建立品牌忠诚度[2]。其实在产品生产和经营的各个环节,企业都可以开展情感营销活动,满足顾客多层面的情感体验,构建顾客与品牌之间紧密的情感关系。

情感营销要以顾客为中心,把满足顾客的需求作为出发点和落脚点。情感营销采用的情感元素应当与产品形象定位相一致,并需要精心策划、考虑周全。情感是多元的,未必都需要正面情感,使用负面情感元素,只要运用得当、适度,也能取得正面的效果。不管是哪一种情感,都要注意不让情感营销生出对品牌的负面影响。

---

[1] 巩天雷、赵领娣:《基于顾客情感和谐的情感营销驱动模式研究》,《预测》2007 年第 2 期,第 25—29 页。

[2] 刘昶:《社会化商务背景下的情感营销路径——以东方甄选直播为例》,《互联网周刊》2022 年第 21 期,第 30—32 页。

📹 视频资源

本教材已经录制了部分视频课程,共 48 集,480 分钟。以下是关于第七章的 4 集视频二维码。

1. 鸿星尔克。

观看课程,请扫码

2. 情绪营销。

观看课程,请扫码

3.999 感冒灵。

观看课程,请扫码

4. 情感营销。

观看课程,请扫码

📚 拓展阅读

[1] 李宏,刘菲菲. 基于情绪视角的营销信息分享述评与展望[J]. 外国经济与管理,2018,40(9):143-152.

[2] 廖秉宜,郑佳卉. 社交媒体环境下品牌情感营销传播创新研究:基于品牌资产理论视角[J]. 广告大观(理论版),2019(5):46-55.

思考题

1.谈谈品牌野性消费之后如何维持热度,走向长红?

2.野性消费对于品牌而言是一把双刃剑,结合案例谈谈你的理解。

3.如何利用好品牌的口碑做好情绪传播以创造更大的价值?

4.情绪营销和情感营销的联系和区别是什么?

5.结合案例,谈谈如何避免情感营销带来的弊端。

第八章　体验

本章要点：

1.宜家的顾客"体验式"自助购物模式。

2.海底捞"员工比顾客重要"的经营理念。

3.体验营销的内涵与意义。

4.元宇宙营销的人、货、场。

关键词：

宜家；海底捞；体验营销；百事可乐；元宇宙营销

第一节　宜家

当下我们的衣食住行被虚拟网络全方位包裹，但线下实体店的人影仍旧络绎不绝。作为著名的家居卖场品牌，注重顾客体验感的宜家留住了许多消费者的身影。

宜家家居是一家跨国的家用品零售企业，在全球很多个国家拥有分店，主要贩售平整式包装的家具、配件、浴室和厨房用品等商品。它是全世界最大的家具零售企业，也是以平实价格销售自行组装家具的开创者，颇具特色的企业定位给不少消费者留下了深刻的印象。

宜家的产品定位是"低价格、精美、耐用"，致力于"提供种类繁多、美观实用、老百姓买得起的家居用品"。

为了提供更好的产品和服务，宜家非常鼓励顾客参与产品设计与研发，以求价值共创,提升产品竞争力。

在虚拟技术得以出现和发展之后,宜家紧随潮流,推出 VR 厨房游戏,为顾客带来独特的、富有趣味性的沉浸体验。宜家卖场作为一个集购物、休闲、餐饮于一体的购物中心,可以为顾客提供全方位、人性化的服务,去宜家购物很多人还不忘在那里用餐,宜家的餐厅独具特色。

宜家家居的卖场格局很有特色,它并不是那种呆板的仓库式卖场,而是把各种配套产品进行组合,展现实际装修效果的特色卖场。消费者可以自由参观不同风格的样板间,充分感受每种产品的现场效果。

此外,宜家卖场以顾客自主购物为主,并且鼓励消费者自己去全面体验产品,消费者除了可以在卖场拉开家具的抽屉看一看,在地毯上走一走,还可以在床上躺一躺,在沙发上坐一坐。

在宜家卖场你很少看到导购员,它以顾客自主购物为主。虽然对于不了解的问题,我们会想要找人问问,但要是一直有个推销员尾随,盯着你,你肯定不愿意多待。在宜家,没有人打扰你,就如同在家一样。

宜家的平面广告,如"生活从家开始""找到梦想中的客厅""爱上回家"广告语,清晰明确地向消费者表达了诉求。

宜家鼓励消费者将产品买回家之后自行搭配组装,这个可能与国外的DIY 文化有关,不过这样一来可以节省一些安装的成本和仓储的空间。当然,你如果自己不会安装,宜家会把安装的方法教给你,实在不行,他们也会提供上门安装服务。

在这个社交媒体时代,宜家与消费者的交互界面有官网、微信订阅号,还有 IKEA FAMILY 及其俱乐部的微信公众号。宜家的俱乐部会不定时举办家居装饰讲座等活动,为企业与顾客之间的互动提供各种机会。

宜家的目录手册制作非常精美,并且信息量很大,消费者可以从中了解到产品的图案、价格、使用说明、设计师等信息,还可以学到家居搭配的知识,以及其他很多与家居相关的建议。这对消费者来说,不失为一种知识上的体验。

可以说,宜家是家居零售行业中非常注重顾客体验的一家公司。"宜家不仅提供了设计、产品整体展示、体验、试用的全部环节,在每个具体的环节中,更是让消费者无不体会到无微不至的关怀。"①宜家在激烈的市场竞争中

---

① 邵建红、申东飞:《宜家"体验式营销"模式实证研究》,《金属世界》2011 年第 3 期,第 24—26 页。

能够屹立不倒、脱颖而出，成为国际知名的、规模最大的家居零售企业，与它非常注重消费者的体验、营造一种差异化的价值策略，以及制订独特的销售战略是分不开的。

第二节 海底捞

海底捞之所以闻名于火锅界，不仅是因为火锅具有风味，而且因其提供擦鞋、美甲等各种免费服务。

海底捞于1994年成立，创始人是张勇，主要经营川味火锅，是一家大型的全国性直营餐饮品牌火锅店。

海底捞在全球很多国家以及我国的很多城市建有百余家直营连锁餐厅，韩国、日本、新加坡、美国等，北上广深一线城市和南京、杭州、成都、重庆等地，都遍布它的身影。

2018年9月26日，海底捞正式登陆香港资本市场，成了一家上市公司。

海底捞的经营具有自己的风格，《海底捞你学不会》一书中做了详细介绍。作为一家服务行业的公司，员工的服务态度直接影响顾客的体验，为此，海底捞非常重视员工的利益，提供各种条件让员工把海底捞当作"家"。

海底捞与其他公司很不相同的一点在于它秉持的是"员工比顾客重要"的理念。其他公司可能随便找一些宿舍给员工住，并不关心员工是否住得舒心。海底捞的宿舍则都是精挑细选的，首先离店要近，并且是普通居民楼的四人一间设置，屋内有Wi-Fi，全天有热水，还有专门的保洁阿姨，帮忙打扫卫生，这样的居住条件，看着都让人心动。从饮食上来说，海底捞员工一日三餐可以放开吃，都是免费的。对于外地员工，过年期间还有12天带薪休假的假期，并且可以报销火车票。

可见，海底捞在生活的各个方面都为员工提供了非常好的条件，能够站在员工的角度去考虑种种问题，从而让员工能够安心工作，把海底捞当作家来对待。

每天直接与顾客打交道的是员工，员工需要有一种主人翁精神，才能够自信、热情和真诚地对待顾客。这就要求企业信任员工，并予以放权，让员工能够独立自主地处置一些事情。

海底捞的各个分店店长及员工都有很大的自主权和决策权,与其他餐饮企业每一笔支出都要层层审批很不一样。"把员工当成家人,就要像家人那样信任员工。信任不是说出来的,而是做出来的。信任的唯一标志就是授权。"①

海底捞给了员工较为充分的授权。作为店长,拥有的审批权可达 100 万元。作为一个普通员工,也有权自行决定送一个果盘或者免个单。这种授权可以解决在经营活动中遇到的很多问题和困难,更重要的是让员工感觉到自己是被公司信任的。信任感是无比重要的,有了这份信任,员工才能真正把海底捞当作自己的事业,才愿意去努力,也才有可能取得良好的、持续的经营效益。

所谓人往高处走、水往低处流,企业员工需要看到晋升的希望,才会有工作的干劲,为此,海底捞设计了一套公平合理的晋升制度。

对于海底捞的员工来说,主要有三种晋升的路径:技术晋升、管理晋升和后勤晋升。

这三种晋升路径,将所有海底捞的员工都纳入其中,每个员工都可以根据自己的所长和岗位,努力实现晋升。即便是非常基层的员工,也有可能一步步晋升上去。

对管理人员,海底捞设置了相对严格的晋升方式。在海底捞,几乎每一个管理人员都是从基层开始做起的,而不是空降做管理的。

正是在这样一套行之有效的晋升制度指导下,海底捞的员工被激发出无限的工作热情与积极性。制度的公平、合理,能够让竞争有序、健康。员工对自己的未来有信心、有希望,干劲才足。

海底捞极其注重顾客的满意度,店长可以不对门店的营业额负责,但必须对没有量化标准的顾客满意度和员工满意度负责。

在服务顾客层面,海底捞有很多创新做法。海底捞的门店一般都设有面积较大的等候区,顾客可以坐在舒适的沙发上等待,并且提供了多种免费服务。对于很多顾客来说,讲起海底捞,就会联想到它独特的服务,这是吸引人们非常重要的因素。独特的火锅口味是一个方面,无微不至的服务也是吸引顾客的一大重要因素。两者相结合,可以为顾客带来很强的满足感、体验感,也在无形之中占据了消费者的认知。

---

① 黄铁鹰:《海底捞你学不会》,中信出版社 2015 年版,第 35 页。

海底捞通过以上努力，做到了让员工"认同公司、快乐工作、微笑服务"。经理对领班微笑，领班对员工微笑，员工对顾客微笑，最后顾客对海底捞微笑。[①] 一条微笑链得以形成，顾客对海底捞的品牌信任感、品牌忠诚度由此建立起来。

海底捞取得成功的一大重要因素在于它对员工进行了非常好的管理。它建立了一个完整的、富有特色的、非常有成效的员工管理体系。从某种意义上说，海底捞作为一家火锅店，它的核心业务不是餐饮，而是服务。服务是其制胜的法宝。

第三节　体验营销

不难发现，宜家和海底捞的体验营销手法得当、执行到位，取得了理想的效果，推动了品牌的发展。

一、体验营销的特征

体验营销就是营销人员围绕着顾客体验而开展的营销活动，目的在于通过提升顾客体验，构建良好的消费者关系，促进产品销售，并推进品牌的长远发展。"顾客体验是指顾客在商品或服务消费趋于饱和后，在以个性化方式参与的消费事件或过程中所形成的期待的、美妙的、难忘的感性与理性感受。它是顾客对某些刺激产生的内在反应，同时也是一种能满足顾客情感需求的产品、服务和氛围的综合体。"[②]体验营销的前提是清楚地了解顾客体验。体验营销必须有效调动人的感官来激发用户消费和使用的欲望。

施密特在《体验营销：如何增强公司及品牌的亲和力》中提到了体验营销的四大主要特征：关注顾客体验；考察消费场景；顾客是理性和感性相结

---

① 陈胜军、陈东、周丹：《海底捞的微笑链》，《企业管理》2008年第1期，第54—57页。
② 刘建新、孙明贵：《顾客体验的形成机理与体验营销》，《财经论丛》2006年第3期，第95—101页。

合的动物;方法和工具都比较折中。[①]

第一,顾客体验很重要。

对于顾客来说,对企业所提供的服务与产品的体验感是相当重要的。企业应该重视与顾客的沟通,需要从顾客的视角审视自身的服务与产品,洞悉顾客心理并力求与顾客在情感上达成一致。不断增加顾客的体验感,在心理与生理上使顾客与服务、产品接触,才能让顾客"驻足"。

第二,消费场景需重视。

不同的场景有着不同的需求,消费场景对于营销而言越来越重要。消费不是孤立的行为,消费者置身于一个消费场景,其必然与包括销售人员、消费环境等要素连为一个整体。注重消费场景意味着企业体验营销要将多种因素综合考虑,以体验为导向设计产品与服务,使消费者沉浸在所创造的氛围中。

第三,消费心理要洞察。

一方面,消费者出于理性选择,会考虑产品的质量与价格等,追求的是物美价廉;另一方面,消费者情愿为那些契合自身三观,具有高度认同感的产品埋单。因此,不能够只跟顾客讲道理,还需要给他感性的东西。企业营销应对顾客的理性选择与感性冲动给予观照,营销人员能否把握好理性思维来创造情感归属,是推动顾客对品牌忠诚的一个重要环节。

第四,策略要恰到好处。

在实施体验营销时不应局限单一的方法,人的体验感复杂且多样,因此营销人员需要不断与时俱进,寻找和开发适合自己的营销方法。

二、体验营销的优势

伴随着体验经济的到来,对新一代主力消费者来说,传统营销让他们明显感到"不适"。注重与消费者建立情感联结的体验营销显得非常重要,在激烈的竞争中受到不少企业的重视。

具体来说,施密特认为体验营销具有五大优势:挽回正在衰退的品牌;使产品在竞争中实现差异化;为企业建立起形象和识别特征;促进创新;诱

---

① 施密特:《体验营销:如何增强公司及品牌的亲和力》,刘银娜、高靖、梁丽娟译,清华大学出版社 2004 年版,第 24 页。

导顾客尝试、购买,最重要的是赢得顾客的忠诚。[1]

如果能给顾客良好的体验,企业就不需要多费口舌做广告了。正如海底捞所宣称的:"好火锅自己会说话!"

彼得·德鲁克曾说:"商业行为唯一有效的目标就是创造顾客。"[2]因此,对于品牌营销来说,唯一有效的目标就是创造有价值的顾客体验。品牌体验是品牌营销成功的关键。而所谓体验,是通过调动消费者的多种感官,引起情感、思考、行为等方面的共鸣,从而投入品牌提供的场景、产品或者服务中,例如售前的一些广告、公关活动、售后服务以及种种互动。可以说人的一生离不开各种体验。[3] 消费者的品牌体验贯穿于整个消费过程。

三、顾客体验的类型

施密特提出顾客体验有五种类型,分别是感官、情感、思考、行动和关联。

感官:利用各种感觉,通过诉诸视觉、听觉、触觉、味觉和嗅觉创造感官体验。这应该是最基础的体验。人们看到一个产品,直接获得的信息就是这些感官体验带来的。

情感:充分利用顾客内心的感觉和情感创造情感体验。

思考:诉诸理性为顾客创造认知和解决问题的体验。

行动:影响身体体验、生活方式,并与其他消费者产生互动。

关联:诉诸自我改进的个人渴望,希望别人对自己产生好感。[4]

在品牌营销的具体实践中,这五个方面都需要加以重视。消费者的心理是复杂的,购物决策受到很多因素的影响,提升顾客体验是一个系统

---

[1]　施密特:《体验营销:如何增强公司及品牌的亲和力》,刘银娜、高靖、梁丽娟译,清华大学出版社 2004 年版,第 31—32 页。

[2]　Peter Drucker, *The Practice of Management*, Harper and Row, 1954, p.37. 转引自施密特:《体验营销:如何增强公司及品牌的亲和力》,刘银娜、高靖、梁丽娟译,清华大学出版社 2004 年版,第 56 页。

[3]　施密特:《体验营销:如何增强公司及品牌的亲和力》,刘银娜、高靖、梁丽娟译,清华大学出版社 2004 年版,第 56 页。

[4]　施密特:《体验营销:如何增强公司及品牌的亲和力》,刘银娜、高靖、梁丽娟译,清华大学出版社 2004 年版,第 60—64 页。

工程。

有学者认为,与消费相关的体验主要有以下几种:产品体验、购物和服务体验、消费体验与品牌体验。[①]

所谓产品体验,是消费者在接触和使用产品时获得的心理感受。消费者在各种渠道搜索、查找产品信息,以及面对面直接接触产品时都会形成产品体验。这种产品体验,不同的消费者可能会有不一样的感受。

消费者在实体店、网店购买产品时会与客服人员接触和互动,并且商场的环境、网店的设计,以及其他消费者的评价等都会让消费者产生购物和服务体验。

消费者在消费和使用产品时,就会产生消费体验。消费场景、传播环境等多种因素会影响人们的消费体验。

受品牌的相关刺激影响,例如商标设计、品牌代言人、包装、品牌营销活动等,而引发的消费者反应,就是品牌体验。品牌体验可以体现在感官、情感、思考和行动等层面。

派恩和吉尔摩则以消费者主动/被动参与为横轴,吸收/沉迷情境为纵轴,将消费者体验划分成娱乐型、教育型、审美型与逃避现实型四个类型。[②]

娱乐型体验就是消费者被动地参与活动、在娱乐中获得的相关体验,它给人的感觉是在无形中获得的。

教育型体验则是消费者通过不断学习、思考,做出比较和分析,在主动获得相关知识后形成的体验,它需要脑力参与。

审美型体验也是被动的,消费者沉浸在一种审美中获得体验。美的事物具有感染力,能让人在不知不觉中形成体验感。

逃避现实型体验是消费者主动选择的结果,通过让自己沉溺其中而获得的体验感。

---

① 贺和平、刘雁妮、周志民:《体验营销研究前沿评介》,《外国经济与管理》2010 年第 8 期,第 42—50、65 页。

② 转引自贺和平、刘雁妮、周志民:《体验营销研究前沿评介》,《外国经济与管理》2010 年第 8 期,第 42—50、65 页。

四、体验营销的策略

关于体验营销管理框架,派恩和吉尔摩认为体验就像产品和服务,须经一连串的设计才能更好地呈现。他们归纳出如下的体验设计过程:(1)开发主题;(2)以正面线索塑造形象,同时去除负面要素及不一致的形象;(3)通过纪念品将体验有形化;(4)提供五种感官刺激。[①]

这样,体验就能良好地被设计、传播、呈现和让渡给消费者,消费者的满意度就能得到提升。此后,吉尔摩又提出了 3S 模式:创造顾客满意(Satisfaction)、减少顾客牺牲(Sacrifice)、令顾客惊讶(Surprise)。他认为这种模式有助于企业顺利进入体验经济。[②] 体验营销不只是买卖商品,而是要打动顾客。顾客在这个过程中,对体验是否满意,直接影响对品牌的观感。当然,体验营销不能以牺牲顾客的利益为代价,而是重在创造新的附加价值,让顾客收获更多。能够留下深刻记忆的体验,往往是高峰体验。那些出乎意料的、令人惊讶的美好事物,我们很难忘却,并会津津乐道。

施密特在《体验营销:如何增强公司及品牌的亲和力》中还提出了体验营销的运用路径:首先考虑选择哪种战略体验模块,也可能是几种模块的组合;其次考虑关于体验矩阵的战略问题;再次思考如何开展企业品牌和亚品牌塑造,以及新产品、品牌延伸和合作战略问题;最后考虑全球体验品牌塑造问题。[③]

这是从战略角度为体验营销制定的路径。一个品牌要想成长为一个具有影响力的品牌,显然需要这样的战略指引。

在书中他进一步提出,我们需要打造体验导向型组织。一个体验导向型组织应该具有激情文化、创新与创造力,能够高瞻远瞩,拥有舒适的工作

---

① 转引自贺和平、刘雁妮、周志民:《体验营销研究前沿评介》,《外国经济与管理》2010 年第 8 期,第 42—50、65 页。

② 转引自贺和平、刘雁妮、周志民:《体验营销研究前沿评介》,《外国经济与管理》2010 年第 8 期,第 42—50、65 页。

③ 施密特:《体验营销:如何增强公司及品牌的亲和力》,刘银娜、高靖、梁丽娟译,清华大学出版社 2004 年版,第 203 页。

环境,注重员工经验的积累,当然也愿意与代理机构合作。[①] 具备这种企业文化的组织,不仅员工得到了很好的成长,具有更强的工作动力,而且它提供的产品或服务,能够在种种细节上让顾客觉得满意、舒适和放心,顾客的体验感显然是不会差的。

此外,体验营销需要重视顾客的心流体验。"契克森米哈博士认为心流表现为愉悦、快乐、满足等状态,是一种主观感受,是一个人完全沉浸在某种过程当中的状态。心流是一种积极的情绪体验,故被称为'心流体验'。"[②]在AI时代,随着 VR、AR、元宇宙等各种新事物的出现,企业可以给顾客提供更加多样的、更具沉浸感的体验,积极情绪的心流体验也更有实现的可能,体验营销有了更多、更好的工具。

第四节　百事可乐

新冠疫情期间,经济下行叠加疫情影响,消费市场呈现疲软态势。反映在互联网电商中则是"流量见顶"的观点广泛传播。如今线上流量几乎被几大互联网平台瓜分,产品同质化严重,竞争白热化,商家们像军事竞赛似的纷纷搭建媒体矩阵,布局各大直播短视频平台,使得用户应接不暇、疲惫不堪。除此之外,消费主流 Z 时代新用户群体越来越难被取悦,品牌想要抢占用户更多注意力,只能在体验上求新求变。

在这个营销内卷的时代,元宇宙不仅能让用户体验"数字重生",更有望为商业营销开辟第二战场。百事公司的元宇宙玩法令我们领略到元宇宙营销的魅力。

---

① 施密特:《体验营销:如何增强公司及品牌的亲和力》,刘银娜、高靖、梁丽娟译,清华大学出版社 2004 年版,第 220 页。

② 戴鹏慧:《基于心流体验理论的新媒体营销策略研究》,《中外企业文化》2022 年第 10 期,第 114—116 页。

一、从"百事盖念店"到"百事元宇宙"

早年间在与可口可乐的对标中,百事可乐将品牌定位为"年轻人喝的可乐",实现了品牌差异化的有效竞争。在一百多年的品牌发展与理念传播中,百事可乐始终与年轻一代保持同频。早在 2017 年,百事公司就推出了"百事盖念店",它是百事可乐精心打造的年轻潮流文化体验空间,是百事品牌年轻化策略的重要一环。它突破了产品快闪的单一形式,以年轻体验为核心,启发交互式的多元热爱场景。在"百事盖念店"中,以喜马拉雅雪域之巅为创意灵感的背景,漫天而降的雪花、强烈的视觉冲击让人仿佛置身于秘境;黑色劲爽空间神秘又炫酷,光影交错重叠,为体验者营造出科技感十足的氛围。事实上,"百事盖念店"已经具备了元宇宙的某些因素,为百事打造"百事元宇宙"奠定了基础。

2022 年 7 月 11 日,百事宣布"百事盖念店"全面换新升级,以对元宇宙生态的颠覆性试炼开启虚实交互新体验,通过高沉浸感、创新跨界与用户共创,实现年轻一代社交自由,探索无惧边界、更具时代张力的个性表达。"百事元宇宙"是百事与数字时代的年轻消费者共创的,从线上到线下,从品牌到文化,百事以前所未有的形式与消费者进行交互。它不仅是百事对自身年轻化策略的践行,也是对元宇宙、虚拟现实等技术的探索。"百事元宇宙"的诞生,标志着新语境下,品牌正尝试与年轻消费者构建前所未有的创新对话——成为他们的"创世伙伴",拓展创造边界,共筑集想象力、创造力和生命力于一体的"未来新世界"。

二、虚拟偶像打开元宇宙之门

此次百事推出了 PEPSI、PEPSI NO SUGAR、MIRINDA、7UP 四位偶像,分别对应着旗下四大明星品牌百事可乐、百事可乐无糖、美年达、7 喜的年轻潮流基因,希望以此构建品牌和年轻人前所未有的创新对话路径,鼓励年轻人于虚实共生之间拓展对未来的无边想象,尽兴创造,自由主宰。

在百事发布的虚拟偶像出道的视频中,PEPSI 从澎湃气泡中升腾而生,跃动不止,视频画面采用了与产品相同的蓝色调,尽显年轻活力的个性;PEPSI NO SUGAR 则从劲爽冰块中迸发而生,是敢于突破边界的表达;而

MIRINDA 和 7UP,则是在满格的趣味和新鲜能量池中雀跃而生,是活力无限的个性释放。在四位虚拟偶像的形象设计上,百事延续了其对应产品的主色调,与产品特性相呼应,并形成相应虚拟偶像的个性形象。

三、元宇宙 Live House

塑造虚拟 IP 独特的人格魅力,是元宇宙营销中品牌渗透年轻圈层的突破点。存在百事里的音乐基因使百事自诞生以来热衷于赞助各音乐活动。音乐是百事勾连年轻消费者的一大利器。无论是曾经和迈克·杰克逊、郭富城、王菲等巨星打造的"渴望无限"主题系列音乐广告片,还是由百事可乐独家冠名的周杰伦演唱会重映,音乐已经成为百事和年轻人之间默契对话的媒介。在元宇宙世界里,百事同样以音乐为抓手,发挥无边想象力,探索和年轻消费者更多元的互动玩法①。

(一)虚拟偶像与 Z 世纪个性化追求契合满分

由百事家族四位虚拟偶像组成的唱跳组合 TEAM PEPSI,在演唱会开场之际就点燃全场气氛,唱响了全球首发的百事首支元宇宙主题曲 *Pepsi Cypher*。PEPSI 是家族中的主唱担当,也是能唱会跳的全能选手;扎着黑色脏辫的飒爽辣妹 PEPSI NO SUGAR,是家族中的 DJ 担当,她在舞台中掌控着情绪和节奏,有着 PEPSI NO SUGAR 无法复刻的个性主张;7UP 灵动的神态和肢体都让人感到他对音乐和舞台的热爱,让人联想到 7UP 的清爽能量;MIRINDA 外表是惹人喜爱的萝莉女生,实则是狂野炫酷的"爆破鼓手"。塑造虚拟 IP 独特的人格魅力,是品牌渗透年轻圈层的突破点。为 IP 塑造鲜明的个人性格特征,能够与 Z 世代形成精神追求上的共鸣,点燃当代年轻群体追求梦想、为梦拼搏、相信自己"大有可为"的热情,在 Z 世代心中根植百事"渴望无限"品牌理念。

① 王晖:《元宇宙的营销价值,被百事玩明白了》,2022 年 7 月 21 日,https://mp.weixin.qq.com/s/uymeKmKBDgebO2DoAOGEqw,2022 年 9 月 8 日。

(二)国内首秀元宇宙 Live House

百事携手虚拟音乐嘉年华 TMELAND 共同打造一个元宇宙舞台,独家呈现了国内首秀元宇宙 Live House"百事可乐潮音梦境",点燃了现场年轻观众的热情。一方面,囿于疫情管控措施,当时的 live show 急剧减少,年轻人积压已久的音乐热情无处释放;另一方面,虚实交错的 live show 融合了真人明星与虚拟偶像的舞台表演,现场的潮酷氛围、华丽炫酷的灯光效果为观众带来全新的视听盛宴。因此,"百事可乐潮音梦境"瞬间释放了年轻观众对于音乐的情感。可以说,这是百事为年轻人打造的一场专属虚拟 3D 演唱会。

(三)沉浸式音乐体验

在数字虚拟技术的加持下,百事为演唱会呈现出一个可以不断变幻的舞台场景。每位体验者可以在法老、艾福杰尼两位音乐嘉宾的首个虚拟分身的带领下,穿梭于荒漠、绿洲、海底、星球宇宙、赛博都市等场景,沉浸式体验一场从"入梦"到"出梦"的音乐之旅。

在百事元宇宙 Live House 现场,观众不仅可以置身于漫天绚烂的彩虹和音乐主题霓虹灯下,亲身体会弥漫天际的"红包雨",而且可以抽取限量奖品,一起跟着歌曲的节奏和 TEAM PEPSI 摇摆。观众在元宇宙中打破了横隔在偶像与粉丝之间的障碍,身体随着狂欢的音乐声律动。选择纯享模式,用户可以在最佳机位欣赏偶像表演;选择互动模式,用户不仅可以和偶像同框,还可以通过屏蔽他人,拥有和偶像独处的时光。同时,通过操控演唱会视角,用户可以在现场自由行走,360°观看表演,更可以通过点击互动按钮,随时随地跟着节奏一起摇摆。观众在纯享模式和互动模式之间自由切换,360°体验绝佳位置的视觉效果。

(四)汲取年轻群体的智慧

百事向来注重与年轻人的交流。这场元宇宙演唱会并非百事的"自嗨",百事联合广大年轻人进行 UGC 创作,让年轻人真正成为这场元宇宙音乐派对的策划者、共创者。在"百事可乐潮音梦境"的预约阶段,百事就向全国年轻人发出了一份盛大邀请,用户可以通过 DIY 填词的方式,参与演唱会的联合共创,释放对百事品牌和未来音乐的想象。在 TEAM PEPSI 表演的同时,玩家预约期间所创作的歌词都随机出现在他们身后的数字墙上。

此外,在演唱会正式开始前,百事还设置了有趣的互动环节:用户可以用各式潮服潮品自定义自己观看演唱会时的虚拟形象,可以提前玩起来。其间,当有定制红包雨降落时,屏幕上就会出现 PEPSI NO SUGAR,用户可以一边听音乐,一边抽取限量虚拟装备、绿钻周卡、QQ 音乐实体周边等惊喜福利。

一系列让人目不暇接的互动玩法,把演唱会的气氛不断推向高潮。元宇宙音乐派对开始不到 20 分钟,在线人数就已接近 200 万,这次百事元宇宙派对更是创造了历史,让 TMELAND 互动数首次突破百万,无疑是音乐元宇宙的标志性事件。

四、多维构建元宇宙生态

相较于浅尝辄止的尝试,百事更希望打造一个元宇宙生态,希望在这个全新的领域中,创造更多与消费者产生连接的机会。借助元宇宙的“打法”,不断深入了解和探索 Z 世代的心理表达和消费诉求,更好地实现与 Z 世代的贴合。此外,百事还致力于打造汇聚年轻人的虚拟社区,充分发挥年轻人的创造力,重塑当代年轻人的多元自我表达,延续当下生命力,构建与未来的无穷联结。

为此,在元宇宙演唱会结束后,为保持热度,百事和“95 后”数字艺术家 SHANE FU 携手,推出了四款限量 NFT 数字艺术藏品。藏品之一 METROPOLIS“未来都会”,光影交错幻化抽象城市,仿佛想要带人穿越到未来空间,摆脱现实枷锁后,在新世界里开启一段味蕾体验,同时,也能在光和影的交错里演绎一场与百事可乐的相遇;COSMOS“浩瀚星云”,红蓝交汇无垠星云,奇妙且充满想象的配色,热烈又温柔,多元粒子自由碰撞,梦幻奇景瞬间拉开序幕;SEASCAPE“灵动新境”,酷爽灵动入梦幻境,用想象力编织出的奇幻梦境,斑斓粒子随性飞舞,一秒抵达被气泡包裹的灵动新境;最后一款隐藏款,百事以激活澎湃灵感,无畏突破想象世界,将未来抹上奇幻色彩,为它注入了灵魂,这款数字藏品似乎像一个神秘未知的世界,等待着我们开启。每款数字藏品都标示了独特、不容侵犯的标签,与 Z 世代追求特立独行、真实自我、新鲜体验的特性相吻合,因此受到了年轻消费者的追捧[①]。

此外,百事不断延伸元宇宙营销的故事线,开启虚拟"百事盖念店"线上体验空间,未来还将上线音乐 DJ、滑板高手、跑酷达人等多种由百事家族演绎的高人气虚拟角色,带领年轻用户身临其境地感受"N 种人生"并行的奇妙体验。

第五节　元宇宙营销

一、元宇宙的定义

最早提出"元宇宙"一词的是科幻小说《雪崩》。在小说世界里的元宇宙是一个超越二维屏幕的三维空间,元宇宙中有独立现实世界不同的社会规则与社会规范,人们借助数字孪生、区块链、虚拟现实等技术以"数字化身"在元宇宙中进行互动,拥有"身份认定""价值认定",进行数字的社会生产与再生产。场景化、身体参与、虚拟身份、沉浸式社交、游戏互动、情绪体验是元宇宙的重要特征[②]。

美国密歇根州立大学媒介与信息学副教授拉宾德拉·拉坦指出,元宇宙有三个关键特征:现实感、互通性和标准化[③]。现实感指虚拟世界能够给人身临其境的感觉,甚至可以被打造成现实的平行世界;互通性意味着在虚拟世界中个人身份能实现不同场景的互通,而减少了当下不同媒体平台使用不同账号的不便;标准化是指架构起元宇宙的技术基础消除了彼此之间的壁垒。

[①]　王晖:《元宇宙的营销价值,被百事玩明白了》,2022 年 7 月 21 日,https://mp.weixin.qq.com/s/uymeKmKBDgebO2DoAOGEqw,2022 年 9 月 8 日。

[②]　喻国明、耿晓梦:《元宇宙:媒介化社会的未来生态图景》,《新疆师范大学学报》(哲学社会科学版)2022 年第 3 期,第 110—118、2 页。

[③]　转引自杨赞:《引爆科技圈的"元宇宙"》,《方圆》2021 年 21 期,第 66—67 页。

北京大学的董浩宇曾针对元宇宙概念与特性混乱的现状,采用计量分析总结出源于元宇宙更为具体的特征与属性,分别是社会与空间属性、科技赋能的超越与延伸、人和机器与人工智能共创、真实感与现实映射性、支持交易与流通。事实上,这些特性更加强调元宇宙与现实世界是数字孪生关系,并且需要更为强大与先进的科技作为支持,同时元宇宙也给予普通人更大的创造权限和更为强大的主体性。从商业的角度来看,元宇宙将诞生全新的商品与货币的交易方式,也势必重塑传统消费模式[①]。

"我们身处的时代要求我们转变与消费者联系和互动的方式。如果一个品牌不做出这样的转变,那么无论明天潮流如何变化,它都将落伍。"考夫曼先生曾对品牌提出这样的忠告[②]。元宇宙虽然目前仍然停留在概念与想象阶段,但已经有多个品牌投身于元宇宙营销的赛道中,例如 Gucci 与游戏平台 Roblox 合作销售稀有数字商品;奈雪的茶官宣虚拟人品牌大使 NAYUKI,并推出 NFT 数字艺术品;还有可口可乐、伊利、钟薛高等品牌都在探路元宇宙。

二、元宇宙营销的人、货、场

特劳特在《定位》一书中反复强调,定位是对消费者心智的改变,即品牌要率先占据消费者的认知空白。而营销率先解决的就是消费者认知的问题。互联网的本质是连接,作为下一代互联网的元宇宙,其本质是在智能硬件和各种技术的加持下让人与人、人与物产生更深度的连接。从人、货、场三个角度来看,元宇宙营销就是用虚拟人、数字藏品搭建元宇宙场景。人、货、场的背后是 IP、社群、场景,IP、社群、场景的底层逻辑是认知、关系、交易。

(一)人:具象化、参与性、创造性更上一层

元宇宙带来了物理实质的人与虚拟世界更强的连接,使得人们以"身

---

① 董浩宇:《"元宇宙"特性、概念与商业影响研究——兼论元宇宙中的营销传播应用》,《现代广告》2022 年第 8 期,第 4—12 页。

② 王晖:《元宇宙的营销价值,被百事玩明白了》,2022 年 7 月 21 日,https://mp.weixin.qq.com/s/uymeKmKBDgebO2DoAOGEqw,2022 年 9 月 8 日。

体"记录了虚拟世界的数字轨迹。人与元宇宙产生连接需要借助相应的媒介技术,如可穿戴设备,直接通过人的身体感官打开进入元宇宙的通道。人在元宇宙中打造独立的"数字化身",此"数字化身"形成于个体留在传感器中的数据,同时"数字化身"在元宇宙中也会形成相应的数据。与目前二维屏幕相对断裂的人机交互相比,由人的"身体"直接与物理设备连接的"数字化身"留下的数据轨迹所形成的用户画像更具象、更立体,在更大程度上还原了活动中的人。因此,品牌在进行消费者定位、掌握目标消费者的消费偏好等调查中,拥有不同于当下营销体系中的算法和数据,更容易接近甚至触碰到目标消费者。品牌在享受元宇宙带来的"近道"的同时,也需要看到,由于人在元宇宙中穿梭于不同的场景,如生活场景、娱乐场景、学习工作场景等,其活动具有复杂性与多样性,因此难以为消费者打上标签。同样,在元宇宙带来的人、自动化与人工智能组合的创意与创造方式升级中,数字生活者更容易参与品牌评价、空间共创活动,但如何让数字生活者在元宇宙中成为品牌的传播者还需进一步探索。[①]

随着元宇宙的不断推进,Z世代逐渐成为"元宇宙原住民",他们习惯于用他们方式进行数字消费——数字内容消费、NFT产品购买与交换,也习惯了虚拟社交、虚拟游戏、虚拟形象等。截至2021财年的第三季,Roblox日活用户为4730万,同比增长31%。Roblox的用户以Z世代年轻用户为主,年龄在5—24岁的用户占了平台日活用户的70%,其中13岁及以下的用户占到49.5%[②]。在此基础上,品牌主在以"元宇宙原住民"为目标消费者时,需要精准捕捉其心理特征、消费爱好与消费习惯,了解元宇宙数字生活者的基本属性,捕捉随之而来的消费者需求变革时机。

(二)货:新商品与新模式的生成

互联网的发展经历了从 Web1.0 到 Web2.0 阶段,现在正逐渐向Web3.0 过渡。Web3.0 通常被定义为:围绕权力下放(decentralization)与基于令牌的数字货币经济(token-based economics)等概念展开的新一代互

---

① 董浩宇:《"元宇宙"特性、概念与商业影响研究——兼论元宇宙中的营销传播应用》,《现代广告》2022 年第 8 期,第 4—12 页。

② 董浩宇:《"元宇宙"特性、概念与商业影响研究——兼论元宇宙中的营销传播应用》,《现代广告》2022 年第 8 期,第 4—12 页。

联网,区块链在其中扮演着重要的角色[①]。在区块链技术的基础上,新一代互联网要依靠分布式账本数据库来管理秩序,亦即通过去中心、去信任的方式,集体维护一个可靠的数据库,[②]用户因此拥有了自己的数据库。基于此,元宇宙中的主要交易品都是普通消费者相对陌生的数字商品类型,比如NFT、数字藏品及数字虚拟形象等。在这类数字化商品交易中,区块链作为底层技术逻辑支撑起元宇宙的建设。在这种模式下,消费者既是用户,也是开发者。品牌主可以在元宇宙中基于去中心化的区块链技术去运营自己的产品或服务。消费者可以与品牌主、创造者分享自己所创造的数字权益商品带来的经济利益,同时获得一定比例的版权费分成;另外,商品所有者会获得更多的价值回报,并获得部分的品牌形象设计和宣传费用。品牌主将以更易被区块链世界接受的方式与商业模式去运营和生产数字权益商品,并为消费者提供纯数字或者数字与实体相融的权利,令其产生购买愿望[③]。

2021 年末,运动品牌阿迪达斯(Adidas)就开始尝试进军元宇宙。为此,阿迪达斯贩售了总计 30000 个原创 NFT,结果在发售后几分钟内被抢空。这些阿迪达斯 NFT 的持有者,可以在 Sandbox 元宇宙中开启独家体验,还可以将之兑换成独一无二的对应实体产品。此外,在 2022 年全年,这些 NFT 持有者有机会获得四件独家实物产品,而且无须额外付费:当他们选择兑换实物时,NFT 会被销毁,然后,他们会获得一个编号更大的新 NFT(一般来说,此类 NFT 编号越小价值越高)。这类实物 NFT 对于阿迪达斯来说是个很好的尝试,毕竟消费者已经习惯于提前几天排队,以便第一时间获取限量款运动鞋、服装。NFT 本质上给品牌提供了一个全新的方式进行限量款产品的投放,并且有可能产生出人意料的口碑传播,品牌得以收获更高的曝光率。

---

① 杜骏飞:《"未托邦":元宇宙与 Web3 的思想笔记》,《新闻大学》2022 年第 6 期,第 19—34、119—120 页。

② 杜骏飞:《"未托邦":元宇宙与 Web3 的思想笔记》,《新闻大学》2022 年第 6 期,第 19—34、119—120 页。

③ 董浩宇:《"元宇宙"特性、概念与商业影响研究——兼论元宇宙中的营销传播应用》,《现代广告》2022 年第 8 期,第 4—12 页。

（三）场：消费体验从二维到三维的升级

"场"是指零售的地点或渠道。在元宇宙中，"场"表现为科技化、沉浸式的消费体验场景，消费者从购物的参与者转变为体验者。通过元宇宙赋能，未来的消费场景可以做到"在线即在场"。线上线下一体化，这是元宇宙给消费者带来的新的消费模式。消费者不再是被动接受产品信息，而是可以在元宇宙中自由选择商品，并获得产品与服务的反馈。如果说目前互联网为消费者提供的消费模式是"即想即买"，消费者仍然只享有二维平面带来的屏幕外单一视觉感官体验。那么元宇宙则是"一个持久化和去中心化的在线三维虚拟环境"。元宇宙可以让那些被减弱的购物体验在三维虚拟世界中得到还原，消费者也能通过终端设备足不出户地以沉浸式方式进入品牌互动场景，从参与购物到沉浸体验，获得部分线下实体体验。[1]

目前各个品牌在逐步构建自己的元宇宙场景。有的品牌依附于第三方元宇宙平台，创造自己的活动或空间，如 Gucci 在 Roblox 平台创建虚拟空间"Gucci Garden"，Ralph Lauren 在 ZEPETO 平台开售数字时装系列；也有品牌自己创造元宇宙的游戏或应用，如 Louis Vuitton 发布名为 *Louis the Game* 的游戏，以庆祝这个奢侈品牌创始人的 200 岁生日[2]。总而言之，元宇宙正方兴未艾。对于品牌主来说，能否抓住这个营销新契机，是提升消费者的品牌认知度与忠诚度的关键之一。

三、总结与反思

元宇宙的实现将重塑品牌与消费者的交往模式，从而生成消费者更为具象的用户画像。在三维空间中，为消费者提供沉浸式的消费体验，从而加深其对品牌的认知与理解，品牌因此实现了营销上的闭环。

虽然学术界与业界关于元宇宙的讨论从未停止，元宇宙产品也不断涌现，但元宇宙一度被质疑是炒作的噱头。元宇宙究竟是风口还是噱头，还有

---

① 董浩宇：《"元宇宙"特性、概念与商业影响研究——兼论元宇宙中的营销传播应用》，《现代广告》2022 年第 8 期，第 4—12 页。

② 王心恬：《天猫入局元宇宙营销：人货场的再应用》，2022 年 8 月 10 日，https://mp.weixin.qq.com/s/shtvHi8s4TObm3da2dkuOw，2022 年 9 月 8 日。

待时间的检验。对于品牌主来说,由于元宇宙处于新生状态,利用元宇宙进行营销活动,需要注意品牌理念与元宇宙场景的匹配性。此外,由于用户拥有较多的元宇宙世界控制权,同时其开放程度更大,因此,品牌主在进行元宇宙营销时须谨慎保护自身品牌形象,避免被恶搞和滥用。

视频资源

本教材已经录制了部分视频课程,共 48 集,480 分钟。以下是关于第八章的 2 集视频二维码。

1. 宜家与海底捞。

观看课程,请扫码

2. 体验营销。

观看课程,请扫码

拓展阅读

[1] 黄铁鹰.海底捞你学不会[M].北京:中信出版社,2015.

[2] 施密特.体验营销:如何增强公司及品牌的亲和力[M].刘银娜,高靖,梁丽娟,译.北京:清华大学出版社,2004.

[3] 贺和平,刘雁妮,周志民.体验营销研究前沿评介[J].外国经济与管理,2010,32(8):42-50+65.

思考题

1.从体验营销角度,谈谈你对宜家的品牌传播策略的看法。

2.从服务营销角度,探讨海底捞的品牌传播策略。

3.元宇宙营销兴起的原因有哪些?

4.请谈谈你对元宇宙营销的人、货、场的理解。

第九章　场景

本章要点：

1. 场景营销的相关案例：迪士尼、星巴克与耐克跑步。
2. 场景营销、场景传播等理论。
3. 网易云音乐的品牌营销策略。
4. 内容营销的相关理论。

关键词：

迪士尼；星巴克；场景营销；网易云音乐；内容营销

第一节　迪士尼、星巴克与耐克跑步

一、迪士尼

很多小朋友都去过迪士尼，没去过的估计也很想去看看，这是其作为文化品牌的魅力所在。2016 年 6 月 16 日，上海迪士尼正式开幕，这是迪士尼的全球第六个主题乐园，第一个是在 1955 年 7 月 17 日美国加利福尼亚州开幕的。

迪士尼乐园在迪士尼公司的业务板块中是占有非常重要地位的核心板块。迪士尼的营销策略有其独特之处，它采取的场景营销可以概括为以下三个步骤：

(一)故事构建关系场景

迪士尼电影中有很多非常具有吸引力的故事,还有很多很有趣、知名度很高的人物。通过与这些故事和人物结合,看似没什么特别的游乐场所一下子就有了不同的意义,迪士尼乐园也由此成为主题乐园。

因此,对于很多游客来说,体验感才是最终的产品。他们坐的不是普通的旋转木马,而是灰姑娘的南瓜车和白马;他们不是乘坐普通的轨道小火车,而是和维尼一起去经历一场探险之旅;旋转式观览车也不是普通之物,而是电影《小飞象》中的神奇之物。

游乐园是需要故事的,要将人们渴望一同经历的故事融入其中,将产品故事化、故事品牌化。通过融入故事,迪士尼成功营造了品牌与受众的关系场景。这样一来,游乐园才具有高额的附加值,人们也才愿意去消费。

(二)产品延伸体验场景

迪士尼非常重视衍生产品的开发,它将其衍生品业务串成一条线,先是电影票房,影视、图书等出版物,接着是主题乐园的"体验式推广",而"品牌授权"和"周边产品销售",同样为其带去了丰厚回报。

消费者在接触这些衍生品的过程中,对迪士尼品牌会有深刻的认识,形成了强烈的品牌忠诚。

(三)技术营造想象场景

在技术日新月异的时代,迪士尼也需要推陈出新,积极采用新技术、开发新产品。例如,佛罗里达迪士尼世界为游客推出了一种魔法智能手环(Magic Band)。游客只要戴上这个手环,就可以在园区内进行各类消费,不需要领取传统的纸质门票,省时省力,并且还能获得一种更强的体验感。[①]

在这个技术不断发展的时代,与时俱进显然非常重要。消费者对于新奇的事物会更感兴趣,在这个过程中对品牌也就能有更深的印象。

---

① 吴冰冰:《跟着迪士尼乐园学场景营销》,《中国广告》2016年第7期,第55—58页。

二、星巴克

星巴克的定位从来都不是奢侈品，而是一种生活方式。

随着我国居民经济收入水平的提升，中产阶级的队伍越来越壮大，这为星巴克提供了很大的客源。星巴克为顾客提供了一种独特的体验、一种生活方式，这是它赢得消费者的关键。走进星巴克，你可以看到其装修雅致、桌椅舒适、服务贴心。这对年轻消费者有着非常强烈的吸引力，他们将其作为一种现代生活的象征。

因此，人们去星巴克，不仅是为了喝上一杯可口的咖啡，更是为了体验那种生活氛围。这是一种富有吸引力的生活方式，也是人们选择它的理由。

通过场景的营造，星巴克的附加价值得以提升，并使消费者迅速聚集。星巴克对于场地的选择，也是非常有讲究的，一般都是找那些可见度高、人流量大的地方。这些地方往往位于闹市区、写字楼、景点或者机场。在人们想要歇歇脚、放松一下的时刻，有那么一把椅子可以坐、一杯饮品可以喝、一些小吃可以吃，那将是一件非常惬意的事情。

为了扩大用户群，星巴克也在改变过去那种"只有少数人才承担得起的奢侈品"形象，转向一种"消费者哪儿需要我，我就开在哪儿"的定位。消费者想要一个休憩、闲聊、谈工作的地方，就可以去星巴克。

除此之外，星巴克还创意了"第三空间"这样一个概念。每一家星巴克的门店都被设计师打造成一个别致的场景，被在这里工作的咖啡师注入了动人的灵魂。

场景体验不只是人与物的联结，更是人与人的联结。因为咖啡，大家走到一起，在"第三空间"相聚，通过连接、交流，有了独特的情感体验，产生了有情感的联结。

在这里，情感联结有很多种方式。在由星巴克的咖啡大师担任教师的咖啡教室里，顾客可以学习品尝咖啡、制作咖啡，这是一种联结；门店独有的美式音乐是一种联结；空气中弥漫的咖啡香是一种联结；视觉、嗅觉、听觉、触觉，所有的感官都在联结。由此，星巴克成了一个富有灵魂、让人觉得温暖的"第三空间"。

当你走进星巴克，"星级咖啡师"就会主动给你贴心的问候，并且给予热情和专业的服务。他们传递着星巴克的情感体验和人文精神，使顾客通过一杯香浓优质的咖啡与身边的人以及环境产生联系,创造了惊喜和连接彼此的机会。这是星巴克咖啡文化最核心的诠释,也是星巴克"第三空间"的灵魂所在。

情感元素是"第三空间"的关键。让咖啡去表达,是星巴克门店设计的核心。星巴克将此分解成五项特征,分别是诚心诚意、贴心巧思、乐观向上、赋予表现、魅力四射。

"转化为给顾客的感受,那便是温暖、舒适、好客以及包容。"Alice 说,"我们的门店设计和店面布局已然成为打造每人、每杯、每个社区的独特星巴克体验的经典舞台背景。"[①]

三、耐克跑步

在这个技术不断发展的时代,跑步软件开始涌现。跑步软件可以帮助我们记录运动量,督促我们每天进行运动,增强跑步体验。对于运动品牌来说,由此开发的跑步软件,则是品牌传播的重要载体。

讲到耐克跑步软件,早在 2009 年耐克就正式应用 GPS、传感器等技术,到了 2012 年,进一步实现了苹果和安卓系统的全覆盖,扩大了其应用场景。耐克跑步是跑者与品牌在跑步场景中的中介。对于跑者来说,运用耐克跑步是一种非常不错的跑步体验。

就跑步场景来说,移动互联背景下的跑者在场景中的基础要素有:跑鞋、运动服饰、跑步软件(包括天气、路线、步数、心率等数据)、跑友、跑步相关知识。这里包括内容、服务、社交三个方面,都是现代人不可或缺的。

耐克跑步与国内外的几大巨头建立了联系。国外用户通过 Facebook、Twitter,可以把自己的数据和路线分享到社交媒体上,与其他人一起互动交流,并且耐克也在不断优化自己的分享页面,使其能够更加直观和生动,更加有趣,更加有吸引力。

耐克为了拉近与用户的距离,曾经在不同的城市推出了"耐克广州女子跑""疾速一公里""上海马拉松"等多个主题性活动。通过这些主题活动,人们可以从耐克在产品、跑者故事、训练计划、活动指南等多个方面提供的内容和服务上获得全新的体验。

---

① 钱丽娜:《星巴克:场景式体验》,《商学院》2017 年第 8 期,第 55—56 页。

即便在广告创意上,耐克也非常重视场景因素。耐克收集了大量跑者的数据,这些数据有助于耐克更好地了解消费者,从而推出更有创意的广告。例如,耐克推出的"2015年个人年度大片"就是运用相关数据制作的短视频广告。而在2016年推出的"跑者成长计划"H5页面,将整个跑者计划分为十个主题跑,从而更好地满足了人们的需求。[①]

这些都是耐克跑步场景运用的具体做法。根据用户在不同场景下的需求,有针对性地开展品牌传播和营销活动,可以增强用户体验,构建良好的消费者关系。

第二节　场景理论

一、场景

以上三个案例其实都涉及场景。那么什么是场景?"场景"一词最初是影视用语,指由在特定时间、空间内发生的行动或者人物关系构成的具体画面,是通过人物行动来表现剧情的一个个特定过程。从电影角度来讲,正是不同的场景组成了完整的故事。[②] 不同场景,意义大不一样。

在互联网语境下,场景被重新定义。对此,吴声认为场景具有如下特征:(1)场景是最真实的以人为中心的体验细节;(2)场景是一种连接方式;(3)场景是价值交换方式和新生活方式的表现形态;(4)场景构成要素堪比新闻五要素,时间、地点、人物、事件、连接方式。[③]

体验决定了我们所在的场景,抑或新的场景迭代我们的体验感和幸福感。我们对于评价更在意的是朋友圈点赞。我们对于商品的定价和付费,

---

① 朱晓彤:《场景革命下的品牌传播:以耐克跑步为例》,硕士学位论文,安徽大学,2016年,第7—8页。

② 梁旭艳:《场景传播:移动互联网时代的传播新变革》,《出版发行研究》2015年第7期,第53—56页。

③ 吴声:《场景革命:重构人与商业的连接》,机械工业出版社2015年版,第29页。

更关注的是与谁、在何种场景被满足。我们的连接通过场景表达,选择何种场景,就决定了什么样的连接方式,构建什么样的社群,最终成就什么样的亚文化。场景本质是对时间的占有。拥有场景就拥有消费者时间,就会轻松占领消费者心智。

罗伯特·斯考伯和谢尔·伊斯雷尔在《即将到来的场景时代》一书中提出了"场景五力"。场景时代的来临依赖于五种科技力量的发展,分别是移动设备、社交媒体、大数据、传感器和定位系统。

移动设备主要是指智能手机和各种移动终端,如 iPad 和可穿戴设备。

社交媒体就是场景传播获得个性化内容的源泉所在。所谓"无社交,不传播"。

大数据是场景传播提供个性化信息和服务的方法或工具。

关于传感器。1999 年,凯文·阿什顿首先提出"物联网"的概念,即无生命的物体可以通过全球网状网络与人或其他无生命物体进行交流。①物联网的发展,显然少不了大量的传感器,这样万物才能连接和对话。

定位系统使人们的运动轨迹数据化,商家可以轻松地找到人、识别人,更好地构建产品与顾客需求的匹配关系。

二、场景营销

"无定位,不场景"这句话,深刻表明了移动定位系统在场景传播时代的重要性。在网络和移动通信等高科技的快速发展之下,传播活动面临着新的巨变,由单纯追求速度的量变转变为质变,即追求个性化的适时体验,即场景传播。②场景传播理论对时间和空间的重要性予以重新认知,强调给予时空一体化的适时体验,全方位满足人们的体验感。

场景营销重在构建一种新的生活方式和生活态度,力求实现与消费者的深度沟通,建立消费者对品牌的信任感和满意感,推动形成一种相互理解的、有助于长远发展的关系。

---

① 罗伯特·斯考伯,谢尔·伊斯雷尔:《即将到来的场景时代》,赵乾坤、周宝曜译,北京联合出版公司 2014 年版,第 11 页。

② 梁旭艳:《场景传播:移动互联网时代的传播新变革》,《出版发行研究》2015 年第 7 期,第 53—56 页。

场景营销实现了从"注意力经济"向"意向经济"的转变。

"注意力经济"在传统媒体时代被不断提及,这是一种以卖方(商家)为中心的经济模式和传播形态,核心理念是商家通过各种各样的广告手段吸引和争夺消费者的注意力,让消费者注意到商家的品牌,从而引发他们的购买行为。与"注意力经济"不同,2006 年,道克·西尔斯在一篇文章中明确提出"意向经济"理论。"意向经济"的提出与这个新媒体时代的传播特征是相吻合的。"意向经济"指的是一种围绕着消费者意向进行的经济活动。它是一种以消费者为中心的需求导向型经济,而不是过去以企业为中心的利润导向型经济。从广告的角度来说,"意向经济"的"卖家广告"转为"买家广告",也即买家通过媒体向卖家发布自己的需求和意向信息,卖家围绕买家的购买意向进行竞争,这就完全颠覆了之前的广告形式、营销模式和思维习惯。"意向经济"的到来意味着一个逆向广告时代正在来临。[①]

场景营销可以更好地推进"意向经济"。丁蕾认为,移动互联网时代,场景营销的本质是以满足消费者需求为核心,以移动终端为载体,以定位技术为支点,以情感沟通为纽带,通过洞察特定场景中的消费者需求,并提供与其需求相适配的内容、服务和形式,达到营销信息的精准快速推送和最终交易的闭环,从而建立品牌与消费者生活的连接。[②] 借助场景营销,消费者的需求就能够得到很好的回应。

例如万达广场的广告。走过广告牌,你可以通过镜面看到自己,然后旁边的文案是"看看现在的你,心疼你辛苦的样子,码上照顾好自己"。这个广告会让很多人心里掀起一阵波澜。触景生情,拿出手机扫码参与也是很自然的事。

衡量场景营销优劣的指标主要看以下几点:一是顾客是否获得了强烈的体验感。场景营销不是为了单纯的销售产品,而是通过营造一种氛围,给予顾客参与其中的体验感,使其对品牌产生深刻的印象。二是是否与顾客建立了牢固的链接。通过场景营销,与顾客构建相互合作相互依赖的关系,使其能够积极主动地进行品牌传播,成为品牌的忠诚粉丝。三是是否直击

① 梁旭艳:《场景传播:移动互联网时代的传播新变革》,《出版发行研究》2015 年第7 期,第53—56 页。

② 丁蕾:《场景营销:开启移动互联网时代的营销新思维》,《出版广角》2017 年第3 期,第65—67 页。

人心,触动顾客的情绪、情感、情谊。场景营销需要让顾客真正有心动的感觉,从而使其积极行动起来。

三、移动互联网时代的场景营销

场景营销要根据顾客的适时需求推送相关信息,给予顾客深刻的体验感。随着技术的发展,在移动互联网时代,消费者可以获得更强的沉浸感。

移动互联网时代场景营销的特征有三点:深度体验;精准营销;个性化传播。[①]

在这个时代,几乎人人都有一部手机。人们出门带着手机,上网使用手机。对于商家来说,使用定位技术可以准确掌握顾客的行踪,借助人脸识别、大数据等技术,可以获取顾客的大量信息,从而实现精准营销。

在技术的加持下,顾客有什么需求,商家就可以提供怎样的内容。未来的广告将是千人千面,各不相同。个性化广告传播时代正在来临。

(一)移动互联时代品牌传播面临的变革

国秋华、程夏认为,移动互联时代品牌传播面临的变革主要有以下三点:

第一,数字化场景正在重构消费、商业、传播模式。

移动互联时代,数字化技术的发展深刻地影响了人们生活的方方面面,整个传播生态面临剧变,人们的消费行为和理念有了重要调整,商业模式则出现了结构性调整。相比过去,品牌传播有了截然不同的新玩法。

第二,建构数字化场景是未来企业品牌传播竞争的焦点。

在数字时代,企业应整合利用场景的功能绘制数字化网络,将目标消费者网罗其中。按照场景的连接方式及使用情况,数字化场景可以分为以下三种类型:(1)入口场景(或称应用场景),通常由互联网、移动通信设备、二维码、VR、H5、可穿戴智能设备等构成,为人们提供娱乐、社交、购物的入口空间。(2)消费场景,通常由网购平台、微信商圈、滴滴出行等构成的各种消费空间。(3)支付场景,通常由移动支付,如支付宝、微信支付、二维码扫码

---

① 丁蕾:《场景营销:开启移动互联网时代的营销新思维》,《出版广角》2017 年第 3 期,第 65—67 页。

支付等构成的支付空间。

第三,数字化场景的跨界连接催生分享经济,品牌传播的重心将转向分享。

数字化场景的连接是一种跨界连接。跨界连接使不同行业之间有了多点的、多领域的连接,不同行业之间的界限逐渐可以逾越,跨界融合得以实现。跨界连接催生分享经济。[1]

场景营销能够满足用户在特定情境下产生的需求和情感。"社交＋电商"可以丰富场景空间构建的元素,创造出不一样的社交体验;以社交手段引导商品线上展示、话题探讨,并向用户精准推荐合适的门店,通过线上线下一体化服务标准形成营销链条闭环。[2]

(二)数字化场景的建构策略

数字时代,技术的发展为场景的营造、构建提供了强有力的支持。企业可以利用各种工具和手段,为消费者创建合适的、沉浸的场景体验。国秋华、程夏认为品牌传播数字化场景的建构策略具体包括以下几点:(1)企业应为品牌与消费者搭建可以快速连接、即时互动的通道。(2)搭建沉浸式消费场景,提升品牌传播效应。企业应该使身处同一信息空间的品牌和消费者之间产生信息交流或价值交换。(3)构建便捷的支付场景,促进品牌增值。企业应该选用合适的支付场景,为消费者完成品牌的消费提供及时便利的支付空间。(4)建构多元分享的传播场景,共创品牌传播价值。[3]

如今,用户的主动性、参与热情都很强,互动意愿和自发意识也很高,用户不再是单纯的内容消费者,而成了产销者,用户参与内容生产已经非常普遍。通过创建传播场景,让用户深度参与,共同创造品牌价值,已是必然趋势。

---

[1] 国秋华、程夏:《移动互联时代品牌传播的场景革命》,《安徽大学学报》(哲学社会科学版)2019 年第 1 期,第 133—137 页。

[2] 赵玮、廖四成、廖波:《面向用户体验的"社交＋电商"全场景营销策略分析》,《商业经济研究》2021 年第 15 期,第 68—71 页。

[3] 国秋华、程夏:《移动互联时代品牌传播的场景革命》,《安徽大学学报》(哲学社会科学版)2019 年第 1 期,第 133—137 页。

(三)移动互联网时代场景营销的策略

在这个移动互联网时代,场景营销需要积极采用新的传播工具,利用大数据、人工智能等最新的科技,开展有针对性的营销活动。丁蕾认为移动互联网时代场景营销的策略主要有四点:(1)借助大数据技术,对用户进行精准画像。通过对人、时间、空间、事件以及相互关系的把握,可以精准地了解消费者是谁,何时何地有何种需求,想要以怎样的方式满足其需求。(2)巧妙构建营销场景,增强顾客的参与感和体验感。场景营销通过构建多角度、多样化的营销场景,及时照顾到消费者的需求,让消费者在特定的场景下能够获得恰到好处的营销信息和相关服务,从而推进品牌体验感的深化。(3)借助社群分享,放大场景营销效果。(4)注重场景营销,连接线上线下打造闭环。[①]

社会在不断向前发展,随着技术的变革、AI时代的到来,企业有了更好的条件去满足消费者个性化、场景化的需求。元宇宙的出现,使得场景展现方式多样化、场景体验沉浸化、场景交互融合化。"AI+场景"营销工具的合理使用,可以给消费者更强烈、更深刻的场景体验,赋予品牌更大的竞争力、影响力和成长空间。

第三节　网易云音乐

网易云音乐是网易公司于2013年4月正式发布的一款移动原生的、专注于发现与分享的音乐App。网易云音乐上线后快速成长,异军突起,仅用了两年零三个月的时间用户数便突破了一亿。

网易云音乐注重情感和互动,首次提出了"音乐社交"这一概念。在这个社交媒体时代,无社交不传播,"音乐社交"显然符合这个时代的发展特征,迎合了广大用户的社交需求。这是非常不错的创意,有助于增强用户的黏性,提升品牌忠诚度。

---

① 丁蕾:《场景营销:开启移动互联网时代的营销新思维》,《出版广角》2017年第3期,第65—67页。

一、网易云音乐的"乐评专列"

参与评论是人们在听音乐时的重要一环,为此,网易云音乐开展了一场有针对性的乐评活动,是和杭港地铁合作推出的。两者在 2017 年 3 月 20 日携手发布了主题为"看见音乐的力量——让音乐故事填满你的 1 号线之旅"的"乐评专列"活动。具体做法是网易云音乐在点赞量最高的 5000 条歌曲评论中进行筛选,最终得到了 85 条相对优质的、用户原创的评论。他们用红底白字的极简风格将这些评论印在了杭州地铁 1 号线车厢和江陵路地铁站内。

除了"乐评专列",网易云音乐与扬子江航空联合打造了"音乐专机",主题是"起飞吧,音乐的力量"。"音乐专机"于 6 月 5 日在上海浦东国际机场正式亮相。从登机口到机舱内部都采用与网易云音乐 App 色调接近的红白相间的装饰,并且点缀了黑胶唱片等音乐元素,精选了 18 个轻松有趣的 UGC 歌单,让乘客置身美妙的音乐世界,在场景中产生情感共鸣,推进场景化体验传播。

网易云音乐还将筛选的优秀用户评论印在农夫山泉的瓶子上,搞起了跨界营销。饮料是一种很多人经常购买的产品,网易云音乐进一步推动其在日常生活场景中被"看见""听见"和体验。这些"乐瓶"上印有黑胶唱片图案,用户只要扫一扫瓶身图案,手机上就会出现虚拟的星空,点击星球还会弹出乐评,扫一扫瓶身的二维码,就可以跳转到网易云音乐的歌单。这些网易云音乐推出的 AR 体验,让很多用户觉得很新鲜,在社交媒体上掀起了一股"晒星空"热,从而进一步扩大了品牌在线上线下的曝光量。

这些内容营销同时也是跨界合作的营销活动,可谓形式非常富有特色,内容非常具有感染力。在这个"万众皆媒"的时代,线下活动的传播范围虽然有限,但它勾起了人们参与扩散传播的欲望,在微信、微博等社交媒体中引爆了大量转发和互动行为,取得了非常不错的反响。活动期间,App 的下载量得以大幅增长。

二、通过内容营销,挖掘情感的力量

音乐与人的情感关系密切。网易云音乐在用户情感体验上下足了功夫,让用户在深度的情感体验中产生共鸣,增强黏性。用户可以用评论抒发自己的情感,在互动中寻到一种心灵的慰藉,通过分享产生情感的升华。在多元化场景中挖掘音乐的内容价值和情感价值,更进一步拉近了品牌与用户的距离,让用户对品牌产生更深刻的印象和记忆。

为了激发和提升用户的体验感和参与感,网易云音乐推出了"用户年度听歌报告"功能。人们可以借此获得自己专属的听歌报告,这引发了很多人的关注和分享。网易云音乐的年度听歌报告具有符号价值,它实现了"将网民的音乐收听行为变成具体可感的符号,并促成了符号的分享和意义的交流,这种符号分享与意义制造使日常生活'审美化'"①。在社交媒体上展示分享、互动交流,是一种仪式感的体现,也是一种群体狂欢的行为。人们在晒单过程中,完成了自我呈现,促进了自我认同,为自己的身份贴上了可识别的标签。这不仅达到了扩散传播的目的,提升了品牌知名度,而且增强了品牌与用户之间的情感连接。

面对现代人情绪情感方面存在的问题,尤其是在评论中出现的"网抑云"现象,网易云音乐于 2020 年 8 月 3 日正式推出了"云村评论治愈计划",邀请心理专家、心理专业志愿者加入"云村治愈所"。"网愈云"是对"网抑云"的治理,净化了网络生态,这当然也是一次成功的营销活动,由此品牌形象变得更为丰满。

当前,网易云音乐的音乐产品包括音乐库、播放器以及音乐社交等,主要有这几个板块:发现、播客、我的、K 歌、云村。网易云音乐由此构建了一个以用户为中心的音乐生态圈。作为一种音乐社交,网易云音乐的关系链主要通过基于强关系的"好友"功能和基于 LBS 的"附近"功能得以建立。强关系的互动可以让情感联系更加紧密,弱关系的分享则扩大了人们的交往范围。

2021 年,网易云音乐上线了"一起听"功能,用户可以与社交好友或者陌生人一同分享音乐,为建立联系、拉近关系、培养感情提供了很好的机会。用户除了听音乐、写评论,还能交朋友,进一步增强了以内容为载体的社交性。同时,网易云音乐还鼓励用户进行 UGC 创作,在激发用户创作热情的同时丰富了音乐内容结构,通过价值共创实现了品牌资产的提升。

---

① 杨萍:《互动仪式链视角下网络社交中的自我呈现与身份认同——从网易云音乐年度听歌报告说起》,《新媒体研究》2018 年第 5 期,第 29—31 页。

每个人的音乐需求是不尽相同的,人们除了想要一起分享,也会对满足个性化的需求有要求。凭借大数据、云计算等技术,精准推送已经被越来越多地使用。网易云音乐为了满足用户个性化的需求,设置了"每日推荐""私人FM"等功能。"每日推荐"是基于用户在过去的听歌行为,每天为用户推荐20首歌曲。"私人FM"是基于用户对歌曲的态度,例如点击红心,加以收藏,予以评论、分享、下载等进行判断,形成了相关数据。这些功能让用户更便捷地获得自己喜欢的歌曲。

第四节　内容营销

一、内容营销的内涵

在数字时代,内容营销是品牌传播的重要手段。在各大平台,大量的内容是为了企业营销的目的而被生产和传播的。"内容营销是指以多种形式的媒体内容,通过多种渠道传递有价值、有娱乐性的产品或品牌信息,以引发顾客参与,并在互动过程中建立和完善品牌的一种营销战略。"[1]

内容营销的形式有很多,例如在各个平台发布的视频、博客、播客、摄影作品、电子书等。其中,Vlog是一种继直播、短视频之后新出现的视频社交形态,也是一种内容营销的重要形式。Vlog是视频和博客的集合体,具有多种优势:推广成本低、互动性高、体验感强、场景性好。Vlog是一种生活化的记录视频,可以与场景相契合,具有更强的针对性。用Vlog进行品牌营销,主要有以下几种形式——植入、产品测评、活动参与、深度体验、品牌精神展示。[2] Vlog记录的是真实生活,在具体进行品牌营销时,需要注意与传统视频的差异。

---

① 周懿瑾、陈嘉卉:《社会化媒体时代的内容营销:概念初探与研究展望》,《外国经济与管理》2013年第6期,第61—72页。

② 邱敏、张翔:《Vlog:一种内容营销的新形态》,《青年记者》2019年第24期,第81—82页。

　　有价值的内容是内容营销的基础。这里所说的有价值主要体现在两个层面:一方面,对品牌营销者来说是有价值的,这些内容有助于品牌形象的塑造、传播,有助于扩大品牌的知名度、美誉度,有助于产品的销售,等等;另一方面,对顾客来说也必须是有价值的,顾客在看了这些内容之后,得到了美的熏陶、知识的增长、情感体验、社交资本等,如果内容对顾客没有价值,顾客就不会关注和转发,也就达不成营销的目的。

二、内容营销的理论

　　内容营销的理论主要有:(1)BEST 规则(普立兹和巴雷特在 2009 年提出)——使营销策略具有行为性、必要性、战略性和针对性。(2)SAVE 结构(最早由理查德·埃藤森,爱德华多·康拉德和乔纳森·诺尔斯提出)——重在解决方案(Solution),而不是产品(Product);重在客户接触(Access),而不是传播渠道(Place);重在价值(Value),而不是价格(Price);重在教育受众(Education),而不是促销(Promotion)。(3)关键内容理论——最有效的内容类型是任意内容、品牌内容以及消费者欲获知内容三者的交叉。从具体策略上来看,内容营销包括五大方面:内容创建(Creation)、管理(Curation)、优化(Optimization)、扩大(Amplification)和分析(Analysis)。①

三、内容营销的思维

　　为了做好内容营销,营销人员需要具备四大思维。

　　(1)内容思维。懂得哪些类型的内容顾客会有兴趣,不同的顾客对内容有何要求,内容怎样写才能打动顾客,怎样的标题容易获得高点击率,怎样的内容转化率高,等等。

　　(2)互联网思维。需要了解各个平台的传播特征、用户情况,对于互联网时代用户的心理能够准确把握,懂得互联网时代信息传播的规律,等等。

　　(3)时效思维。内容具有时效性,因此营销人员需要具备很强的行动力,善于抓住热点问题,第一时间加以借势。

　　(4)用户思维。首先需要明确目标对象,找准定位,再从用户需求出发

---

① 　李蕾:《内容营销理论评述与模式分析》,《东南传播》2014 年第 7 期,第 136—139 页。

去考虑提供哪些内容、以怎样的形式呈现等问题，并在找到用户后，持续地、低成本地向其精准推送内容。

四、内容营销的策略

内容营销应该怎么做？可以从多个角度出发，考虑多个因素。张美娟、刘芳明认为围绕"用户思维"开展内容营销主要有以下策略：(1)促使内容与用户产生强关联；(2)基于人性选择合适的内容素材；(3)创造更多用户参与的机会；(4)围绕目标，形成新的内容创意机制。[①]

总的来说，为了更好地开展内容营销，取得预期效果，在具体实施时，需要注意以下几点。

一是要洞察消费者心理。对目标对象了解得越清楚，就越可能有的放矢，推出有针对性的内容，从而真正打动他们。就如美食类视频的内容营销，需要认识到，除了让用户在视觉上感知一切美好食物带来的诱惑，还要与他们进行心理层面的沟通[②]。

二是需要创作有传播力的内容。内容要有吸引力，顾客才愿意看；内容还要有"传染性"，人们看了之后才愿意不断转发，从而形成裂变传播效果。

三是需要找到有效的渠道。在这个网络时代，形成了碎片化的传播格局，人们有很多的渠道接触内容，因此将内容推送到目标对象能够接触到的渠道，才有可能达成有效传播。

四是做好产品销售的对接服务。在电子商务高度发达的时期，内容营销不只是传播活动，而是内容和销售无缝衔接在一起。在做好内容营销的同时，需要将产品销售的相关服务工作做好，这样消费者才能得到完整的体验感。

五是及时评估内容营销的效果。内容营销作为一项营销活动，有没有取得预期的效果，是企业非常关心的。内容营销需要监测整个传播过程，及时评估营销效果，从而总结经验教训，为下一次内容营销提供参考。

开展内容营销时，需要注意内容不是越多越好。太多的内容反而可能

---

① 张美娟、刘芳明：《数媒时代的内容营销研究》，《出版科学》2017 年第 2 期，第 8—13、28 页。

② 秦琰：《人设、场景、表演：美食类短视频自媒体内容营销的新趋向》，《东南传播》2019 年第 1 期，第 22—24 页。

造成重点不突出，相互干扰，或者导致审美疲劳。内容营销应当以质取胜。高品质的内容才是用户所需要的，也才有可能获得有效传播，并引发裂变传播。

另外，需要实现差异化内容营销策略。很多企业选择在微博、微信、知乎、豆瓣等各类社交媒体平台上推广品牌，内容重复率高。因此，企业需要创作独特的、令人耳目一新的内容，这样才不至于被信息洪流淹没，从而赢得更多人的关注，达成预期的营销目标。

在营销 3.0 时代，内容营销进入原生营销阶段，在互联网思维的影响下呈现出新的特征：从"视觉真实"到"体验真实"；从"态度"到"认知"；从"凸出产品"到"融入环境"；从"发现兴趣"到"引爆兴趣"；从"消费者"到"合作者"；从"单一媒体"到"媒体整合"。① 可见，随着时代的发展，内容营销面临新的环境，相关理论和策略也在不断推陈出新。

 **视频资源**

本教材已经录制了部分视频课程，共 48 集，480 分钟。以下是关于第九章的 3 集视频二维码。

1. 迪士尼、星巴克与耐克跑步。

观看课程，请扫码

2. 场景理论。

观看课程，请扫码

---

① 张曦予：《原生营销：互联网思维下的内容营销 3.0》，《东南传播》2015 年第 3 期，第 99—101 页。

3.网易云音乐。

观看课程,请扫码

4.内容营销。

观看课程,请扫码

拓展阅读

[1]吴声.场景革命:重构人与商业的连接[M].北京:机械工业出版社,2015.

[2]罗伯特·斯考伯,谢尔·伊斯雷尔.即将到来的场景时代[M].赵乾坤,周宝曜,译.北京:北京联合出版公司,2014.

[3]国秋华,程夏.移动互联时代品牌传播的场景革命[J].安徽大学学报(哲学社会科学版),2019,43(1):133-137.

[4]周懿瑾,陈嘉卉.社会化媒体时代的内容营销:概念初探与研究展望[J].外国经济与管理,2013,35(6):61-72.

思考题

1.谈谈你对迪士尼品牌传播策略的看法。

2.谈谈你对场景、场景传播、场景营销等概念的理解。

3.结合有关案例,谈谈你对场景时代品牌传播的思考。

4.结合案例,谈谈在进行场景营销的过程中需要注意什么。

5.结合案例,分析影响场景营销的相关因素。

6.场景时代内容营销面临哪些机遇与挑战?

7.Vlog在内容营销中可以发挥哪些作用?

第十章　事件

本章要点：

1.蒙牛的事件营销策略。

2.事件营销的概念及其相关理论。

3.赞助与冠名营销的知识。

4.茶颜悦色的品牌营销。

5.饥饿营销的概念及其相关理论。

关键词：

蒙牛;事件营销;赞助;冠名;茶颜悦色;饥饿营销

第一节　蒙牛

一、蒙牛的事件营销

1999 年,蒙牛刚创立不久,它是牛根生从伊利带着一个团队创建的。和大多数刚创业的公司一样,蒙牛一开始就面临资金紧缺的困难,新公司快速在市场上立足本就是一件费力的事情,况且当时老东家已经把持市场六年,地位难以撼动。对蒙牛来说,让消费者知道蒙牛品牌的存在,是牛根生需要解决的首要问题。

牛根生就是在这种大环境中做营销决策的,他在整条街道上做蒙牛的广告牌。实际上,对整个市场来说,在一条街道上单独做广告牌的作用并不大,你不经过这条街道,肯定不会知道这个广告牌,然而,事情并非如此简单,当广告牌做完以后,几乎一夜之间,街上的所有广告牌都被砸坏了。

次日,这则新闻立刻传遍全城,成为人们关注的焦点。蒙牛是一家名不见经传的小企业,这么小的企业,为什么还要在大街上做广告牌?一夜之间被砸,是谁砸的?蒙牛得罪了谁?还是自己砸的?这一切又是为什么呢?这种种悬念在街头巷尾引起了轩然大波,人们开始在茶余饭后进行讨论,随后各大媒体铺天盖地地报道,影响一下子扩散开来。虽然那些广告牌被砸了,但蒙牛品牌声名鹊起。这也是蒙牛起家的一个非常重要的转折点,之前没人知道蒙牛是做什么的,是什么品牌。自此之后,蒙牛品牌才开始为人所知。

2003 年,在中国历史上首次载人航天飞船即将升空之际,蒙牛营销者在思考:如果蒙牛牛奶与中国航天员的专用奶相连接,消费者对此会有怎样的看法? 2003 年,蒙牛牛奶经过严苛的检验后成为首个助力中国航天事业发展的乳品企业。2016 年,蒙牛获颁"中国航天事业贡献奖"。2017 年,蒙牛又被授予"中国航天事业战略合作伙伴"荣誉证书及牌匾。将中国航天航空与牛奶品质相联系,让消费者更加信赖蒙牛的牛奶质量,这也是蒙牛效果显著的一次事件营销,借助中国航天事件提升品牌的知名度和美誉度。

这是其中的一个广告:"蒙牛牛奶,强壮中国人,中国航天员专用牛奶。"这样的广告一出,蒙牛品牌的档次一下子就"上天"了!

最精彩最轰动的一个事件营销是蒙牛参与策划的 2005 年"快乐中国蒙牛酸酸乳超级女声"活动。《超级女声》真正开始红遍大江南北是在举办第二届的时候,但蒙牛早在《超级女声》第一届比赛开播时就关注到这个节目,并花 2000 万买断了"超女"的冠名权,独到的眼光和果敢的魄力让蒙牛抢占了先机。随着《超级女声》在湖南卫视的热播,蒙牛聘请选手作为品牌形象代言人,并量身定做广告歌,在电视、广播上做大量宣传,蒙牛的一切活动,如产品包装、电视广告、网络广告、广播广告、海报都与"超女"挂钩,在为"超女"做宣传的同时,推动了自身产品的销量,与湖南卫视实现双赢。

除了蒙牛"广告牌营销""航天营销""超女营销"之外,效果显著且广为借鉴的事件营销经典案例还包括贴吧叶良辰事件、京东与奶茶妹妹事件、大疆无人机协助塔利班反政府武装作战事件等。

二、蒙牛事件营销成功的原因

蒙牛事件营销得以成功的原因有哪些？

蒙牛事件营销的第一个关键词是"制造矛盾"，颠覆人们常识的信息会被人格外关注。蒙牛集中全力在一条街上铺广告牌，广告牌又在一夜之间被毁坏，在视觉上和心理上对当地的人们产生强烈冲击，继而引发他们的关注和猜测。

蒙牛事件营销的第二个关键词是"广泛传播"。由于矛盾本身其实是自带传播属性的，矛盾冲突越大的事件，人们越热衷于充当"自来水军"，特别是一些带有悬疑色彩的营销事件，还能激发出人们不断寻求真相的热情和动力，从而延长事件的传播时间，并扩大传播范围。

具体到蒙牛与"超女"合作的营销事件，成功之关键有二：一是找到了品牌与事件的连接点；二是紧密贴近目标消费群。蒙牛酸酸乳的目标消费人群主要在 15—25 岁，而《超级女声》的主要参与人群也是在这个年龄段，两者在目标受众上是高度吻合的。目标消费人群的一致性，能够直接拉动产品的销售。同时，蒙牛酸酸乳的品牌形象定位为年轻、有活力，而蒙牛酸酸乳超级女声活动的意义就在于以时尚的方式让新一代歌手充分展示自我，加深了受众对蒙牛酸酸乳的感性认同，使消费者产生了深刻的品牌共鸣。

三、事件营销的策略

从概念上来看，事件营销是指经营者在真实与不损害公众利益的前提下有计划地策划、组织和利用有新闻价值的活动。通过制造有热点新闻效应的事件来吸引媒体和社会公众的注意与兴趣，以求提高企业或产品的知名度、美誉度，树立良好品牌形象，并最终促成产品或服务的销售。[①]

事件营销可以使用"借势"和"造势"两种手段。

所谓借势，是指企业及时地抓住广受公众关注的事件、社会新闻或者明星人物的光环效应等，结合企业或产品在传播上的目的而展开的一系列相

---

① 李磊：《企业品牌的战略选择》，《现代企业文化（上旬）》2017 年第 1 期，第 80—81 页。

关活动。借势策略大致可分为新闻策略、体育策略和明星策略。[1] 简单地说,借势就是借其他人、事、物的人气,通过与其建立联系,提升品牌的知名度和影响力。

所谓造势,是指企业通过精心策划的、具有新闻价值的事件,激起媒体、消费者的兴趣,以实现品牌传播目标。造势策略可分为舆论策略、活动策略和概念策略。当年农夫山泉宣布停止生产纯净水,只出品天然水,大玩"水营养"概念,就是造势策略的一种。[2] 简单地说,造势就是利用自己的优势、资源等,制造话题、事件和事物,吸引大家关注。造势由于本没有"势",要生出"势"来并不容易,不过一旦成功,则可以获得更专一的关注,更有利于品牌的打造。

影响事件营销效果的直接因素就是品牌特征与事件内涵对接点的把握是否到位。例如,某个广告想要借高考进行营销,虽然看起来很励志,但与品牌特征对接得不是非常理想,从而传播效果一般。

豆均林认为事件营销可分为以下几个类别:一是借用重大突发事件型。重大突发事件是指突然发生的、不在公众预料之中和没有心理准备的事件。二是借用公众高关注事件型。公众高关注事件一般指公众都了解、重视,但尚不知其结果如何的重大事件。三是借用公益活动型。文艺演出、体育比赛等活动是公众经常关注的。四是借用社会问题型。社会发展的过程就是一个利益重新分配的过程。在这一过程中会产生许多新的矛盾,与这些矛盾相关的话题就是公众关注的中心。五是营造事件型。营造事件指企业通过精心策划的人为事件来吸引消费者的目光,从而实现传播目的的策略。[3] 不同的策略,造就不同类型的事件营销。具体运用时,应根据品牌的内外部环境加以具体分析,以便有的放矢。

最后,在事件营销运作中需要注意的事项有:(1)找好品牌与事件的联结点。事件营销要自然、合理,不能太生硬。(2)不能脱离品牌的核心理念。事件营销要为品牌传播和营销服务,不能离题太远。(3)以公益原则为底

---

① 豆均林:《事件营销的类型及运作策略》,《经济与社会发展》2004 年第 10 期,第 42—45 页。

② 豆均林:《事件营销的类型及运作策略》,《经济与社会发展》2004 年第 10 期,第 42—45 页。

③ 豆均林:《事件营销的类型及运作策略》,《经济与社会发展》2004 年第 10 期,第 42—45 页。

线。事件营销不能太过功利,而是应本着做公益的心态做营销。(4)配合事件进行全方位的宣传。事件营销既然是一种营销活动,就要尽力利用各种媒体和手段使其传播开来,这样才能点石成金!

第二节　赞助与冠名

对于一个企业来说,除了正面事件,还会有负面事件。所谓负面事件,指的是企业营销过程中发生的对消费者不利的事件,包括产品或服务失败、暴露出缺陷、对消费者造成伤害等事件。[①]负面事件同样是营销者需要妥善处理的,处理得好,不仅可以避免损失,还可以提升品牌形象。

事件营销是品牌营销惯用的手段。对于蒙牛来说,与"超级女声"的合作是一项娱乐营销传播活动,通过娱乐节目和娱乐元素,蒙牛借势达到品牌推广、产品促销、品牌定位等目标,因此这也可以说是一次娱乐营销的经典案例。

所谓娱乐营销,是指以消费者的娱乐体验作为价值基础,借助娱乐传媒及娱乐业的爆炸式兴起,采用戏剧化、互动的方式,将科学与人文、技术和艺术有机结合,融商业力和想象力于一体,从而实现目标效果的一种新型营销模式。[②]

如今是一个信息爆炸的时代,品牌借助娱乐化的活动和方式,可以提升消费者参与的热情,能够吸引更多人关注,以及产生更多的互动。可以说,娱乐营销已成为企业拓展市场的有力武器。

一、赞助

娱乐营销和体育营销等活动一般来说都是通过赞助展开的。赞助被认

---

①　王晓玉:《负面营销事件中品牌资产的作用研究综述》,《外国经济与管理》2010年第2期,第45—50页。

②　贺福、蒋丽芬:《娱乐:品牌内涵的时尚诠释法——试论蒙牛酸酸乳的娱乐营销策略》,《湖南大众传媒职业技术学院学报》2006年第1期,第68—70页。

为是一种没有声音的媒介。对于赞助,西姆金斯于1977年所下的定义流传甚广,常为人们所引用:(1)赞助者向体育或文艺范畴里的娱乐休闲活动提供金钱、实物,有时也包括服务和专家等支持。(2)被赞助的活动不向赞助者提供具有直接重要商业功能的回报。(3)赞助者所期待的回报是出风头。[①] 国内有学者指出:"赞助是指企业(赞助者)和公益事业单位(被赞助者)之间以支持(金钱、实物、技术或劳务等)和回报(冠名、广告、专利和促销等权利)的等价交换为中心,平等合作,共同得益的商业行为。"[②]

品牌赞助的往往是在目标消费人群中具有影响力的活动,以便借它的人气,获得注意力,以及借赞助的善举,获得好名声。并且,通过赞助,一个品牌与一个活动产生了关联,从而实现了意义的转移。一些与活动相关的特点,例如青春、快乐、幸福或者优雅等意义就会与品牌联系在一起,并将在之后留存在消费者的记忆中。

一般来说,影响赞助效果的因素大致可以分为三类:第一类是赞助活动的相关因素,包括赞助活动的形象、受众的参与度及兴趣、活动曝光率和活动质量等;第二类是赞助的交互因素,主要是赞助品牌与赞助活动的拟合度;第三类是赞助前消费者对赞助品牌的认知因素,即赞助前的品牌态度、品牌形象和产品的使用以及品牌的市场知晓度等。[③] 可见,赞助活动并不是出了钱就有效果,而是需要天时、地利、人和等条件的配合。

伏击营销(也称埋伏营销)在体育赞助中经常出现。一个企业,并没有真的成为某些体育赛事的赞助商,但是通过营销操作,例如聘请体育明星担任广告代言人,或者拍摄与体育赛事的某些元素接近的广告,让消费者产生一种错觉,以为这个品牌也是这项体育赛事的赞助商,从而达到一定的营销效果。伏击营销会对正式的赞助活动造成一定的负面影响。

与赞助营销相关的其他概念和理论还有以下一些。

---

① 蔡俊五:《体育赞助的起源、地位和魅力》,《北京体育师范学院学报》1999年第4期,第13—20页。

② 蔡俊五:《体育赞助的起源、地位和魅力》,《北京体育师范学院学报》1999年第4期,第13—20页。

③ 张黎、林松、范亭亭:《影响被赞助活动和赞助品牌间形象转移的因素——基于蒙牛酸酸乳赞助超级女声的实证研究》,《管理世界》2007年第7期,第84—93、172页。

(一)品牌形象转移

为了解释赛事品牌对赞助商品牌的影响机制,一些学者将形象转移理论引入对赞助活动的研究中,认为通过赞助活动可以使活动的某些特点转移到赞助品牌上。品牌形象转移理论认为:企业品牌形象与被赞助活动的关联类似于品牌与代言人之间的关系,消费者会将被赞助者与某种意义联系在一起,然后将该意义与赞助商品牌联系起来,最终被赞助事件的形象将转移到赞助商形象上。[①]

(二)赞助传播度

所谓赞助传播度,是指企业在赞助体育活动或项目的同时,围绕着其赞助行为实施的资助配套和赞助激活营销宣传推广活动对受众的影响程度,是从消费者(受众)视角来测量企业进行赞助配套和赞助激活营销宣传推广的广度、深度和力度。[②] 从受众视角出发的赞助传播度是衡量赞助效果的重要指标,并且相对来说更为科学。

(三)解释水平理论

解释水平理论是近年来发展起来的纯粹认知导向的社会心理学理论。其核心思想是"人们对社会事件所做出的反应,由人们对事件的心理表征所决定"。该理论认为,个体对认知客体的心理表征具有不同的抽象程度,即不同的解释水平,而解释水平的高低则取决于个体所感知的与认知客体的心理距离,进而影响个体的判断与决策。[③] 具体到体育赛事的赞助,有学者认为,依据这一理论,消费者对体育赛事与赞助品牌的功能匹配感知依赖于赞助产品是否在赛事中使用等具体的信息,而对体育赛事与赞助品牌的形

---

① 卢长宝:《体育赞助营销策略研究——基于品牌形象转移理论》,《北京体育大学学报》2011 年第 4 期,第 19—22 页。

② 肖珑、李建军:《赞助传播度对赞助品牌的影响——基于中国企业赞助的实证研究》,《当代财经》2008 年第 10 期,第 100—105 页。

③ 何云、吴水龙、张媛等:《时间距离与解释水平对赞助评价的影响研究》,《管理评论》2013 年第 10 期,第 138—146 页。

象匹配感知依赖于品牌个性相似、使用者形象一致等抽象的、整体的信息。[1]可见,想要取得不同的匹配感知效果,就需要运用不同内容的信息。不同特征的信息,会使消费者产生不一样的品牌感知。

(四)契合度

契合度也被称作"拟合度""关联度""相似性""相关性""一致性"等,在赛事赞助、公益事业营销和事件营销等相关研究中,成为一个重要的结果影响变量。[2]

(五)匹配度

麦克唐纳将匹配度操作定义区别为直接赞助关联匹配度和间接赞助关联匹配度。格温认为在被赞助活动中赞助商的产品被使用时形成直接关联匹配性;当赞助商和赞助对象之间的价值与消费者的核心价值理念具有一致性时,便形成间接关联匹配性。[3]

二、冠名

如今,在很多综艺节目中,企业都予以冠名。与一般的赞助相比,冠名之后,企业品牌的被提及率更高,传播效果更好。

当代品牌塑造的两大任务:一是在打造知名度的同时为品牌注入意义;二是通过占领渠道、保持接触、不断重复以形成象征。冠名的转喻本质以及重复性特征决定其主要功能就是灌注意义、形成象征,冠名在品牌塑造过程中的作用可见一斑。不仅如此,在当代文化中,广告轰炸、明星代言等已呈现泛滥之势,消费者在信息爆炸时代建立起自我保护的信息壁垒,对明星广告存在或多或少的排斥心理。冠名相对于传统广告具有隐性特征和无时无

---

[1] 刘英、张剑渝、杜青龙:《赞助匹配对赛事赞助品牌评价的影响研究——解释水平理论视角》,《体育科学》2014 年第 4 期,第 70—77 页。

[2] 马勇、朱洪军:《赛事赞助中契合度对品牌资产影响的实证研究》,《武汉体育学院学报》2009 年第 6 期,第 38—43 页。

[3] 李建军、万翠琳:《体育赞助匹配度对品牌形象塑造的影响——基于事件偏好度的调节作用》,《沈阳体育学院学报》2016 年第 1 期,第 44—49 页。

刻不出现的重复性特征,能使企业的形象润物细无声般渗入消费者的信息壁垒,扎根于消费者心中。[①]

在新媒体时代,坐在电视机前看电视的人越来越少,普通的电视插播广告的效果越来越差,很多企业选择通过冠名热门电视节目的方式来进行品牌宣传。电视节目冠名广告策略有以下几点:第一,目标人群的一致性。这样才能有的放矢,减少广告费的浪费。第二,产品特性与节目内容的契合度。契合度高,消费者才有可能对产品产生兴趣,达到说服的目的。第三,品牌内在价值与节目内涵的共通性。品牌内在价值与节目内涵具有较高的共通性,品牌形象的塑造才有可能,也才能让消费者对品牌有更丰富的理解和更深刻的记忆。[②] 在这个数字时代,企业可以选择冠名的节目不再局限于电视节目,还有网络综艺等,可以面向更多的用户。

冠名广告由于品牌与节目直接联系在了一起,随着节目话题的传播,品牌得以不断被提及,从而获得良好的传播效果。从意义转移理论来说,节目的部分意义会转移到品牌中来,能够丰富品牌内涵,增强品牌联想,更好地塑造品牌形象,扩大品牌传播的空间。

第三节　茶颜悦色

一、茶颜悦色

纵观我国现制茶饮市场,主要经历了三个阶段:1990—1995 年的茶饮粉末调制时代;1996—2015 年的传统连锁茶饮时代;2016 年之后的新茶饮时代。

在资本和需求的双重推动下,这些年,新茶饮市场成了一个热门赛道。

---

① 蒋诗萍:《当代文化中的冠名现象:品牌冠名的符号学研究》,《当代文坛》2012 年第 6 期,第 62—64 页。

② 潘颖:《电视节目冠名广告策略探析——以"水井坊"品牌冠名〈国家宝藏〉节目为例》,《新闻研究导刊》2018 年第 7 期,第 226—227 页。

各式各样的奶茶品牌纷纷涌现,花样百出的奶茶店遍地开花。新式茶饮是通过多样化的茶底和配料组合而成的中式饮品。CBNData 曾发布《"数字化进阶"——2020 新式茶饮白皮书》,相关数据显示,2020 年新式茶饮消费者规模正式突破 3.4 亿人。[①]

在这么多奶茶品牌中,茶颜悦色是其中一个相对成功的品牌,从品牌营销、传播角度来说,它有很多值得借鉴的做法。

茶颜悦色创始人是吕良。他是广告策划出身,品牌营销意识强,市场嗅觉灵敏。他这一背景对茶颜悦色的成功显然会有加分。

2013 年,茶颜悦色在湖南省长沙市黄兴路步行街开业,一开业便在市场上引起了巨大反响。

与喜茶、奈雪的茶等在全国遍地开花不同,茶颜悦色的全国化步伐非常谨慎。从品牌战略选择上来说,茶颜悦色长期深耕长沙,不过由此也一度成为网红长沙的代言人,成了长沙城市品牌的符号——"只有在长沙才能喝到的茶"。经常有人出差、旅行到长沙,都要到门店打卡。由于茶颜悦色集中了自己的资源,且非常注重自己的品质,坚持只做直销不做加盟,其口碑良好。

不过,虽然曾经一杯难求,但是后来由于密集开店,几乎"十步一茶颜",以及经营管理不善,茶颜悦色遭遇了大面积临时闭店、薪资争议、门店亏损、涨价风波等事件。

在获得了一定的经验和教训之后,茶颜悦色在成立 7 年后的 2020 年,才开启对外扩张之路,逐步走向其他城市。目前,茶颜悦色已经成为一个顶流奶茶品牌和网红品牌。

很多人知道茶颜悦色这个品牌,是由于各种媒体上传播的关于排队买奶茶的报道。茶颜悦色已经有过多次因为开业首日排队而上热搜的事件。

2020 年 12 月 1 日,湖南省外第一家茶颜悦色在武汉开业。

2021 年 4 月,茶颜悦色快闪店入驻深圳文和友。深圳茶颜悦色开业首日也上了热搜。据媒体报道,开业当天下午深圳文和友茶颜悦色排号已经高达 3 万号,为了喝到一杯奶茶可能需要排队 8 个小时。

到了 2022 年 8 月 18 日,茶颜悦色在南京景枫中心和新街口的两家店开

---

① 《CBNData 报告〈2020 新式茶饮白皮书〉》,2020 年 12 月 5 日,https://www.hmqifu.com/xueyuan/zixun/3134.html,2022 年 11 月 10 日。

业。有网友表示,凌晨 4 点就有人开始在茶颜悦色门口排队,新街口的店铺甚至在 9 点正式开门前就张贴出"今日茶颜已售罄,此门关闭,敬请谅解"的通知。另一家景枫店在中午烈日之下也有源源不断的消费者前来,据店方估计,需排队 5 小时。

不过,对于茶颜悦色的排队现象,很多网友质疑:漫长的队伍里又有几个是真的消费者呢?后续,又有消息曝出南京茶颜悦色招聘人排队充场。网上流传的兼职招聘信息显示,招聘排队充场 50 人,工资日结 70 元,买到奶茶要上交。

不管怎样,"茶颜悦色开店前 5 分钟售罄"等话题登上热搜,引发很多人的关注和讨论,达到了非常不错的传播效果。

话题是品牌传播的有力武器。茶颜悦色这些年时不时出现一些具有争议性的话题,可谓吸足了人们的眼球。

就排队买奶茶而言,人们会有所议论,并会谈论自己的体验。加上存在雇人排队的争议,话题性就显得更强了。人们不仅会在朋友圈自发讨论这个品牌,各大媒体也会参与报道,从而形成联动传播效应,推动品牌声势的形成。

排队购买茶颜悦色的人群,形成了一种可视的符号,具有很强的传播性。遇上如此壮观的排队,网民会拍照上传到朋友圈,参与排队的消费者也会拍照,借助广大用户的社交媒体得以广泛传播。

排队也是一种宣示,表明产品非常具有吸引力,让人感觉购买这个产品是一种风尚。排队会形成一种紧张感,让人觉得要是再不抢购,很可能就买不到了。由排队营造的这种稀缺感,会促使更多的人加入队列中来。从传播技巧上说,排队现象是一种乐队花车策略。受氛围的影响,从众的人们会积极参与。排队现象也有助于形成一种口碑效应,人们会讲述这个品牌的故事和品质。并且,借助各种社交媒体,广大网民会协助进行品牌传播,促成病毒式传播效果的实现。

二、茶颜悦色的营销策略

茶颜悦色在整个品牌形象的设计上始终围绕"中国风"概念做文章。不管是品牌 Logo、店铺装修还是饮品包装,都展现出中式古风的高贵和典雅。

在消费者心目中树立起一个文艺、复古、清新的品牌形象。[①]

茶颜悦色 Logo 由团扇、八角窗以及古风佳人等传统中式符号组成，和市面上的奶茶店形成有效区分，具有较高的辨识度。微博、微信图文都用中式宫廷的风格，海报设计与制作也是茶颜悦色的一大亮点，人物形象以故宫博物院名画 IP 搭配优美文案组成。[②]

茶颜悦色非常注重联名，借助其他品牌做大自己。2019 年"双十一"期间，茶颜悦色与御泥坊携手推出了以"茶"元素为核心的彩妆套装和肌肤面膜套装。2020 年 11 月 9 日，三顿半发文《一个迷幻又真实的故事》，2020 年 11 月 10 日，茶颜悦色发文《一个不歇气的学习故事》，二者联名上线。

茶颜悦色甚至与竞争对手喜茶联名。2020 年 3 月 22 日，喜茶官方微博抽奖抽到了名叫"等一杯茶颜悦色"的用户，随后 ♯ 喜茶抽奖抽到茶颜悦色粉丝 ♯ 便冲上热搜，大家对茶颜悦色与喜茶合作的呼声越来越高。同年 7 月，喜茶与茶颜悦色推出联名礼盒三件套，包含钥匙扣、便签和玻璃杯等。[③]

茶颜悦色的口号非常有特点。它提出"做一杯有温度的茶"。这个口号表明，它非常注重自身品质、文化的建设，非常注重消费者的互动，注重给消费者良好的体验感和参与感。

讲到参与感，"筝筝纸鸢"和"岭南佳荔"这两款饮品的名字就是从网友中征集而来。茶颜悦色还举办茶颜悦色杯"国风新生"作文大赛。作为网红品牌，用户的参与是必不可少的。品牌是在用户互动过程中一起成长和进步的。如果没有广大网民在朋友圈中的口碑传播，品牌就不会成为网红。

为了吸引用户，茶颜悦色经常性地推出各种打折、促销等活动，以及诸如"雨天第二杯半价""及时伞""小药箱"等非常贴心的服务活动。这些活动吸引了很多粉丝，并形成了口碑效应。

茶颜悦色旗下有"茶小颜""呱噪"等多个 IP，依托这些 IP 内容还衍生出一系列广告漫画、视频、表情包等。

与此同时，茶颜悦色推出了各式各样的周边，如茶叶、茶具、茶罐、书签、

---

① 黄文倩、高寒：《基于设计战略管理的品牌塑造研究——以"茶颜悦色"为例》，《西部皮革》2019 年第 21 期，第 131、140 页。

② 张玉霞：《社交媒体中茶颜悦色口碑传播研究》，硕士学位论文，湖南大学，2020 年，第 34 页。

③ 陈鹏羽、蔡佩颖、徐茵：《茶颜悦色：新式茶饮的突围者》，《国际品牌观察》2021 年第 22 期，第 48—50 页。

古扇、文件夹、笔记本、文化衫、手机支架等,被称为"最会做茶饮的文创店"。文创产品除了具有产品属性,也具有媒介属性。消费者在接触这些文创产品时,会对品牌有更深刻的认识,从而形成良好的品牌印象。文创产品是消费者与品牌建立情感联系的一种载体。

茶颜悦色频繁上热搜,大众点评上的评分也很高,使得消费者对其形成一定的好感和好奇,加上地域稀缺性,消费者对其产生了神秘感,造就了"喝了,不一定觉得值;但不喝,一定会遗憾"的消费心理。[①] 在这种心理作用下,人们就会想方设法去购买这个产品,并将自己的购买和消费活动上传到社交媒体,达到扩散传播的效果。

第四节 饥饿营销

一、稀缺

饥饿营销源于稀缺。稀缺是经济学中非常重要的一个概念,相比于人类需求的无限性,其实任何产品和资源都是稀缺的。

就营销领域来说,人们对稀缺的感受是建立在自身购买力之上的,虽然有需求,但是如果没有购买力,人们不会觉得有非常强烈的对产品的稀缺感,这时稀缺的是金钱。

在买得起的前提下,却买不到自己想要的产品,这个时候的稀缺感才是最强烈的。品牌营销,最终是为了达成销售,因此,针对那些具有购买力的消费者,营造一种稀缺感,则可以促成产品的销售。

营造稀缺主要有两种方法:一种是"有限供给稀缺";另一种是"过量需求稀缺"。经常动不动就卖断货,或者需要预订才能买到,或者属于限量款的产品,都是有限供给稀缺的表现。有些产品属于流行、时尚类产品,疯抢的人实在太多,需要排队、摇号才能买到,这种则是过量需求稀缺。

---

① 关诗倩:《"茶颜悦色"排队和"天价奶茶"现象背后的经济学原理探析》,《商展经济》2021年第6期,第28—30页。

不管是哪一种稀缺,都会带来一种紧张感,想要买到心仪的产品务必要第一时间下手,不然就会买不到。对于自己想要买而又买不到的产品,消费者会产生强烈的焦虑感。

由此,广告会采用稀缺诉求。所谓稀缺诉求(scarcity appeals),是指企业利用传播或促销等手段向目标消费者明示或暗示预售产品或服务可能存在数量不足的信息,以此唤起消费者的注意和购买欲。企业经常会通过多种渠道向消费者传递稀缺信息,包括各类媒体平台、广告、限量版、货架、脱销或口碑等。①

如何玩转稀缺营销?李光斗认为可以从三个方面入手:一是占领"稀缺资源";二是"限量"制造稀缺;三是"限人"制造稀缺。② 此外,还有"限时"制造稀缺等手段,例如在"双十一""618"期间,人们需要赶时间抢购产品,不然很可能由于库存已空,优惠结束,而买不到心仪的产品。

对于消费者来说,在"物以稀为贵"心理的推动下,对于稀缺产品,会产生更大的欲求。从社会心理学的维度来看,产品的稀缺性能够从两方面给消费者带来影响:一个是林恩所认为的消费者会把某种商品的可获得性和可获得的难易程度作为心理评价的标准;二是布雷姆提出的"心理抵抗理论"(the psychological reactance theory),其认为当受到购买自由上的限制时,消费者会产生抵抗这种购买自由的心理,进而产生更加强烈的购买冲动。③

对于商家来说,稀缺产品可以减少储存成本,并以更高的价格进行销售,获取更多的利润,构建良好的品牌形象,赢得持久的品牌忠诚度。归纳来说,其作用表现在以下几个方面:(1)可以创企业声誉,树产品名牌;(2)可以垄断市场,回避竞争;(3)可以以高于同类产品的价格销售,利润丰厚;(4)可以维护经久市场,企业长期获利。④

---

① Ashesh Mukherjee, Seung Yun Lee, "Scarcity Appeals in Advertising: The Moderating Role of Expectation of Scarcity," *Journal of Advertising*, vol. 45, no. 2 (2016), pp. 256-268. 转引自何鸽志、曾美霖:《广告中的"稀缺诉求"研究——论稀缺预期的调节作用》,《湖南包装》2018 年第 3 期,第 26—32、39 页。

② 李光斗:《营销就是制造稀缺》,《中国机电工业》2009 年第 6 期,第 90—91 页。

③ 姜子千、马书明:《饥饿营销在中国奢侈品市场中的应用研究》,《管理观察》2015 年第 18 期,第 173—176 页。

④ 杨慧:《美妙的营销"稀缺"策略》,《企业经济》1999 年第 12 期,第 43—45 页。

二、饥饿营销

2021 年 9 月,上海迪士尼就曾有过一波排队潮,有人排队 4 小时,就为了买到"玲娜贝儿"的周边。玲娜贝儿是上海迪士尼在 2021 年 9 月 29 日发布的全新 IP 形象。迪士尼宣称她是原有的 IP 达菲在森林里迷路,偶遇的一个朋友。玲娜贝儿推出后,异常火爆。所有周边上架瞬间被抢空断货,粉丝排 5 个小时只为与玲娜贝儿合照,一只 219 元的中号公仔身价"炒"到 2190 元依然难求。在二手 App 上,一只经过改造的玲娜贝儿的玩偶成品标价 1650 元。

2021 年 12 月 29 日凌晨 3 点,上海气温低至零下,有这么一群人,不顾冬夜冷风飕飕还在排队买玩偶。这一天,上海迪士尼"2021 达菲和朋友们圣诞系列商品"的部分库存开始售卖。然而想买到可不容易,要"线上报名、抽签以及限时线下购买",抽签过程由上海市东方公证处全程公证。①

稀缺营销其实就是饥饿营销。饥饿是因为存在稀缺,人们得不到满足。饥饿营销是指商家有意识地减少商品的供应数量,通过利用市场的供求规律、消费者的社会心理,辅以宣传手段,获得较高人气,营造出一种争相购买的氛围,以达到提高商品附加值和利润率、增强品牌知名度的目的。②

学者就饥饿营销在奢侈品市场的应用研究中指出,饥饿营销具有以下价值:最大限度地增强产品的稀缺性;满足消费者的炫耀心理和自身荣誉感;增强产品与普通大众的距离感;激发消费者的购买欲望;创造可持续的顾客需求;延长产品的生命周期。③

饥饿营销中,消费者有以下心理:求新心理、好奇心理、攀比心理、从众心理等。饥饿营销显然诱发了消费者的某种心理,才得以产生不错的效果。

很多公司都曾经开展饥饿营销,例如 iPhone 和小米。iPhone 饥饿营销的传播路线大致为信息控制→发布会→上市日期公布→等待→全方位新闻报道→通宵排队→正式开卖→全线缺货→热卖→黄牛涨价。小米与此有所

① 宋杰:《上海迪士尼被指再搞饥饿营销　网友:达菲的第 7 个朋友就是"黄牛"》,《中国经济周刊》2022 年第 1 期,第 76—77 页。

② 柴琪:《基于消费者心理的饥饿营销策略研究》,《现代营销(下旬刊)》2019 年第 9 期,第 60—61 页。

③ 姜子千、马书明:《饥饿营销在中国奢侈品市场中的应用研究》,《管理观察》2015 年第 18 期,第 173—176 页。

不同,轨迹大致为宣传造势→产品发布→消费等待→销售抢购→全线缺货→销售抢购→全线缺货。[①] 不管怎样,媒体参与造势和营造缺货氛围都是其必要的手段。

饥饿营销策略的成功关键不在于"限量销售",而在于人为制造出"产品争夺"状态,通过强化其稀缺性而让客户相互争抢,达到饥饿营销的最佳效果。这即是饥饿营销成功的奥秘所在。[②]

饥饿营销并不是任何一家企业在任何时候都可以采取的营销策略。饥饿营销能否取得良好的效果取决于多个因素。有学者认为,饥饿营销的实现条件主要有以下四个方面:(1)市场竞争环境。如果市场竞争不充分、行业进入门槛高、自身实力强,开展饥饿营销则更容易成功。(2)消费者心理。消费者不太理性,容易被造势影响,企业则更易开展饥饿营销。(3)产品综合竞争力。产品不可比拟,无法模仿,那么开展饥饿营销则更容易成功。(4)品牌实力。品牌声望好,实力强,竞争力强,消费者就会更信赖,从而开展饥饿营销才能发挥更好的作用。[③]

当然,饥饿营销需要把握好度。做得好可以达成良好的经济效益和品牌效益,如果做得不好,则可能损害品牌形象,并导致顾客流失。如果消费者的耐心被消磨殆尽,产生了被愚弄的不好感觉,那么企业就可能遭受巨大的损失。

企业在开展饥饿营销时,需要随机应变。消费者购买需求的不断变化、购买行为的不规则变动,都会导致消费者的感情迁移,以及购买冲动的转向。而竞争对手的策略变化,更会深刻影响到公司策略的实施。还有一个因素是竞争对手赶超公司产品的速度,如果出现较多的替代产品,那么饥饿营销将失去原本的意义,甚至会损害品牌形象。[④]

---

① 张德鹏、陈晓雁、黄聪:《iPhone 与小米:不一样的饥饿营销》,《企业管理》2014 年第 5 期,第 44—47 页。

② 陆剑清:《"苹果"真的只是手机吗? ——解析"饥饿营销"策略的运行逻辑及心理机制》,《上海商业》2019 年第 10 期,第 23—24 页。

③ 张德鹏、陈晓雁、黄聪:《iPhone 与小米:不一样的饥饿营销》,《企业管理》2014 年第 5 期,第 44—47 页。

④ 歹钰珊:《浅析小米手机饥饿营销策略》,《中国市场》2014 年第 48 期,第 18—19 页。

视频资源

本教材已经录制了部分视频课程,共 48 集,480 分钟。以下是关于第十章的 4 集视频二维码。

1.蒙牛的事件营销。

观看课程,请扫码

2.赞助与冠名。

观看课程,请扫码

3.茶颜悦色。

观看课程,请扫码

4.饥饿营销。

观看课程,请扫码

拓展阅读

[1]豆均林.事件营销的类型及运作策略[J].经济与社会发展,2004,2(10):42-45.

[2]蔡俊五.体育赞助的起源、地位和魅力[J].北京体育师范学院学报,1999(4):13-20.

[3]何鹄志,曾美霖.广告中的"稀缺诉求"研究:论稀缺预期的调节作用[J].湖南包装,2018,33(3):26-32+39.

思考题

1.运用相关理论,分析蒙牛事件营销案例。

2.结合有关案例,谈谈体育赞助对品牌传播的价值。

3.电视节目冠名相比普通广告有何优势?

4.茶颜悦色为何能够成为一个网红品牌?

5.饥饿营销的成功与哪些消费心理有关?

第十一章　直播

本章要点：

1. 以网红为代表的个人品牌。

2. 直播营销相关理论。

3. 薇婷品牌营销的相关策略。

4. 短视频营销的具体做法。

关键词：

网红；个人品牌；直播营销；薇婷；短视频营销

第一节　作为品牌的网红

一、网红

相信很多人都看过 papi 酱的短视频，甚至有些是她的忠诚粉丝。papi 酱是 2015 年初开始出现在世人面前的，当年她跟大学同学霍泥芳以名为"TCgirls 爱吐槽"的微博账号发表短视频。7 月，开始陆续发布秒拍和小咖秀短视频；8 月，在其个人微博上推出了《男性生存法则第一弹》《日本马桶盖》《男女关系吐槽》《烂片点评》等短视频，引来点赞无数。2016 年开始，利用变音器发布原创短视频，由此 papi 酱的独特风格被广为人知，并基本得以固定，成为她的个人品牌标识。当年 6 月 16 日，她还获得超级红人节微博十大视频红人奖。

李子柒也是一位被网友熟知的网络红人,她曾以极具山水田园风格的短视频走红海内外的网络,并且刷新了"YouTube 中文频道最多订阅量"的吉尼斯纪录。2016 年,为了让自己开的淘宝店能有更好的生意,在弟弟的鼓励下,李子柒开始进入短视频领域。她的短视频一开始主要是一些美食类的内容,由于内容做得不错,凭借"兰州牛肉面"获得广泛关注。2017 年,李子柒获得了超级红人节十大美食红人奖。2018 年,她的原创短视频获得了YouTube 银牌奖,其时她的短视频于海外运营仅仅 3 个月,可见其人气之高。2019 年,国内的多家主流媒体,例如《人民日报》、央视新闻、新华社等纷纷点赞。同年,还获得了多个奖项,例如超级红人节最具人气博主奖、年度最具商业价值红人奖、由中国新闻周刊主办的"年度影响力人物"荣誉盛典的年度文化传播人物奖等。

到 2019 年,李子柒在全球已有 7000 多万名粉丝。对他们来说,"李家有女,人称子柒"是充满魔力、热力四射的励志金句。李子柒的个人品牌迅速走红。

二、个人品牌

个人品牌不能简单地理解为因专业特长拥有的名气。个人品牌指的是一个人的内在品质和外在形象给人的整体印象,包括这个人所具有的专业技能、人生经历、个性、品德、知名度等种种因素。

有人说,21 世纪最贵的是人才。对于人才来说,最重要的是建立其个人品牌。这个时代,人才很多,各方面的竞争非常激烈,不管你是在什么岗位工作,建立自己的标识,让其他人认识你、认可你,都是非常重要的。只有建立个人品牌,你的聪明才智才能有更大的发展空间。

社交媒体为个人品牌的塑造提供了便利条件。每个人都应该像明星一样去设计、规划自己的品牌。明星拥有非常高的知名度,他的能力、才华被很多人承认和接受。普通人同样有非常大的潜能,可以在很多领域做出重要贡献。个人品牌建设能为自己开创更大的舞台。

每个人都是一个独特的存在,个人品牌具有整体性、长期性、个性化、相对稳定性等特性。费远强、周爱梅认为个人品牌的特性具体体现在质量保

障、持久可靠、社会认可、无法复制上。① 总的来说,个人品牌主要包括以下四个方面的特性:

（1）品质性。个人品牌建立在德才兼备基础之上,不管是业务能力还是道德素养,都有质量保障。如果无才无德,很难打造个人品牌。

（2）一贯性。一个人的品性是长期培育的结果,具备持久性和可靠性,一般来说不会因一时的利诱和挫折就轻易改变,因此个人品牌具有持久性、可靠性。

（3）社会性。个人品牌不是自己说了算,而是需要取得大家的认可。它是人们在长期的职业生涯中慢慢培养和积累起来的声望,是经过社会或者与职业相关行业认可的。

（4）独特性。每个人都是独一无二的,有其个性和特色。个人品牌具有鲜明的个人特色,因此在社会生活中具有识别性和稀缺性。

刘广迎将个人品牌的结构划分为价值观、资质、风格、形象和标识五个部分。徐浩然提出个人品牌的识别要素包括价值、个性、长期目标和最终目标、一贯性、辨识符号等。不同个人品牌的生命周期差别很大,徐浩然在个人品牌的45°管理理论中,将个人品牌的生命周期曲线分为五种类型,分别为直线型、马鞍型、驼峰型、下坡型、健康型。② 个人品牌也有一个从成长到衰亡的过程,不过与身体的生命周期并不同步,我们需要对个人品牌进行管理,以使其能够更好地成长和发展,尽可能减缓衰退期的到来。

三、个人品牌的打造

看到 papi 酱、李子柒等人迅速走红,很多用户也跃跃欲试,想要把自己打造成为一个网红品牌,但到底应该怎么做呢?

杰瑞米·戈德曼、阿里·扎格特在《走红:如何打造个人品牌》中谈道:你的品牌不是自己说了算,而是取决于别人对你的评价。每个人都有自己的品牌。任何人、任何事都有助于打造一个值得关注的品牌。不过,最重要

---

① 费远强、周爱梅:《如何打造个人品牌》,《江西金融职工大学学报》2004 年第 4 期,第 77—79 页。

② 转引自陈滢:《社会化媒体下的个人品牌传播研究》,硕士学位论文,江西财经大学,2013 年,第 8 页。

的是:做你自己,因为别人都有人做了。

如何成功推广个人品牌? 这需要制订职业计划;运用兴高采烈("RAPTURE")原则创作引人入胜的故事,兴高采烈原则就是要注重相关性、真实性、说服性、及时性、可理解性、共鸣性、教育性;同时充分了解自己,精心定位品牌;为个人品牌讲故事;确定自己的独特身份;用合适的内容宣传自己的品牌。[①]

建设个人品牌,可以从以下几点着手。

首先,明确自身定位。每个人都是有特点的,也有力所不能及的地方。做品牌就是要把自己的优势予以明确。个人品牌的定位在于认识自己,确定合理的"人设":自己要成为怎样一个人,给人怎样一种印象,传达怎样一种品性和观念,等等。

其次,不断地丰富个人品牌形象和内涵。个人品牌体现在具体的行动上,你要通过言行去不断丰富它,它才有可能被大家所接受。因此,日常的工作、学习、交往等活动要能够有助于品牌形象的塑造,有助于品牌内涵的提升,而不是相反。

最后,不断地加以传播。在这个自媒体时代,我们需要通过各种渠道,充分传播自己的品牌形象。通过开设公众号、抖音号等,不断地表达自己的主张,发布自己的动态,让更多的人认识自己。在持续的传播过程中,一个普通人也可以有相当数量的粉丝,从而形成品牌价值。

关于个人品牌的传播,科特勒等提出个人品牌信息到达受众的渠道包括正式表演、可控印象、媒体提及、产品销售四种。[②]

具体来说,正式表演指的是个人品牌传播者向受众有计划性地进行陈述表演,包括现场表演和媒体表演两种形式。可控印象指的是个人品牌传播者对受众进行一些非正式场合的传播活动。媒体提及指的是个人品牌通过媒体和媒体人士的相关传播渠道进行品牌传播。产品销售指的是通过销售带有个人品牌视觉形象的产品,实现个人品牌的传播。[③]

---

① 杰瑞米·戈德曼、阿里·扎格特:《走红:如何打造个人品牌》,孔繁冬译,中国友谊出版公司 2018 年版,第 15—21 页。

② 转引自陈滢:《社会化媒体下的个人品牌传播研究》,硕士学位论文,江西财经大学,2013 年,第 3 页。

③ 陈滢:《社会化媒体下的个人品牌传播研究》,硕士学位论文,江西财经大学,2013 年,第 10 页。

第二节　直播营销

一、什么是直播营销

互联网的快速发展推动了电视直播向网络直播的快速更迭。网络直播的出现成就了大批网红,每个人都可以是 15 分钟的名人,人人都有极大机会成为网红。网络直播以游戏直播、秀场直播、体育直播最为火爆,出现了斗鱼、熊猫、虎牙、风云直播、映客、花椒等多家平台。

直播时代的到来,就品牌传播来说,一方面为打造个人品牌提供了契机,另一方面为直播营销提供了舞台。

所谓直播营销,是指以直播平台为载体,以视频、音频直播为手段,在现场随着事件的发生与发展进程同时制作和播出节目,最终达到企业获得品牌提升或销量增长的目的。[①]

直播营销的成功案例有很多,例如 2016 年 6 月,聚划算开展了与韩后、美康粉黛、珀莱雅、韩熙贞、植美村、春纪等多个化妆品品牌的合作。它们一起在 B 站开了一场别开生面的网红直播秀——"我就是爱妆"。其间,B 站上观看这一直播活动的网民达到 1500 多万人次,点播量也达到近 79 万次,效果相当不错。

在第 69 届戛纳电影节上,巴黎欧莱雅策划了系列活动,以直播的方式全程记录了李宇春、井柏然等许多明星的台前幕后。用户对明星的关注度普遍都高,这次直播视频访问人数 311 万人次,点赞数超过 1.6 亿次,评论数高于 72 万条。在 4 个小时的直播期间,李宇春的同款色系唇膏在天猫旗舰店被一抢而空。[②]

李佳琦作为直播带货界的"一哥",是创下淘宝直播卖货纪录的带货王,

[①] 谷巍:《直播营销用户体验策略研究》,《商业经济》2017 年第 11 期,第 32—33 页。

[②] 陈春琴:《网红直播营销现状及对策研究》,《新媒体研究》2019 年第 19 期,第 10—13 页。

销售战绩惊人。他在淘宝直播中,曾经创下 1 分钟售罄 14000 支口红的不败纪录。他入驻抖音短视频仅 2 个月,就以人气极高的美妆达人的魅力,吸粉1300 万,同时还给自己的直播间增粉 100 多万。[①]

二、直播营销有何特点

不管是网红,还是素人,在各大购物平台、视频社交平台的直播营销活动都吸引了很多用户的关注,产品销量十分可观。区别于传统的营销方式,直播营销有其鲜明的特点,对此很多学者做了很好的概括。

程明、杨娟认为直播营销主要有三大特点:(1)实时在场。直播搭建起近似于线下消费的购物场景,达到无限的场景与消融的距离之效果。(2)深度卷入。品牌主与消费者实时互动,相比于传统的单纯产品展示,直播修复了商家与消费者之间的交流裂纹,让用户在沉浸式体验中感知品牌,并实现互动。(3)构建认同。直播不仅是品牌主的商品介绍会,主播参与,语言与肢体动作之间的充分融合,在不经意间就会充分展示品牌主的价值理念与企业精神,在过程沟通中形成品牌认同,成就品牌忠诚。[②]

具体到网红直播营销,作为直播营销的一个类型,陈春琴认为主要有以下特点:(1)具有很强的互动性和即时性。在直播活动中,粉丝可以直接参与互动,网红能够根据粉丝反馈直接调整直播内容,从而获得更大的传播效果。(2)营销效果一目了然。直播有没有效果,企业可以根据参与的人数、用户的互动、销量的多少等指标非常直观地加以了解。(3)具有强大的话题创造能力。通过直播,网红可以直接与粉丝进行实时的话题互动,可以制造出一些具有传播力的话题。(4)能够深入沟通。直播活动,就相当于人们直接在交流、对话,因此,可以就一些问题做深入探讨,从而加深彼此的理解。(5)具有强大的跨界能力。只要是对品牌或产品感兴趣的消费者,都可以参与到这场实时互动沟通中来,从而让企业接触到多样的消费者群体。(6)能够锁定忠诚客户,让广告传播取得更理想的效果。为了观看直播,用户往往

---

① 张璐:《1 分钟售罄 14000 支口红,"口红一哥"李佳琦是怎么做到的?》,《成功营销》2019 年第 Z2 期,第 56—57 页。

② 程明、杨娟:《实时在场、深度卷入、构建认同——论网络直播中的直播营销》,《广告大观(理论版)》2017 年第 3 期,第 42—47 页。

需要在特定的时间进入直播间,这有助于识别忠诚客户,并加以锁定。[①]

总的来说,对于品牌而言,直播是一种独特的沟通方式,可谓新型的事件营销。它不是自上而下的传播活动,而是消费者可以与其直接对话、互动的交流行为。直播为品牌主与消费者提供了面对面交流的平台,它搭建了一个类真实的消费场景。一方面,消费者可以通过评论、弹幕等实时与主播交流;另一方面,品牌主也可以迅速获得消费者的反馈。其具有社会临场感、强时效性、强互动性,因而实现了高度的转化率。直播可以说是品牌直接的、未加修饰的、原真的展示,对于消费者来说,是近距离、平等地互动沟通的契机。

直播的交互性是非常强的,能够实现与用户的实时互动,及时回应用户的需求,这是其非常重要的特征。用户观看直播的时候,可以表达自己对品牌的看法、可以传达自己的情绪和态度,并且能得到商家的回应,这种平等对话式的传播是传统媒体渠道不具备的。通过深入沟通,实现情感共鸣,让品牌看起来更真实、亲切、可靠,品牌主更容易与消费者建立信赖关系。

品牌通过直播,不仅展示了自己的产品特征,而且传达了自己的价值观。品牌还能通过优质的内容,引领一种时尚、一种生活方式。优质而专业的内容,对于品牌来说,意味着良好的品质保障。直播可以由明星来开展,也可以由草根来完成,还可以让各个专业领域具备原创内容输出能力的垂直直播媒体或者意见领袖来为品牌呈现更加专业的气质。[②]

直播营销能达到精准传播的效果。关注某场直播营销活动的用户,往往具有一定的共性,而通过个性化沟通,则可以获得更详细的关于用户需求和动机的信息,从而能够有针对性地进行诉求,达成精准传播的效果。

三、如何做好直播营销

网红直播营销的运行模式主要有三种:一是秀场模式;二是粉丝经济模式;三是内容创造模式。其实不管是哪一种模式,归根结底都需要通过流量

① 陈春琴:《网红直播营销现状及对策研究》,《新媒体研究》2019 年第 19 期,第 10—13 页。

② 肖明超:《直播营销:新的品牌存在方式》,《销售与市场(管理版)》2016 年第 9 期,第 76—77 页。

变现获利。因此,首先要通过优质内容、精彩表演或者人脉关系,集聚数量可观的粉丝,或者在直播中直接吸引大量用户的关注,然后才有变现的基础。如果直播活动没有多少流量,那么营销也就谈不上会有什么效果。当然,与素人直播相比,网红毕竟有一定的知名度,以及优秀的特质,他们更容易吸引他人的关注,人气指数高。

研究表明:"在电商直播营销中,主播知名度越大、增值内容越详细、个性化服务越完善及互动行为越优化,对顾客购买意愿的影响就越大。"[①]可见,电商营销者可以从这几个方面入手提升营销能力,从而有效激活消费者的购买意愿,促进销售业绩增长。

美国西北大学教授唐·舒尔茨在20世纪90年代提出了4I理论。关于网红如何做好直播营销,可以结合4I理论来运作。如果对4I理论善加利用,网红可以提升热度,企业可以提高品牌知名度,以及获得消费者的忠诚和依赖等。

4I理论指的是以下四个方面:

(1)趣味原则(Interesting):有趣的事物人们更感兴趣,对于网红来说,不能单靠外表来吸引粉丝,还可以通过提升直播内容的趣味性来打动粉丝。

(2)利益原则(Interests):所谓无利不起早,利益对于人们的行动具有重要的推动作用。网络需要明确受众群体的需求,并且将粉丝的需求与自己的供给密切结合起来,从而让粉丝有更强的满足感和认同感。

(3)互动原则(Interaction):良好的互动是人际关系必不可少的。网红可通过多种方式拉近与粉丝之间的距离,对于那些我们亲近的人,我们更愿意去接受他。由此,通过多个平台展示自己以及产品,不断强化粉丝的认同,增强其对产品的熟悉度。

(4)个性原则(Individuality):独一无二的事物给人的印象最深刻,网红必须突出自己独特的个人形象及风格,强化自身的个性标识,这样才能够增强自身的可识别性、竞争力和影响力。[②]

---

① 卢彩秀:《电商直播营销、感知价值与顾客购买意愿》,《商业经济研究》2022年第22期,第103—106页。

② 陈春琴:《网红直播营销现状及对策研究》,《新媒体研究》2019年第19期,第10—13页。

第三节　薇婷

诞生于法国的品牌薇婷定位是温和无刺激的女性脱毛膏，发展至今已走过近百年的历程。

深耕于女性脱毛领域的薇婷，在迎合女性消费偏好、探索女性需求、展现女性自信定位上持续发力。2019年，薇婷在西安南路地铁站内搭建快闪美术馆，以"裸肌美"为主题，鼓励女性大胆自信地展示自己。快闪店内采取以粉色为主的色调，并且搭建了各种裸肌拍照的场景，比如咖啡厅、沙滩等，吸引了大量年轻人的关注[①]。

为了借势，以及迎合消费者展露肌肤的需求，薇婷抓住了"三八节"这一热点节日，发起了系列营销活动。2021年，面对脱毛膏市场的饱和状态，薇婷决定实行差异化的产品细分策略。洞察到消费者越来越追求"净养同步"的消费偏好，薇婷打出"脱毛用薇婷，净养有CP"的产品口号，将脱毛与滋养肌肤相结合。在产品上，薇婷将脱毛膏、精油两大王牌产品组合销售，打出优势价格。

一、借势平台活动斩获流量

脱毛膏作为季节性较强的产品，要实现全年销售增长的目标存在较大的问题。因此，薇婷抓住时机，迎合初夏消费者脱毛的消费需求，主动出战占据消费者心智。并且，薇婷还参与了由抖音官方发起的"抖in生活范儿"电商营销项目，背靠抖音电商的短视频运作逻辑，结合达人直播、官方直播、短视频达人带货，不断拉高用户曝光率。最终实现全渠道曝光超1亿，抖音搜索环比增长270%；7天商品交易总额以及直播商品交易总额刷新销售额新高。

---

① 《2019年度"最美营销"出炉，薇婷的这波"地铁美术馆"简直赛高！》，2019年5月9日，https://mp.weixin.qq.com/s/pbbxK4hzXE_qSDx1-0BACw，2022年11月21日。

二、明星＋KOL 实现强力引流

在活动预热期间,薇婷官宣关晓彤为代言人,利用明星影响力,深化用户感知并广揽粉丝关注。此次,与代言人关晓彤有关的内容覆盖了预热、传播、爆发不同阶段。在预热期,官号首发关晓彤代言信息,率先点燃粉丝流量;在爆发期,以跨平台开屏曝光、抖音首刷开机 TopView 等形式进一步增强消费心智。与此同时,官号发布抖音短视频,关晓彤亲身体验脱毛膏新品、展示用法,带动薇婷活动热潮。值得关注的是,与关晓彤合作带货品牌产品,不仅带来了流量,更重要的是代言人的形象、内容,贴近精致女孩、都市白领等核心女性消费者[①]的口味。

除了通过明星关晓彤获得活动前期的热度外,薇婷还持续与网红 KOL 发力。薇婷之所以选择以短视频带货作为和达人合作的主要模式,是因为清晰地认识到短视频"内容深度"的价值。以抖音短视频为载体,脱毛膏的使用场景、使用效果可以更清晰地展示出来,带来更高的购买转化率。

此外,在投放选择上,品牌的合作覆盖了头部、腰部,甚至尾部的达人,形成了一定的"转化宽度"。在这样的设计下,本次与达人的合作营销,薇婷收获了单条短视频带货超 140 万支,活动全场爆卖 27 万支的突出成绩。

三、精心打造内容,降低营销"套路感"

薇婷在本次营销活动中的主要目的不是机械催促消费者下单,而是希望通过另一种方式打造品牌的声誉。正如薇婷电商负责人所言:"我们希望形成的是这样一个形象——不仅仅是用很多促销的话术,推动消费者买买买,更是在直播的过程中和用户分享选购商品需要考虑的因素、如何了解自己的肤质、正确地用好产品等专业知识,为消费者客观解决使用方面的问题。"[②]

---

① 《调动全域场景营销的力量,细分垂类产品也能做大生意》,2022 年 6 月 23 日,https://mp.weixin.qq.com/s/X8Hw195iy7lXv1ZZjsfwbQ,2022 年 11 月 21 日。
② 《调动全域场景营销的力量,细分垂类产品也能做大生意》,2022 年 6 月 23 日,https://mp.weixin.qq.com/s/X8Hw195iy7lXv1ZZjsfwbQ,2022 年 11 月 21 日。

在制定 KOL 选择标准上,薇婷也将这一因素纳入考量范畴。薇婷电商负责人列举了达人的三个考量维度:第一,短视频达人的粉丝画像要与品牌高度融合。第二,要求短视频达人拥有自主创造高质量内容的能力。第三,深度考查短视频达人倡导的价值观与品牌价值观之间的匹配度,希望该达人拥有健康向上的价值观。例如薇婷与博主@浩杰来了进行合作。该博主的人设是积极向上的暖男,他可以为粉丝带来一种安全感、信赖感,与薇婷的品牌理念不谋而合。

不从正面强硬为消费者灌输购买意识,而是从与消费者平等的角度进行理念上的契合,尽可能打消消费者面对产品选择时的顾虑与抵触心理。与此同时,薇婷也沉淀了一种品牌心智。消费者即便这一次没有买,下一次想起与脱毛膏商品有关的知识时,也会很自然地联想到"专家"薇婷。

四、短视频平台实现商品可触达

通过话题参与、明星与 KOL 合作、精耕内容仅实现了消费者在认知与感官上的认同,要实现品效合一,还需要为消费者提供购买的链路。即薇婷在打造以"货找人"为逻辑的销售路径的同时,也造就了一个"中心场",通过搜索、商城打通"人找货"链路。抖音电商直(直播)、短(短视频)、搜(搜索)、城(商城)四大场域,覆盖消费者购物的完整路径。这对季节性商品的销售服务至关重要,因为季节性商品的销售往往存在不连续性,兼顾双向消费路径,消费者在下一次可以轻松地找到品牌①。

五、构建品牌生态

值得注意的是,薇婷在此次营销活动中实施的是"进中有稳"的策略,即薇婷并没有急功近利地一味推销产品,而是希望在消费者的认知体系中沉淀一种品牌心智。摒弃直接推销产品,转而向消费者讲解相关的脱毛知识,传授脱毛小贴士,在消费者心中建立起一种可信赖的脱毛专家的形象,赢得消费者的信赖。尤其是薇婷深耕单一垂类的产品序列跨度不大。脱毛膏产

---

① 《调动全域场景营销的力量,细分垂类产品也能做大生意》,2022 年 6 月 23 日,https://mp.weixin.qq.com/s/X8Hw195iy7lXv1ZZjsfwbQ,2022 年 11 月 21 日。

品在销售中具有天然的季节性,对于这样淡旺季差别明显的品牌而言,抓住关键节点、拉升销量、吸引粉丝、种植品牌心智很重要。品牌营销要放弃一蹴而就的想法,而应致力于深耕消费者的心智。这样,才能让季节性产品销售全年化,让小品类产品生意扩大化,让垂类龙头影响力"全用户化"。[①]

第四节　短视频营销

短视频的出现带来了信息传播的影像化倾向,兼具社交性与低准入门槛的短视频吸引了大量的用户和流量,也向品牌主发出了信号。截至 2022 年 8 月,我国短视频用户规模为 9.62 亿,占网民整体 97.7%,短视频用户规模增长最为明显。[②] 移动短视频已成为移动互联网发展全新的流量池,仅次于即时通信。短视频行业发展不断向好,市场流量和广告价值激增,使得短视频营销变现能力备受瞩目。

一、短视频营销传播

随着传播进入以图像和视频为主的时代,短视频异军突起,强势占据了人们日常生活的休息时间。凭借着拥有大量用户资源的优势,各品牌主抓住了这一营销利器——短视频营销。张静等认为:"短视频营销传播是企业将产品信息以短视频的方式呈现给受众并利用社交网络媒体平台进行传播的一种网络化销售传播方式,并且通过这种营销方式带给既有消费者和潜在消费者认知、态度和行为上的一系列影响。"[③]

传统营销注重的是产品信息到达率,借助营销复现的方式增强消费者的记忆点,强化消费者对于品牌的认知。从传播方向的角度来看,传统营销

---

① 《调动全域场景营销的力量,细分垂类产品也能做大生意》,2022 年 6 月 23 日,https://mp.weixin.qq.com/s/X8Hw195iy7lXv1ZZjsfwb,2022 年 11 月 21 日。

② 中国互联网络信息中心:《第 50 次〈中国互联网络发展状况统计报告〉》,2022 年 9 月 28 日,http://www.thepaper.cn/newsDetail_forward_20105580,2022 年 11 月 21 日。

③ 张静、王敬丹:《新媒体时代下的短视频营销传播——以抖音为例》,《杭州师范大学学报》(社会科学版)2020 年第 4 期,第 113—120 页。

更多从品牌自身的立场出发,对于消费者的认知处于缺失的状态。互联网的兴起带来了营销的转向,消费者获取信息的方式从线上转到线下,互联网赋权下的用户拥有更大的信息主导权。因此,品牌在进行自身愿景与价值观传播之际,必须要靠用户的广告观看习惯与喜好,同时必须将品效转换路径大大缩短这一因素纳入考虑范围。短视频集视听动画于一体,是图文广告的一种有效补充。同时短视频营销能迅速捕捉社会热点和潮流,其宣传的时效性、趣味性、新鲜度和重要性等传播效果远远大于传统媒体的广告营销。[①]

二、短视频营销的特征

(一)重视用户的参与和分享

技术赋能泛化了短视频生产主体,抖音自上线以来给予的媒体定位就是面向互联网大众、帮助用户表达自我、记录美好生活的短视频分享平台,鼓励用户在平台上自主生产内容。[②] 用户在观看视频的同时也在进行劳动生产。品牌在利用短视频营销时通常会设置不同形式的话题挑战赛,引导用户依照品牌设置的话题内容进行视频生产,提升用户的体验感和参与感,结合视频的趣味性得以实现品牌曝光率的提高,同时消除了用户的抵触心理。此外,由用户亲身参与的视频创作更易被用户分享与转发,由此触发病毒式传播机制。

(二)强调用户"千人千面"

诞生于字节跳动公司的抖音与今日头条同宗同源。抖音有基于用户信息的协同过滤和基于社交关系推荐的基础算法,还有基于内容流量池的叠加特有算法。个性化,成为短视频平台的显著特征,也为不同品牌的商业营

① 张静、王敬丹:《新媒体时代下的短视频营销传播——以抖音为例》,《杭州师范大学学报》(社会科学版)2020 年第 4 期,第 113—120 页。
② 张静、王敬丹:《新媒体时代下的短视频营销传播——以抖音为例》,《杭州师范大学学报》(社会科学版)2020 年第 4 期,第 113—120 页。

销提供了切入点。① 品牌在进行商业营销活动时,提前洞察不同平台的特性,依托不同平台所定位的受众群体作为品牌营销活动的载体,并且不同平台拥有不同的描绘用户画像的算法,在此基础上品牌可以谋求在最大限度上接近目标消费者。

(三)品牌与消费者的实时互动

互联网为社会的交流提供了实时互动,由此可以实现信息传递链路通畅无阻。在短视频中,品牌可以通过用户的评论获得即时反馈,从而实现对品牌传播策略的追踪与适时调整,提高品牌营销的到达率,增进营销效果,快速完成品牌认知、认同到交易转化的消费闭环。此外,随着经济市场的变化与国家战略的变化,平台之间的"信息孤岛"将逐渐消失,各平台的用户数据得以无障碍流通,短视频营销信息将进一步提高品牌营销效能。

三、短视频营销的模式

(一)品牌主引导用户生产

如前所述,品牌主积极引导用户参与自身所创造的话题,能实现品牌热度和卖点生动性的契合。2018 年 7 月,敦煌正式入驻抖音"DOU Travel"计划,在抖音平台上开通官方账号"如梦敦煌",并上传一条以童声配音的官方宣传片,以充满童趣的方式介绍了敦煌景区。同时,官方在抖音平台发起"跟着抖音游敦煌"活动,吸引了大量抖音用户参与该话题并自发创作短视频内容。事实上,几乎所有短视频平台都将 UGC 视为内容生产的主要来源,UGC 数量甚至成为对一个平台进行估值或品牌主选择平台时最为重要的数据参考。各大品牌在策划过程中甚至将 UGC 置于核心位置,通过激发用户的兴趣让用户自主参与内容的创作生产,围绕 UGC 展开营销活动已经成为短视频商业营销中一种常见的方式。②

---

① 宋戈、张亦弛:《内容、场景与用户有机结合的抖音营销传播》,《传媒》2019 年第 15 期,第 50—52 页。

② 陈明明:《从内容生产模式看短视频商业营销策略》,《中国广播电视学刊》2019 年第 6 期,第 25—27 页。

（二）联合 KOL

KOL（Key Opinion Leader，关键意见领袖），是指在某个领域、群体中拥有一定影响力的人。KOL 营销泛指有 KOL 参与的社会化媒体营销传播行为。KOL 之所以能够成为短视频营销传播活动的重要角色，一方面是因为具备特定的群众基础，且对群体内部成员有一定的影响力，具有较强的社群传播力；另一方面是因为打破了传播的群体边界，群体成员对营销信息的二次传播扩大了圈层营销范围，营销价值受到市场认可。KOL 营销策略主要有三种类型：第一类是金字塔型，主要通过搭建头部 KOL 矩阵传播，由头部 KOL 同时发声，通过平台整合营销，层层渗透，打造网红品牌；第二类是 IP 强绑定型，通过借势中心化资源，即头部达人的强力推荐，吸引腰尾部达人跟风测评种草，带动全网讨论，扩大传播声量；第三类是集体式刷屏型，通过尾部 KOL 刷屏带货，进行圈层渗透，深度种草，以小博大获取销量的同时让圈层爆款逆袭为大众爆款[①]。

（三）跨平台构建矩阵营销

矩阵营销是指破除单一渠道营销劣势，结合不同营销渠道和平台特色，发挥不同的营销渠道优势，发出同一种声音，形成传播矩阵效应，打造协同联动发展新格局，既可以实现一次生成，多次及多类型传播，又能实现互利共赢，从而避免正面市场竞争，有效降低营销成本。矩阵营销是平台抱团取暖、互利互惠的一种创意营销手法。例如，抖音曾与网易云音乐进行合作，在网易云音乐上开设抖音官方账号、发布听歌排行、创建歌单等。网易云音乐和抖音都是音乐类社交软件，两者合作会充分吸收和利用对方平台优势，进行资源互补，因此吸引更多用户关注和使用。除和网易云音乐合作外，抖音还和自家平台进行矩阵营销。抖音、西瓜视频、火山小视频都是今日头条旗下的短视频产品，用户定位和风格虽有所不同，但相互之间可实现用户引流，有效降低了营销和运营成本[②]。

---

① 钟瑞贞、谭天：《短视频商业营销模式探究》，《电视研究》2021 年第 2 期，第 47—49 页。

② 谷学强、秦宗财：《竖屏时代抖音短视频创意营销传播研究》，《新闻爱好者》2020 年第 9 期，第 65—67 页。

📹 视频资源

本教材已经录制了部分视频课程,共 48 集,480 分钟。以下是关于第十一章的 2 集视频二维码。

1. 作为个人品牌的网红。

观看课程,请扫码

2. 直播营销。

观看课程,请扫码

📚 拓展阅读

[1] 杰瑞米·戈德曼,阿里·扎格特. 走红:如何打造个人品牌[M]. 孔繁冬,译. 北京:中国友谊出版公司,2018.

[2] 程明,杨娟. 实时在场、深度卷入、构建认同:论网络直播中的直播营销[J]. 广告大观(理论版),2017(3):42-47.

[3] 张静,王敬丹. 新媒体时代下的短视频营销传播:以抖音为例[J]. 杭州师范大学学报(社会科学版),2020,42(4):113-120.

思考题

1. 联系案例,谈谈直播营销对品牌传播有何价值。

2. 结合自己的观察,分析最近的网红直播营销现象。

3. 自媒体时代如何打造个人品牌?

4. 品牌主在进行短视频营销时应该注意什么问题?

5. 直播营销、场景营销和短视频营销各有什么侧重点?

6. 你认为短视频营销生态圈应该如何建立?

第十二章　种草

本章要点：

1. 花西子品牌的种草营销策略。
2. 虚拟代言人的概念及其相关理论。
3. 完美日记的 KOL 营销。
4. KOL 的概念与相关理论。

关键词：

花西子；虚拟代言人；完美日记；KOL 营销

第一节　花西子

2021 年 5 月 31 日，花西子官方微博发布微博："如果花西子是一个人，她会是什么样的人呢？有花伴说，她是清新脱俗的古典少女；也有花伴说，她是自信优雅的时尚佳人……6 月 1 日，一起揭开'花西子'的神秘面纱，一睹东方佳人的'花'颜吧！"

2021 年 6 月 1 日，花西子官宣虚拟代言人"花西子"。"花西子"是首个由国货彩妆品牌打造的超写实虚拟形象，同时也是首个向全球展示中国妆容和东方美的超写实虚拟形象。

一、花西子品牌

2017 年 3 月 8 日,彩妆品牌"花西子"在中国杭州创立,其品牌理念是"东方彩妆,以花养妆",将"扬东方之美　铸百年国妆"作为品牌愿景。定位为东方彩妆品牌的花西子将国风元素融合到品牌的各个方面,将东方文化诠释得淋漓尽致。

(一)品牌命名

花西子的"花"意指以花养妆,而"西子"则源自苏东坡的诗《饮湖上初晴后雨》"欲把西湖比西子,淡妆浓抹总相宜",既指西湖,也指中国古代四大美女之首西施,希望中国女性无论浓妆还是淡抹,一如西子般美丽动人。花西子的英文名为"Florasis",由"Flora"+"Sis"两部分组成,意为"花神",比喻那些使用花西子产品的女性,可以变得像荷花花神西施一样动人美丽、魅力十足。

在品牌 Logo 上,花西子以中国古典妆色中黛色为主色调,融合花卉的形状与古典江南园林"轩窗",加入"太极"元素,同时呼应了英文名"Florasis"首字母的"F"。以花卉之形、古典之窗,融汇共生,展示花西子要做精致时尚的中国彩妆的定位,要为世界打开一扇理解既坚守古典的含蓄与内敛又融合现代的开放与创新的东方之美的窗户。

(二)产品设计

在产品设计上,借助传统文化元素打造极具辨识度的产品外观。例如花西子推出的浮雕彩妆盘,利用精巧的传统浮雕工艺,搭配古典屏风元素,刻画了一幅"百鸟朝凤"九色雕花眼影。此外,同心锁口红包装取自东方同心锁,复刻微浮雕工艺,雕刻了"张敞画眉""游湖借伞""陌上开花"等经典爱情故事,诠释东方式浪漫,倾力打造精致的艺术品,极致展现东方美学。

(三)代言人选择

在代言人选择上,花西子始终围绕国风彩妆的定位,各个产品线邀请不同的代言人,如表 12-1 所示。2019 年官宣"四千年美女"鞠婧祎作为品牌首位代言人,而后又邀请到东方古典气质代表的国际超模杜鹃作为彩妆代言人,创作多首具有东方特色歌曲的周深作为品牌大使,呼应品牌"东方彩妆"的定位,共同传播东方彩妆美学和养颜智慧。

表 12-1　花西子历届代言人

时间	代言人	产品线
2019 年 5 月 8 日	鞠婧祎	代言人
2020 年 1 月 24 日	杜鹃	形象代言人
2020 年 4 月 21 日	周深	品牌大使
2020 年 10 月 13 日	阿朵	苗族印象推广大使
2021 年 2 月 23 日	时代少年团	品牌大使
2022 年 2 月 28 日	刘诗诗	卸妆全球代言人
2022 年 5 月 30 日	白鹿	品牌大使
2022 年 6 月 1 日	花西子	虚拟代言人

(四)品牌主要成就

2019 年花西子迎来爆发式增长,全年商品交易总额达 11.3 亿元,同比 2018 年暴涨 25 倍。2020 年更是突破 30 亿元大关,直追完美日记。据称, 2021 年,其商品交易总额目标为 50 亿元。[1] 电商监控数据平台 Yipit 显示, 2020 年 7 月开始,花西子天猫商品交易总额超过完美日记。2021 年 2—3 月花西子和完美日记分别以 5.09 亿元和 4.98 亿元的商品交易总额,位列国货美妆第一和第二[2]。

表 12-2　花西子品牌的主要成就

时间	成就
2022 年 1 月	花西子天猫旗舰店登顶 2021 年天猫彩妆店铺榜首 花西子领跑抖音电商美妆 2021 年度排行榜
2022 年 2 月	花西子斩获 2021 年度最受用户偏爱国妆品牌 Top1

---

① 方文字:《花西子沉浮录》,《21 世纪商业评论》2021 年第 6 期,第 68—70 页。
② 方文字:《花西子沉浮录》,《21 世纪商业评论》2021 年第 6 期,第 68—70 页。

续表

时间	成就
2022 年 4 月	花西子螺黛生花眉粉笔荣获"年度最值得信赖眉部产品"称号 金刀奖发布"年度品牌 Top10",花西子成为唯一上榜美妆品牌
2022 年 5 月	花西子入选艾媒金榜发布的"2022 年中国国产粉底液品牌排行榜 Top15"
2022 年 7 月	2022 年度凯度 BrandZ™ 中国全球化品牌成长明星榜正式揭晓,花西子荣登"中国全球化成长明星品牌 20 强榜单"
2022 年 8 月	花西子以及花西子空气蜜粉在 2022(第十五届)中国化妆品大会上分别荣获"年度影响力品牌""明星大单品"两个重磅奖项

二、花西子的营销方式

新锐国货品牌花西子以东方彩妆的定位,走出了一条与众不同的新赛道,无论是在品牌命名、Logo 设计、产品打造还是代言人选择上都紧紧契合其东方美学的基调。在营销方式上,花西子积极采取跨界合作、KOL 种草营销、用户共创和打造虚拟代言人的方式,把握消费者特征,增加品牌的曝光度,成功在美妆行业实现突围。

(一)跨界合作

花西子频频在跨界合作上发力。2019 年 9 月,花西子携手三泽梦首登纽约时装周,配合中国医学瑰宝《本草纲目》的设计灵感,打造走秀联名妆容,展现中国传统服饰和古典妆容之美,让东方美闪耀世界。2020 年 10 月,花西子联合盖娅传说亮相 2021 春夏中国国际时装周,以《洛神赋》和苗族银饰中的元素,共同打造了洛神赋高定联名款服装"浮世·溪影"、苗族印象高定联名款服装"浮世·玉絮",以及洛神赋彩妆礼盒。东方彩妆与服装的碰撞,又一次惊艳了世界。另外,花西子还与泸州老窖合作推出"花西子×泸州老窖·桃花醉"限量定制礼盒,这也开创了彩妆品牌与白酒品牌的跨界联名先河。花西子与泸州老窖联合推出的桃花醉定制礼盒,与消费者之间建立了一种内在的情感联系,加深了消费者对合作品牌的认知,引起消费者的情感共鸣,对消费者的态度产生积极的影响①。

(二)KOL 种草营销

花西子在发展过程中,形成了"李佳琦头部深度绑定＋明星矩阵安利背书＋腰部 KOL＋素人种草"的发展模式②。

2019 年 9 月 28 日,花西子官宣李佳琦担任花西子首席推荐官。在李佳琦直播带货的助力下,花西子散粉在 2019 年"双十一"创造了日销 70 万盒的纪录,之后花西子更是携手《人民日报》新媒体和李佳琦推出纪录片《非一般非遗》,走进贵州省雷山县西江千户苗寨,探索苗银的锻造工艺与文化传承。2020 年,花西子的流量中,超过 30％来自李佳琦直播间和抖音号;在"双十一"等节点,李佳琦贡献的商品交易总额甚至占据花西子商品交易总额的60％以上③。

此外,花西子一方面积极与明星合作,借助明星效应,提升品牌知名度和曝光率,例如演员张嘉倪在小红书推荐花西子 CC 霜气垫,获赞和收藏超 6万人次,引发了一定的话题讨论度;另一方面携手腰部 KOL 和素人下沉到消费人群,以图文、视频的形式进行开箱、测评和反馈,引导消费者下单购买。

(三)用户内容共创

花西子自成立以来,始终秉承着用户共创理念,倾听用户的声音。花西子专门推出了"花西子体验官"微信小程序,在新产品上线前招募体验官测评,真实了解用户的意见,及时对产品做出改进,打造出更贴合用户需求的产品。以某款眉笔产品为例,前后共计数万人进行了产品的试用评测反馈。

---

① 魏梦琴:《国潮复兴下的品牌联名效应——以花西子联名泸州老窖为例》,《市场周刊》2020 年第 6 期,第 78—79 页。

② 谢炀:《基于文化自信的国产化妆品品牌线上营销策略分析研究》,《现代营销(经营版)》2020 年第 12 期,第 140—141 页。

③ 蒋诗萍:《顺势与媒介创意:花西子品牌的符号生产与增值》,《国际品牌观察》2021 年第 16 期,第 17—18 页。

在这一过程中，品牌完成了产品的调整与完善，也使用户对品牌产生了信任感[①]。

第二节　虚拟代言人

一、虚拟代言人

虚拟代言人是企业为了特定商业用途，依据市场调查和消费者心理所设计的，能传递品牌个性、文化、价值观的象征性符号。[②]

从我国品牌营销的历史来看，很多企业都推出过虚拟代言人。可以说虚拟代言人并不新鲜。目前市场上比较流行的虚拟代言人主要分为两种：一是原创虚拟形象；二是借用虚拟形象。原创虚拟形象是指企业根据自身产品特点量身定制虚拟形象作为品牌代言人，例如海尔集团的"海尔兄弟"、旺旺集团的"旺仔"、脑白金的"老头老太太"、美的集团的"美的熊"等。借用虚拟形象出任代言人的形式与 IP（品牌形象）授权合作有些类似。品牌商通常选择那些在市场上已有一定知名度的虚拟形象，如"洛天依""初音未来""熊大""熊二"等。[③]

随着人工智能技术的发展，虚拟代言人也可以分成 AI 虚拟代言人和非AI 虚拟代言人两类。AI 虚拟代言人，既可以写作文案、撰写推文、发布企业动态，还可以设计海报、创作企业广告歌、制作宣传片等，并且能够 24 小时工作。对于企业来说，AI 虚拟品牌官是全方面的企业信息传播者。并且，他们还会积极参与社交，在社交平台与其他用户一起互动，在企业遇到危机时，也能够第一时间发布信息。他们对于网络上出现的关于品牌的言论能够做

---

① 凤文慧：《从破圈到建圈：Z 世代消费特征下的品牌营销策略——以花西子为例》，《新媒体研究》2021 年第 24 期，第 34—36、67 页。

② 张宁：《虚拟代言人对品牌资产的影响研究：品牌体验的中介作用及消费者个人特征和产品特征的调节作用》，博士学位论文，武汉大学，2013 年，第 7 页。

③ 李昕：《解锁虚拟代言人营销》，《中外玩具制造》2019 年第 10 期，第 36—37 页。

出监测,予以回应,避免品牌形象受损。

虚拟代言人可以由企业量身定制,外在形象、内在气质等都可以与品牌高度一致。这些虚拟的品牌代言人,不需要企业支付报酬。虚拟代言人的特性主要有两点:一是交互性强,沟通扁平化,用户主动参与品牌价值传播。例如北京冬奥期间"冰墩墩"爆火之后,网友调侃尽快实现"一户一墩",从而出现"排队买冰墩墩"现象,自发地、积极主动地参与话题讨论,推动冬奥会赛事传播和冰墩墩的流行。二是虚拟代言人的双向交互沟通方式,能使用户的体验感明显提升,用户在参与动画表情包传播、虚拟代言人周边手办改造分享等社交行为过程中,进一步强化品牌记忆,形成牢固的情感联系。①

虚拟代言人还具备真人(明星/名人)代言难以实现的优势:保障品牌形象宣传安全性;吸引年轻化受众;具有更高的商业价值。②

有学者研究了品牌虚拟代言人对不同年龄和性别的消费者的影响,并指出品牌虚拟代言人能够通过影响消费者的情感提升品牌资产。③

实验发现:对科技含量较低的产品而言,与可爱型虚拟代言人相比,专业型虚拟代言人能够使消费者产生更好的品牌态度。对科技含量较高的产品而言,当消费者的产品知识比较丰富时,与专业型虚拟代言人相比,可爱型虚拟代言人能够使消费者产生更好的品牌态度;当消费者的产品知识比较匮乏时,与可爱型虚拟代言人相比,专业型虚拟代言人能够使消费者产生更好的品牌态度。④

还有学者以肯德基CGI仿真虚拟代言人——年轻版的山德士上校为研究对象,指出CGI仿真虚拟代言人特征对消费者的广告态度、品牌态度具有积极的正向影响。⑤

① 梁湘:《数字赋能"冰墩墩"——虚拟代言人的品牌价值演进》,《财富时代》2022年第2期,第7—9页。

② 梁湘:《数字赋能"冰墩墩"——虚拟代言人的品牌价值演进》,《财富时代》2022年第2期,第7—9页。

③ 张宁、李观飞、余利琴等:《品牌虚拟代言人的特征对品牌资产的影响研究——消费者年龄和性别的调节作用》,《品牌研究》2017年第2期,第21—31页。

④ 张宁、余利琴、郑付成:《虚拟代言人特征对品牌态度的影响研究——产品知识的调节作用》,《珞珈管理评论》2018年第2期,第91—101页。

⑤ 刘超、吴倩盈、熊开容等:《CGI仿真虚拟代言人应用与品牌传播效果:消费者感知视角的质性研究》,《新媒体与社会》2020年第1期,第82—103页。

根据艾媒咨询发布的《2022—2023年中国虚拟人行业深度研究及投资价值分析报告》,2021年中国虚拟人带动产业市场规模和核心市场规模,分别为1074.9亿元和62.2亿元,预计2025年分别达到6402.7亿元和480.6亿元,可见国内虚拟人行业呈现出强劲的增长态势。[①]

二、花西子的虚拟代言人

"花西子"整体形象有着清水出芙蓉的气质,被赋予独特的东方美。为了增强消费者的记忆,制作团队在研究了中国传统的面相美学后,特意在"花西子"眉间轻点美人痣。耳上的莲叶装饰,来源于"接天莲叶无穷碧"的西湖印象。而头发上挑染的一缕黛色,则为花西子品牌色。此外,"花西子"手持之花为并蒂莲,承载了花西子同心同德、如意吉祥的美好愿望,成为花西子独特的视觉符号,也是花西子品牌之花。

花西子相关负责人认为虚拟形象的出现,超越了原有代言人的身份和意涵。真人明星代言人是难以做到专一的,没法长期陪伴一个品牌,并且形象会变化。"我们希望能够为品牌塑造一个专属的形象,长久地陪伴品牌5年、10年甚至是100年的发展,而'花西子'这一虚拟形象能够很好满足我们的需求。"[②]

三、虚拟代言人对品牌的影响

爱奇艺发布的《2019虚拟偶像观察报告》显示我国"95后"群体规模已接近2.5亿,占整体网民的52%,成为中国互联网的中坚力量,且"95后"至"05后"二次元用户渗透率达64%,全国有3.9亿人正处在关注虚拟偶像和关注虚拟偶像的路上。[③] 随着虚拟偶像的走红,不少品牌选择虚拟偶像作为品牌代言人。例如,虚拟偶像洛天依代言了百雀羚、雀巢咖啡、肯德基等众

① 艾媒咨询:《2022—2023年中国虚拟人行业深度研究及投资价值分析报告》,2022年6月10日,https://baijiahao.baidu.com/s? jd=1735229618555987366&wfr=spider&for=pc,2022年12月15日。

② 杨召奎:《虚拟偶像缘何成了品牌代言新宠?》,《工人日报》2022年5月9日,第4版。

③ 爱奇艺:《2019虚拟偶像观察报告》,2020年2月2日,https://www.doc88.com/p-38347798778585.html,2022年12月15日。

多知名品牌。人们对于虚拟代言人的接受程度不断提高,这为虚拟代言人在各领域的应用奠定了良好的用户基础。

除了邀请具有一定知名度的虚拟偶像作为虚拟代言人,各大品牌也纷纷贴合品牌形象,积极打造专属虚拟代言人,加入虚拟代言人赛道。例如2019年4月,肯德基在Instagram软件上公布了虚拟形象代言人——魅力熟男模特,与以往慈祥的肯德基老爷爷形象形成强烈反差,引发网友热议。此外,2019年7月,屈臣氏推出虚拟品牌代言人时尚少年"屈晨曦";2020年6月11日,优酸乳官宣虚拟代言人"小优";2020年11月,欧莱雅推出首位虚拟代言人"M姐";等等。

品牌自建虚拟偶像的核心逻辑在于:第一,相比第三方虚拟偶像,品牌方牢牢掌握虚拟形象的控制权,从而在内容输出的各个环节都可以进行有效监督,能够确保营销活动的质量;第二,根据自身品牌调性原创的虚拟偶像,在外观设计、行为方式和性格特征方面能够更好地诠释品牌文化和价值观;第三,"人设"形象可以灵活改变。品牌方可以根据需要更改原创虚拟偶像的衣着服饰、语言行为、营销场景等,从而为品牌的IP化运营打下基础[1]。

正如花西子虚拟形象项目负责人所说的:"我们用现代技术,结合东方美学,打造古典时尚东方女性形象,为了呈现出更加完美的'艺术品',光虚拟形象设计稿就反复修改了不下百次。"花西子将品牌东方彩妆的基调化为虚拟形象的传统古典气质,从美人痣、荷叶装饰和黛色挑染等方面出发,打造了清新脱俗的古典佳人形象。对于品牌来说,不仅是新增了一位代言人,更是促进了品牌资产的积累。

另外,品牌要看到打造贴合品牌调性的虚拟形象固然能给用户带来一时的新鲜感和话题度,但是也应当探索和规划虚拟代言人长期发展的可能性,例如虚拟代言人如何吸引粉丝,增强影响力。克劳锐指数研究院的《虚拟代言人的品牌营销价值洞察报告》显示国内的虚拟代言人应用起步较晚,正在加速发展。虚拟人博主刚起步,品牌推出虚拟代言人并长期运营的成功案例较少,且商业化模式处于探索初期[2]。

---

[1] 邢杨柳:《浅述数字营销中虚拟偶像营销的逻辑与困境》,《老字号品牌营销》2021年第6期,第9—10页。

[2] 克劳锐:《虚拟代言人的品牌营销价值洞察报告》,2021年10月30日,https://www.163.com/dy/article/GNIEUCLI051998SC.html,2022年12月15日。

第三节　完美日记

　　成立于 2017 年的完美日记在 2018 年"双十一"开场仅 1 小时 28 分就成为天猫首个成交额破亿的品牌。2019 年的"双十一",仅 28 分钟销售额就超过 2018 年"双十一"全天销售额,并成为 11 年来第一个登上天猫"双十一"彩妆榜首的国货品牌,创下了多个第一,成为美妆行业的一匹黑马。被冠以"国货之光"的完美日记能够取得如此优异的成绩,离不开营销模式的精密布局。

一、完美日记的品牌发展

　　完美日记,英文名 Perfect Diary,成立于 2017 年,是广州逸仙电子商务有限公司旗下的化妆品品牌,产品涵盖了化妆品、美容面膜、化妆棉、护肤品、化妆工具等。其品牌含义是 Unlimited beauty,指美不设限。完美日记紧跟欧美时尚趋势,同时根据亚洲人群的面部和肌肤特点,精心为新生代亚洲女性研发一系列高品质的彩妆产品。

　　面对同类国产美妆品牌和国际美妆大牌的激烈竞争,完美日记抓住社交媒体和直播电商的契机,利用小红书、抖音等社交平台布局营销,多渠道进行种草,迅速扩大了知名度,一跃成为美妆行业的新星。

(一)用户群体定位

　　完美日记定位于中低端市场,消费群体主要为 18—28 岁的年轻女性,该群体经历了互联网的洗礼,充满个性、关注潮流、追求时尚,具有较强的接受新事物的能力和购买潜力,愿意为明星代言埋单,同时也是国货美妆品牌的潜在购买者。根据 2021 年《国货美妆洞察报告》,国产美妆品牌已占 56% 的市场份额,其中 42% 的消费者更愿意选择国货美妆品牌,九成消费者表示未来会再次购买国货美妆。[①] 此外,完美日记的小红书种草、明星代言、直播带

---

　　① 陆鹏、王炳东:《我国全球第二大化妆品消费国地位不会改变》,《中国化妆品》2021 年第 2 期,第 50—57 页。

货等网络营销方式更是提高了曝光率和知名度,多渠道触达消费者。

完美日记的消费群体大多为学生和初入职场的女性,走的是高性价比的平价国货彩妆路线,单品价格在 30 元到 100 元不等。完美日记致力于以亲民的价格为消费者提供高品质、精设计的产品,而这一策略也使其成功在众多国产美妆品牌中脱颖而出。

(二)涵盖多品类产品

完美日记的产品涵盖了多个品类。并且,为满足消费者的需求,完美日记不断推出新品,打造爆款,短短一个月内上新 30 多种产品,上新速度远超行业其他品牌。

(三)线上线下渠道全覆盖

在线上渠道方面,2017 年 3 月,完美日记正式成立,推出淘宝店。同年 8 月,完美日记淘宝店正式升级为天猫店。截至 2020 年 9 月,完美日记天猫旗舰店粉丝数量达到 1600 万人,远远超过行业多数国货美妆品牌。完美日记通过不断观察分析消费者日常关注和使用的场景后逐步在微博、B 站、抖音、小红书等电商社交平台入驻。[①] 其社交渠道策略如表 12-3 所示。

表 12-3　完美日记的社交渠道策略

渠道名称	渠道策略
微博	及时发布产品信息,进行活动预热
微信	线上线下促销活动
抖音	品牌宣传预热,创意妆容展示
快手	专业干货分享和妆容展示
小红书	深度种草,培养品牌"超级用户"
B 站	深度种草、试色、测评

在线下门店方面,2019 年 1 月 19 日,完美日记全球首家线下体验店在

---

① 孙姣姣:《互联网环境下完美日记营销策略及其优化研究》,硕士学位论文,北京交通大学,2021 年,第 43 页。

广州正佳广场正式开业。此后，又在成都、东莞、上海、长沙、杭州等地推出线下门店。截至 2022 年 10 月，完美日记在全国拥有 280 家线下门店，实现了线上线下全开花。

(四)品牌主要成就

完美日记品牌的主要成就如表 12-4 所示。

表 12-4　完美日记品牌的主要成就

时间	主要成就
2018 年 2 月	2017 ELLE 中国年度美妆之星新晋实力品牌
2018 年 10 月	BAZAAR 美妆大奖年度最佳眼影奖
2018 年 11 月	完美日记品牌获评黑天鹅未来品牌·年度最佳新锐品牌
2019 年 6 月	天猫发布调研报告，完美日记在"00 后"粉丝认可的国货品牌中排名第二
2019 年度	ELLE 美妆大赏创意跨界实力奖；新浪时尚青年泛时尚新势力榜单"硬核"跨界单品
2019 年 9 月	完美日记被广东省网商协会评为"2019 最 IN 新消费品牌"之一
2019 年 10 月	完美日记被《第一财经》杂志评为"年度国民新国货"
2019 年 11 月	天猫"双十一"全球狂欢节仅开场 28 分钟，完美日记销售额就超过了 2018 年"双十一"全天销售额，成为 11 年来第一个登上天猫"双十一"彩妆榜首的国货品牌
2020 年 4 月	完美日记成为天猫 No.1 彩妆品牌；完美日记荣获 2020 年度拉新先锋品牌；探险家十二色动物眼影获得"年度 TOP 单品"；哑光唇釉获得年度最佳口红；经典小黑盖粉底液获得年度最佳粉底
2020 年 8 月	"苏州高新区·2020 胡润全球独角兽榜"发布，完美日记排名第 351 位；完美日记以 60.78 亿元品牌价值名列 2020 中国品牌 500 强榜单第 244 位
2021 年度	获评艾媒金榜发布的"2021 年女神节·中国口红品牌线上发展排行榜单 Top 10"第 5 位

二、齐抓多种营销模式

(一)跨界合作

完美日记通过系列联名的方式为品牌注入新鲜血液,吸引年轻群体的注意,形成话题讨论,打响品牌知名度。例如,2018 年 10 月,完美日记与大英博物馆合作,以 Majolica 陶器的元素作为图案灵感,推出完美日记×大英博物馆联名眼影。2019 年 3 月,与 Discovery 联名,以 Discovery 镜头下野生动物的眼神为灵感,创作出"完美日记×探索频道"探险家十二色动物眼影盘,单周销量高达 20 万。2019 年 10 月,完美日记携手《中国国家地理》杂志社汲取中国景观地貌配色的灵感,打造"赤彤丹霞""粉黛高原""碧蓝湖泊""焕彩梯田"系列十六色眼影,展现中国地域特色与自然风光,荣获 2021 十大年度国家 IP 评选跨界联名赛道大奖。2020 年 3 月,完美日记与奥利奥联名,打造经典黑色与樱花粉色两款"饼干"气垫,并推出少女心满满的"美妆小铺"限定礼盒。

(二)打造私域流量池

"私域流量"是一个相对于"公域流量"的新概念,指的是基于信任关系的封闭性平台上的流量池,私域流量包括自媒体、用户群、粉丝群、朋友圈等渠道聚合的流量①。完美日记打造了契合品牌受众定位的专属福利官"小完子",在线上和线下渠道以新人礼、优惠券等福利形式引导用户添加"小完子"的个人企业微信号。专属福利官"小完子"在朋友圈里推出产品限时秒杀活动、新品推荐、美妆教程以及自己的日常生活,营造出一种真实朋友的存在感,由此拉近与用户之间的距离,提高用户对完美日记品牌的信任度。除此之外,完美日记还开设了"小完子完美研究所"微信群,通过朋友圈、社群反复触达目标用户,以直播、大促、抽奖等各种方式留住粉丝,引导复购变

---

① 易艳刚:《"私域流量"崛起?》,《青年记者》2019 年第 24 期,第 96 页。

现,将"弱关系"打造成"强关系",提升单一用户的可持续性消费。①

(三)明星代言

完美日记的核心用户为年轻女性,该类群体也是偶像选秀类节目的受众,愿意为偶像埋单,因而在代言人的选择上,完美日记选择的大都是走流量路线的年轻艺人。例如,2018年8月,完美日记官宣了获《偶像练习生》总决赛第六名且拥有大量粉丝和流量基础的朱正廷为代言人。2020年10月,完美日记官宣周迅为品牌全球代言人,以期进行品牌转型,周迅同款"小细跟"系列口红的销量更是在预售首日达到45万支。

第四节　KOL 营销

KOL(Key Opinion Leader),即关键意见领袖,通常被定义为:拥有更多、更准确的产品信息,且为相关群体所接受或信任,并对该群体的购买行为有较大影响力的人。② KOL 具有独特的优势,对品牌营销很有帮助。就完美日记来说,成立时间不到五年,就抓住了小红书、抖音等社交电商的发展红利,以多种组合营销的打法迅速在美妆行业崛起。完美日记采用了KOL 营销,打造了明星推荐、各层级 KOL 种草、素人分享产品体验的营销金字塔,成为"国货之光"。

一、社交媒体选择

完美日记选择了小红书、B站、抖音、微博这四个社交媒体布局 KOL 营销。首先,小红书作为完美日记产品推广的主战场,截至2020年9月,用户规模已经超过3亿,月活跃用户超2亿,其中女性用户占比90%以上,以"90后"群体为主体,与完美日记的目标受众吻合。对于彩妆产品,用户更加关

---

① 沈国梁:《从流量池到留量池:私域流量再洞察》,《中国广告》2019年第12期,第93—94页。

② 周旖:《"带货"网红李佳琦的营销战略探析》,《南国博览》2019年第1期,第95页。

注所呈现的产品功能和视觉效果,因此产品图像已经成为完美日记的一个核心内容传递信息材料,这与小红书的图像内容分享属性基本上是一致的。①

B站和抖音都是完美日记进行宣传的主要短视频平台,这两个平台的受众都是以"90后"和"00后"为主的年轻群体。微博由于聚集了众多娱乐明星,是大量粉丝群体集中和热点话题讨论的阵地,完美日记联合代言人和KOL打造相关话题以期引发讨论热。

二、金字塔式KOL营销布局

完美日记布局了以明星推荐、各层级KOL种草、素人分享产品体验的金字塔式KOL营销结构。明星和头部KOL推荐产品,进行预热,腰部和尾部KOL发布产品的试色、测评和妆容的教程等信息,引导用户下单购买,最后由素人分享使用后的感受,形成二次种草。

在明星推荐上,完美日记一方面选择年轻群体喜爱、熟知的新生代流量明星,如朱正廷、许佳琪、赖冠霖等,借势粉丝经济,向消费者传递年轻、活力、有朝气的品牌形象;另一方面借助张韶涵、欧阳娜娜、林允等明星种草形式,打造明星同款,提升产品的知名度和好感度。

在KOL营销策略上,完美日记建构了一条官方笔记输出、各层级KOL联合测评推荐、素人分享产品体验的一体化链条。截至2022年10月,完美日记官方号在小红书平台拥有210多万粉丝,获赞与收藏超730万次,已发布推广笔记超过1300篇,主要包括新品发布、用户互动、产品测评等。此外,完美日记携手头部KOL李佳琦在"双十一"推出小粉钻口红,还邀请李佳琦的狗狗Never代言完美日记小狗盘,该眼影盘在短短10秒内就售出16万盘。除了头部KOL,完美日记也积极与各类腰部、尾部KOL进行合作,在小红书平台上以图文和视频的形式配合种草,在B站则以UP主测评视频形式介绍推广,包括试色、测评、妆容等,受众可通过在评论区和弹幕留言的方式即时与KOL互动。

另外,为了更快速有效地触及用户群体,完美日记在图文并茂的笔记式

---

① 孙姣姣:《互联网环境下完美日记营销策略及其优化研究》,硕士学位论文,北京交通大学,2021年,第34页。

种草和短视频推广上添加了相关话题,例如"学生党平价好物""大牌替代款""秋冬眼影盘测评""美妆好物"等,以关键词的形式迎合受众碎片化的阅读习惯。同时,在推广笔记和视频下方放置了商品购买链接,让消费者了解、种草后实现一键购买。用户在使用后分享感受,由于没有粉丝基础,其他用户对于该类感受分享的信任程度较高,正面的评价也能起到一定的种草作用。

强势营销下的完美日记迅速进入大众的视野,一跃成为美妆行业的网红品牌,也在"双十一"交出了一份满意的答卷。2019 年天猫"双十一"全球狂欢节,完美日记成为 11 年来第一个登上天猫"双十一"彩妆榜首的国货品牌。2020 年 11 月 19 日,广州逸仙电子商务公司正式在纽约上市,完美日记成为第一家在美上市的"国货美妆品牌"。

三、过度 KOL 营销带来的问题

在遍布全网的产品营销和不断攀升的产品销量背后,完美日记过度KOL 营销也带来了一系列问题。

(一)产品实力跟不上宣传推广

网络上大面积有关完美日记的产品推荐,虽然能够在短时间内打响知名度,推动用户抱着尝试的心态购买,但是热潮过后,影响消费者复购的决定性因素仍然是产品的品质。现在消费者关于完美日记的评价褒贬不一,或是认同完美日记的高性价比与精美设计,或是批评完美日记重营销轻质量。

因此,提升产品品质仍要排在第一位。首先,要加大研发投入。化妆品工业属于技术密集型产业,对技术和机械的要求比较高,成熟的技术和优质的机器才能生产出好的产品。其次,建立消费者反馈平台。实时接收消费者的反馈信息并进行分析,针对问题提出解决方案并落实到产品上,让消费者的反馈得到回应。[1]

---

[1]　魏文倩、李旭、王天泽:《国货美妆品牌网络营销的现状与对策探讨——以完美日记为例》,《企业改革与管理》2022 年第 4 期,第 38—40 页。

(二)种草内容同质化

用户之所以信任 KOL 的推荐,很大程度上取决于 KOL 产出的原创内容带给受众的信任感。然而完美日记 KOL 发布的种草内容呈现出同质化、模式化的问题。以小红书种草笔记为例,KOL 博主应付了事,直接发布类似的图文或是复制他人的图文。长此以往会导致用户审美疲劳,削减其继续深入了解品牌与产品的兴趣,这无疑阻碍了品牌的宣传推广道路。

未来完美日记还需在 KOL 筛选方面下功夫,不仅要选择与品牌、产品调性契合的 KOL,而且要分析 KOL 以往产出内容的点赞和互动情况,贴合品牌特点,以真实、优质的内容输出获得用户的肯定。

(三)过度营销引发消费者反感

完美日记凭借铺天盖地的 KOL 营销推广方式,迅速在国产美妆行业站住脚跟,成为网红品牌。但是如果品质没有达到用户的期待,这些营销方式反而成为用户为完美日记贴上"劣质""炒作""假货"等标签的利器,给消费者留下便宜没好货的刻板印象,不利于品牌的长期建设。

这种容易被复制的营销模式也带给完美日记一些反思,在互联网发展的当下,用户的需求早已从广告营销转变为产品品质。完美日记应及时转变思路,把握营销的度,摆脱低价低质、高频营销的魔咒,完善品牌在消费者心目中的形象。2020 年是完美日记成立三周年,官宣实力派演员周迅为代言人、升级品牌 Logo 等都显示出完美日记尝试转型和品牌升级、改变用户认知的打算。

📹 视频资源

略。

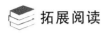 **拓展阅读**

[1] 张宁,李观飞,余利琴,等.品牌虚拟代言人的特征对品牌资产的影响研究:消费者年龄和性别的调节作用[J].品牌研究,2017(2):21-31.

[2] 蔺政宇,刘云霄.完美日记 KOL 种草模式下品牌推广策略研究[J].全国流通经济,2020(34):17-19.

思考题

1. 花西子是如何成为网红品牌的？采取了哪些营销方式？

2. 品牌营销使用虚拟代言人应该注意哪些问题？

3. 完美日记的 KOL 营销是如何布局的？

4. 完美日记过度 KOL 营销带来了哪些问题？并谈谈该如何解决。

第十三章　IP

本章要点：

　　1.故宫文创的网红之路。

　　2.超级 IP 与品牌拟人化的传播理论。

　　3.肯德基的"疯狂星期四"营销活动。

　　4."梗"营销的理论与策略。

关键词：

　　故宫文创；IP；品牌拟人化；肯德基；疯狂星期四；"梗"营销

第一节　故宫文创

一、故宫文创的网红之路

　　故宫博物院旗下包括故宫淘宝、故宫出版社、故宫文创、故宫食品、上新了故宫、故宫文具等多个领域的品牌，可谓一个品牌大家族。

　　近年来，"紫禁城六百年彩妆""故宫日历""故宫初雪调味罐"等故宫文创产品在社交平台上持续火爆，受到不少年轻人的追捧，而在这些产品面世之前，人们从未想过远在北京的历史名建筑"故宫"能和自己的生活产生什么样的联系。

　　让故宫文创走进千家万户的首位推动者是于 2012 年出任故宫博物院院

长一职的单霁翔,他是故宫历史上第六任院长。在其任职的近 7 年里,故宫将古老的风骨与血液融进各种文创产品中,屡屡刷屏,成为一个现象级网红 IP。下面就来细数故宫文创"网红进阶"路上的大事件。

2013 年 8 月 2 日,为庆祝故宫博物院建院 88 周年,"紫禁城杯"故宫文化产品创意设计大赛正式启动,大赛的主题是"把故宫文化带回家"。当时故宫的文创产品已达 5000 多种,但多数民众并不知晓;年销售收入 1.5 亿元,看起来不少,实际上利润并不高。文化产品如何融入百姓生活,如何融入流行时尚,对于当时的故宫来说,是迫在眉睫的事。

2014 年 8 月 1 日,"故宫淘宝"官方微信公众号上发布了一篇名为《雍正:感觉自己萌萌哒》的推文,迅速获得"10 万＋"的高阅读量,由此"网红四爷"IP 开始兴起。朋友圈刷屏,令故宫"萌萌哒"的形象深入人心,起到了非常好的带货效果。

2014 年 10 月,故宫推出"朕就是这样汉子"折扇等一系列文创产品,让网友直呼"萌萌哒"和脑洞大开,不仅爆红网络,更让故宫 IP 再度延展。

2016 年 1 月 7 日,题为《我在故宫修文物》的三集文物修复类纪录片在 CCTV-9 首播,并迅速在 B 站走红。没多久,B 站点击量就高达 217.9 万,全网播放量达 9782.7 万。网民的评价也很高,豆瓣评分 9.4 分。[①] 这个分数比此前备受好评的《舌尖上的中国》评分还要高。值得一提的是,与以往的纪录片不同,《我在故宫修文物》在年轻人中的影响力非常大。自此,故宫 IP 对应的受众更加趋于年轻化。

2016 年 12 月 16 日,由北京故宫博物院联名出品的《我在故宫修文物》大电影在中国上映,对故宫这一文化符号再一次进行了新型解读。该片获得广泛好评,在 2017 年第 50 届休斯敦国际电影节上获得纪录片评委会特别雷米奖。

2018 年 3 月 22 日,故宫淘宝推出首款宫廷风人偶"俏格格娃娃",数小时内销量破百,收藏数也直线上升。

2018 年 11 月 9 日,《上新了·故宫》播出,这是由故宫博物院联名出品的大型文化季播节目。该节目旨在打破大众对故宫的刻板印象,并打造承载故宫故事的文创产品,传承和创新故宫文化。故宫博物院院长单霁翔曾

---

① 刘梦瑶:《探析新媒体时代故宫文创产品营销策略》,《传媒论坛》2019 年第 23 期,第 152—153 页。

在节目中提出：新与故，才能共同创造出永恒。

2018年12月，故宫角楼咖啡营业，同样引发了消费者追捧。《千里江山图》主图壁纸、特色饮品"康熙最爱巧克力"等都得到了热切的关注。游客无须"进宫"，就能享用咖啡，了解故宫历史，体验故宫文化，不失为一件美事。

2018年12月11日，故宫淘宝推出原创彩妆系列产品，包括眼影、腮红、口红等。这些产品都非常富有创意，很受消费者喜爱。

二、故宫文创火爆的原因

从故宫文创的网红之路来看，一路走来，可谓一步一个脚印，给消费者带来的是一个又一个惊喜。故宫博物院是一个老字号品牌，居然越来越年轻，这是令很多人叹为观止的。可以说，品牌年轻化，才有可能成为网红。

具体而言，故宫文创火爆的原因主要有以下几点。

(一)故宫IP的年轻态

故宫本身就是个IP，这一点想必大家都有共识。故宫刷屏的案例，都是基于故宫IP的衍生，赋予原本冰冷的历史故事鲜活的形象。故宫由此活了起来！并且更重要的是采取了年轻态传播的策略。"故宫博物院的IP运作反映了博物馆文化与年轻流行文化的融合，倡导文化和娱乐概念的并存，年轻态传播是故宫的重要优势。"[①]

(二)独特的元素与丰富的素材

故宫的文物藏品非常丰富，除此，故宫的建筑、相关的历史故事等，都含有非常精彩的、庞大的历史信息，都是文创产品研发团队取之不尽的宝库。单就故宫的建筑来说，故宫的大门、房顶的脊兽，甚至某块牌匾，都是值得深度发掘的。这些都是独特的中华文化，加以有效的市场开发之后，不仅深受国内消费者的喜爱，也能赢得国外消费者的青睐。如此丰富多彩的文物资源，显然是故宫文创成功的重要保障。

---

① 曾昕：《博物馆经济视域下的年轻态传播——以故宫IP为例》，《价格理论与实践》2019年第8期，第165—168页。

(三)与时尚相融,文化品位高

当然,针对现代的消费者,还需要给他现代的物件。故宫的文化需要与当下的时尚元素相融合,才能开发出既具有历史感、文化感,又具有现代感、时尚感的箱包、服饰、首饰、手机壳等文创产品。除了文物,故宫元素也可以被添加到帽子、眼罩、钥匙扣、折扇等上面,赋予这些产品非同一般的魅力,从而使其增值。例如,那些"朝珠耳机""朕就是这样汉子"折扇、超酷的御批文字系列万能刺绣布贴等都非常受消费者喜爱。人们购买这些物件,一方面是受创意的吸引,另一方面是受文化符号的驱使。文化符号,能够为人们带来不一样的意义。《点染紫禁城》图书、《故宫日历》等特色文创产品,就给人一种强烈的文化感,人们可以从中增长知识,这也是一种生活方式、身份的标识。

(四)"卖萌"宣传,团队给力

产品要卖出去,还需要靠营销。故宫文创产品的火爆,少不了"故宫淘宝"账号的大力吆喝。"故宫淘宝"以洗脑式的宣传方式,将故宫文创产品抬举到网红的地步。这种"卖萌"的宣传内容与目标消费者之间的距离很近,用户不仅自己会接纳,会喜欢,还会将其转给其他用户看,从而达到良好的互动、裂变效果。当然,这一切都少不了营销团队的努力,在他们的推动之下,才有这种既向各年龄层受众科普小众的历史故事,又将自己的新产品宣传出去的一举两得的宣传方式。[①]

(五)高度重视产品质量

故宫文创向来不关注研发数量,而是更加注重研发质量。产品代表的就是故宫博物院的品牌形象,保障产品质量是其研发的前提。所以故宫周边不仅进入了寻常百姓家,也进入了收藏领域,有的参加比赛获奖,有的甚至作为国礼被赠予外国领导人。

---

① 王晓阳:《现代经济视域下故宫旅游形象 40 年变化探析》,《现代营销(经营版)》2019 年第 5 期,第 52 页。

(六)多方合作,科技感强

品牌之间需要合作,单打独斗毕竟力量有限。故宫文创的成功也离不开合作。在 2016 年,故宫先后与阿里巴巴、腾讯两大互联网巨头达成合作意向。一方面与阿里搭建了文创产品销售平台;另一方面与腾讯开展双赢的合作。QQ 与微信有着数量非常庞大的用户群,与其合作可以为自己增粉。为此,故宫文创尝试推出故宫定制版游戏,将故宫元素融入 QQ 表情设计,从而通过社交软件带动原创 IP 广泛传播。除此之外,2016 年 9 月,故宫博物院还和凤凰领客文化达成战略合作协议。双方将通过增强现实技术(AR)、互动沉浸技术(MR)、3D 等科技手段,充分应用具有丰富历史背景、文化故事的馆藏进行创意合作,从而提升故宫文创的科技感,提升其市场价值和文化价值。在传播故宫文化的同时,满足人们对故宫文化认知的需求,促进故宫文创的市场发展。[①]

(七)价值共创,品类丰富

故宫的文创产品除了自己研发,还广泛吸收社会精英的智慧,让他们参与到设计风格、产品种类、质材物料等决策中来。吸众家之所长,纳集体之智慧,这样故宫才能够应时应景推出更多合乎市场需求的新产品。故宫文创各品类可谓应有尽有,包括"卖萌"的、文人雅士手办礼类的、高大上的、限量版的、奢侈的等,并且在风格、题材、价位等方面各有特色,可以满足社会不同层次消费者的需求。

故宫文创的成功看似偶然,却有其必然性。故宫文创成功了,其他博物馆、美术馆、图书馆之类,以及数量可观的各种文化遗产,是否也能够活起来、火起来,也就是说故宫文创的成功是否可复制,这是我们可以去探讨和探索的。

---

① 王晓阳:《现代经济视域下故宫旅游形象 40 年变化探析》,《现代营销(经营版)》2019 年第 5 期,第 52 页。

第二节　超级 IP 与品牌拟人化

一、超级 IP

什么是 IP，它是 Intellectual Property 的缩写，字面上的意思是"知识产权"，在这里指的是具有长期生命力和商业价值的跨媒介内容运营。

有学者在此基础上进一步提出超级 IP 概念。吴声在《超级 IP：互联网新物种方法论》中将独特的内容能力、自带话题的势能价值、持续的人格化演绎、新技术的整合善用和更有效率的流量变现这五个条件视为超级 IP 成为新的连接符号与话语体系的前提。[①]

超级 IP 是一个具有可开发价值的真正的 IP，至少包含四个层面的内容——价值观、普适元素、故事和呈现形式，我们称之为 IP 引擎。[②] 超级 IP 具有更大的潜能，兼容性很高，变现能力强，能够为 IP 所有者带来很大的收益。

吴声认为超级 IP 虽然崛起于特定平台，但并不局限于单一平台。超级 IP 的生成逻辑来自五个步骤：一是内容的主动发酵；二是可衍生和再创作的原创；三是足够差异化的人格和可期待的订阅机制；四是有变现能力的流量；五是以信用值为代表的社交货币。[③] 超级 IP 具有很强的社交货币属性，人们乐意与其共舞，自愿向人推荐。

超级 IP 所具有的内容化特征和人格化属性，被统称为"内容力"。"内容力"具有四个原则：一是社交分享，超级 IP 内容生产方式必须以社交分享为导向；二是圈层化表达，超级 IP 必须基于垂直化的特定人群表达内容；三是可转化性，超级 IP 必须适度跨界，生产层次感更丰富、更具传播能力；四是可

---

① 吴声：《超级 IP：互联网新物种方法论》，中信出版社 2016 年版，第 3 页。

② 张海涛、张念祥、崔阳等：《基于超级 IP 的数字图书馆生态系统构建》，《情报科学》2018 年第 9 期，第 22—26、176 页。

③ 吴声：《超级 IP：互联网新物种方法论》，中信出版社 2016 年版，第 8 页。

辨识和稀缺性，超级 IP 内容必须对用户形成高度聚合的可辨识性和稀缺性价值。[①] 超级 IP 的内容力越强，其生命力就越强。

以超级 IP 为例，吴声详细阐释了构建互联网新品类的方法论，即"互联网新物种方法论"，其核心要义就是通过 IP 内容运营使品牌成为人们无意识的生活方式和集体记忆，从而构建新品类。通过运营超级 IP 所产生的"新物种"具有以下几个特点：更多想象力的边界拓展；新的模式架构和连接方式；新的材料和商业基因；新的话语体系和故事叙述方式。[②] 在数字时代，很多新出现的事物具有颠覆性的意义，通过不断的资源整合和重组，完全可能发展成为一个"新物种"。

吴声在书中写道：基于内容复兴和人格消费的新网红时代正在爆发。这个判断基于两个趋势：一是生产内容的人格成为稀缺资源，流量不断迁移到人格化的多中心；二是消费习惯的变迁，让视感文化成为消费的主导文化，在场景至上的时代，消费体验和精神层面的评价标准更重要。作者认为在这两种趋势的驱动下，"新网红时代"将会到来，这个时代的新技术、新应用和新内容生产方式将使互联网重新回到"以人为尺度"的标准。[③] 人格化的超级 IP 有着品牌的属性，能够为人们带来不一样的体验感。技术的发展，最终还是要回到以人为尺度。

二、品牌拟人化

故宫文创是网红，也是超级 IP，值得进一步开发。另外，它的走红，也与品牌拟人化有关。故宫文创给人这样的感觉：它是活的，而不是死的。

形象对于 IP 来说固然重要，但是 IP 的关键不在于形象。IP 的核心是文化内涵，而当这种文化内涵与人的基本价值观或者人格相联系时，才有可能成为一个"人格化 IP"。[④] 对于品牌营销来说，注重其文化内涵的提炼是非常重要的。文化内涵是 IP 的"魂"，有了"魂"，外在的形象才有意义。三只

---

① 吴声：《超级 IP：互联网新物种方法论》，中信出版社 2016 年版，第 52—53 页。
② 吴声：《超级 IP：互联网新物种方法论》，中信出版社 2016 年版，第 29 页。
③ 吴声：《超级 IP：互联网新物种方法论》，中信出版社 2016 年版，第 15 页。
④ 麦肯：《美妆品牌如何体系化塑造品牌人格化 IP？》，《日用化学品科学》2019 年第 8 期，第 58—60 页。

松鼠品牌的成功不是因为卡通形象设计得多精美，而是因其独特的文化内涵。其他品牌如果单在卡通形象上加以模仿，显然是难以成功的。

品牌拟人化的例子还有很多，例如长城葡萄酒的经典文案——"三毫米的旅程，一颗好葡萄要走十年"，淘鲜达大宅蟹的"下辈子还要做自己，横行霸道，富得流油"等创意文案，之所以能让人耳目一新，其关键就在于运用了拟人化的创作手法。除了在广告文案中将产品进行拟人化描述，许多商家还会将品牌进行拟人化，以达到吸引受众注意、与消费者建立情感联系等目的。

例如，蒙牛乳业不仅设计了奶牛卡通形象"牛蒙蒙"，而且专门开设了牛蒙蒙官方微博，经常与用户互动，蒙牛这个品牌由此一下子变得立体起来。

江小白在包装上将"江小白"的动漫形象塑造成一个有亲情、友情、爱情羁绊的人物。

拟人化的本质在于，对特定非人载体注入人的特质、动机、主观意图、行为和情感，这些非人载体包括一些人造的机器、电子设备、自然物质或虚拟形象等。[①] 品牌拟人化就是赋予品牌人性化的特征。

拟人化有多种表现方式，多位学者对此做了分类。例如高弋涵等从人格层、交互层和基本层总结出拟人化设计的五种形式，分别是行为、角色、沟通、表情和动作拟人。金将拟人化对象的关系分为仆人关系和伙伴关系，并且经研究发现，拟人化为仆人关系更容易被消费者所接受和认可。汪涛等根据相关性，将拟人化分为与产品信息相关的和不相关的，并且经研究发现，与产品信息不相关的拟人化沟通比相关的更容易赢得好的品牌态度。[②] 相比于普通事物，人们其实更愿意与拟人化的事物打交道，毕竟它们具有一定的社交性。

普沙科娃等研究指出，品牌拟人化是消费者与品牌特殊关系的体现，品牌被消费者感知为具有各种情感状态、拥有心智和灵魂、能够自主行为的真

---

① Nicholas Epley, Adam Waytz, John T Cacioppo, "On seeing human：a three-factor theory of anthropomorphism," *Psychological review*, vol. 114，no. 4（2007），pp. 864-886. 转引自郭国庆、陈凤超、连漪：《品牌拟人化理论最新研究进展及启示》，《中国流通经济》2017 年第 7 期，第 64—69 页。

② 李伟：《品牌拟人化营销研究综述》，《现代营销（下旬刊）》2019 年第 8 期，第 54—55 页。

实的人,是其社会连接的重要一员。[①] 品牌拟人化之后,人们与品牌接触时,能够唤起更多的情感反应,得到更强的情感体验,进而有助于形成富有情感的品牌联想。

拟人化可以改变品牌在消费者心里的形象。品牌拟人化之后,在消费者面前呈现的就不再是一种冷冰冰的形象,而是化身为有温度的、与消费者有类似性格特征和高度辨识度的"人",让消费者产生共鸣和社交需求,更好地实现社会化媒体营销的效果。[②] 对此,人们会有更深刻的印象,以及更强烈的品牌记忆。

品牌拟人化与品牌个性不同。品牌个性被定义为一组与品牌相关的人类的特征,形成了不同品牌的标识,而品牌拟人化则强调是否将品牌视作人。在此基础上,普沙科娃等进一步指出,品牌个性仅仅是品牌拟人化的一个方面,品牌拟人化的概念超越了品牌个性的范畴。

不仅对于故宫博物院如此,对于其他世界文化和自然遗产、非遗等来说,品牌拟人化都是让其活起来的重要策略。活起来才能被传播得更广。

第三节　疯狂星期四

一、肯德基的营销手段

肯德基是全球知名的国际品牌,在中国已有多年的发展历史。自从1987 年中国第一家肯德基在北京开业以来,门店已经遍布全中国大大小小的城市,是中国最大的快餐品牌。作为全球化的象征之一,肯德基的品牌家喻户晓,品牌形象深入人心。它在中国采取了本土化营销战略,策划的促销活动数不胜数。

[①]　郭国庆、陈凤超、连漪:《品牌拟人化理论最新研究进展及启示》,《中国流通经济》2017 年第 7 期,第 64—69 页。

[②]　余云珠:《社会化媒体营销中的品牌拟人化》,《经营与管理》2018 年第 4 期,第131—134 页。

例如联名营销。肯德基曾和宝可梦联名推出可达鸭玩具赠品,一起开展联名营销。这款儿童套餐赠品是限量的,并且具有潮玩属性,赢得了消费者的热捧,具有很高的话题性,获得了大量网民关注,得到了巨大的曝光度。

肯德基还联手知名潮玩 IP 巨头泡泡玛特开展联名营销。2022 年 1 月 4 日,两者合作推出了"肯德基 DIMOO 联名盲盒"款套餐——消费价值 99 元的肯德基指定套餐,就有机会获得联名盲盒。联名盲盒一共有 6 款常规款,外加 1 款隐藏款。这个活动一经推出,销售就非常火爆。

又如社群营销。肯德基的微博经常发起一些关于菜品、明星的话题,吸引消费者关注和评论。2019 年 7 月 15 日,为了宣传新推出的辣串新品,肯德基积极采用官方微博进行传播,还发布了一则素人出镜、很接地气、构思非常精巧的短视频。这则短视频讲述了三种人的夜生活,呈现了或加班或熬夜或相聚的人间百态,并加上这样的温情告白:"每个晚上,每个人,每个胃,每个灵魂,今晚我们串一串。"这则短视频获得都市年轻人的情感共鸣,引发人们在微博上留言、转发。肯德基的微信公众号也会经常发布一些有趣的文字、图片和视频,并具有自助点餐、宅急送、用餐评价、会员特权等一系列功能。肯德基还积极使用微信上的漂流瓶、位置签名等玩法做品牌推广。

此外,肯德基的优惠券、赠送礼品、会员卡、会员日等促销活动,吸引消费者的注意。肯德基一场接着一场的促销,增加了产品销量和品牌曝光量,同时这些活动也构成了很多人日常生活的一部分。

二、疯狂星期四

肯德基早在 2018 年就推出了"疯狂星期四"活动,邀请当红明星代言,制作播出了"疯狂星期四,炸鸡 9 块 9 块 9"的洗脑广告。虽然采取了明星战略,但当时的效果并不理想,从长远来看,则为之后"疯狂星期四"的"梗"营销埋下了伏笔,起了预热作用。

在两年后,网络上的"疯四"文学开始出现并迅速增长,"疯狂星期四"逐步发展成为一个"梗",得以引爆全网。一句"看看你那垂头丧气的样子?知道今天是什么日子吗?今天是'疯狂星期四',吮指原味鸡＋黄金脆皮鸡才 9 块 9",让很多网友看后会心一笑,这个帖子也迅速扩散,起到导火索的作用,引发了大量用户模仿、再创作。

例如："世上 77 亿人,有 253 亿只鸡,鸡是人数量的 3 倍。如果鸡与人类开战,你必须要对抗 3 只鸡,就算它死了,又会有同类补上,就算你一个朋友都没有,你还有 3 只鸡做敌。今天是肯德基"疯狂星期四",V 我 50,我帮你杀敌。"很多文案最后都以"V 我 50"(给我 50 块钱)结尾,这其实又成了另外一个"梗",进一步扩大了"疯狂星期四"的"梗"规模。

"疯狂星期四"成了群体狂欢的仪式。由于"疯四"文学创作的参与门槛并不高,很多用户投入了热情,积极进行二次创作。2021 年 12 月,肯德基顺势而为,在社交媒体平台举办了一场"'疯四'文学盛典"活动,全网寻找"疯四"文豪,更是将其推向了高潮。截至 2022 年 10 月,微博话题♯肯德基疯狂星期四♯已经获得了超过 20 亿次的传播。

"疯狂星期四"使得星期四成了一个节日。节日是一种商机,很多商家都会在传统节日期间开展各种各样的营销活动,以促进产品销量的增长。不过,这显然还不够,于是又造出了很多新的节日,例如"双十一""618"之类。"疯狂星期四"就是新造的节日,它是肯德基专属的。到了星期四,很多消费者就会想起肯德基,并采取消费行动。节日与品牌之间的密切勾连,可以让品牌形象植入人的心智,成为其难以抹去的记忆。

"疯狂星期四"是人们社交的话题。人们看到喜欢的"疯四"文学,或者自己创作的"疯四"文学,都会选择在社交媒体上转发或发布;到了星期四,人们在肯德基用餐,或者只是路过肯德基,想起了肯德基,都可能会在社交媒体上提及。星期四成了很多人线上社交的一大由头,从而推动了品牌的传播。

"疯狂星期四"作为一个"梗",不仅仅是一场品牌营销,也成了一种社会现象。"疯四"文学表达了当代年轻人各种各样的情感和心声。不断扩大的"玩梗"队伍,则是孤独的人们抱团取暖的时代画面。

讲起"梗"营销,很多人脑海中会冒出"挖掘机技术哪家强""秋天的第一杯奶茶"等很多案例。"挖掘机技术哪家强"是在洗脑式的电视广告不断重复播出后,在网络空间中被网民一次次地引用和二次创作,最后发展成为一个现象级的"爆梗"的。"秋天的第一杯奶茶"源于一个女孩子在微信上晒出的聊天记录。说的是在秋分之际,男友发了 52 元红包给她买奶茶的事情。她说:在这特殊的季节,男朋友的做法既暖心又暖胃。这波"狗粮"触动了很多人的心,借着这条帖子要奶茶、要红包、秀恩爱的信息,迅速在朋友圈扩散,在全网蔓延。其间,嗅觉敏锐的品牌借机推波助澜,使得"秋天的第一杯奶茶"顺利地冲上热搜,成了一个广为人知的"梗"。

"梗"的影响力有大有小,现象级的"爆梗",是这个网络文化的一种标签,是社会情绪脉动的一种体现,具有重要的营销价值和社会意义。

第四节 "梗"营销

一、"梗"文化

在这个网络原住民成为消费主力军的时代,品牌营销策略显然需要迭代升级。"为了满足品牌与受众'形象相符'的特性,营销传播风格上逐渐呈现出'社交化''娱乐化''内容化''智能化'等趋势,品牌深谙只有'有趣''有料''有用'才'有机会'。"[①]由此,"梗"营销应运而生,可谓适逢其时。

"梗"源于"哏"的误用,"哏"形容好笑的人或事,"梗"的原意为笑料、笑点,如今"梗"的含义扩展为互联网上迅速流行开来的一些观点、图片、视频等。"梗"与网络流行语、段子、典故等都有一定的联系,存在着一定程度的重合。甚至可以说,"梗"是互联网时代的典故,不过它来去匆匆,流行一时。

网络上流传着很多很多的"梗",也有很多的企业和用户在"玩梗",它是这个时代的重要文化现象。"梗"文化是一种迷因。道金斯认为,在生物学意义上,基因可以通过自我复制而不断繁衍、进化,与之相类似,人类文化在传承与演进过程中也存在这样一种具有复制、繁衍功能的因子。[②] 这就是迷因(Meme)。迷因的创作类型可以分为两种:其一是基于内容复制的基因型迷因创作(Genetype);其二是基于形式复制的表现型迷因创作(Phenotype)。[③] 可以说,基因型迷因创作以内容为核心,玩的是内涵;表现型迷因创作追求的是形式上的相似性,玩的是外表。

---

① 邓美:《品牌造"梗":营销还能这么玩》,《企业研究》2021年第1期,第26—29页。

② 理查德·道金斯:《自私的基因》,卢允中译,吉林人民出版社1998年版,第3页。

③ 苏珊·布莱克摩尔:《谜米机器》,高申春、吴友军、许波译,吉林人民出版社2001年版,第42—46页。

"梗"的创造模式也有两种：一种是"旧语翻新"，指人们语言生活中早已有之的名词和语句在新时代被人重新发掘了其本身隐含的意义或者再次赋予了新的内涵；另一种是"新语新用"，指现在正流行而无法在人们以前的语言生活中找到出处和来源的新"梗"，例如那些由谐音、讹读、旧料转化而成的"梗"。① "梗"有很多种形式，例如"谐音梗""双关梗""台词梗""空耳梗""方言梗""缩写梗"等。

二、"梗"营销

很多平台非常重视"梗"营销。例如，B 站 UP 主商业化团队在 2021 年 3 月 20 日发起的"造梗计划"。这个"造梗计划"试图依托 UP 主的创意来生产作品，为品牌打造出专属的"品牌梗"。"品牌梗"在品牌传播中的价值是显而易见的，投入小、效益高，并且具有"自来水效应"，易于裂变传播。

网络上"玩梗"的用户，大多数出于好玩、有趣的原因。"梗"是青年亚文化土壤中生长出来的，它的流行与这个时代的"宅"文化、"丧"文化等不无关系。

从营销角度来说，"梗"就是一种事件、话题。企业营销人员需要积极造势、借势，策划、制造一些有趣的、好玩的、有价值的事件和话题，引发用户的参与热情，在群体狂欢中达成品牌传播的目的。参与"玩梗"的用户，往往是基于趣缘关系的群体，他们有着相似的价值观、趣味、爱好，甚至在行为模式上具有接近性，从而一个合适的"梗"也就更容易在群体中被接受并传播开来。这个"梗"是他们共同的身份标签，也是该群体亚文化的重要元素。

三、"梗"营销如何玩

"梗"营销需要注意延续度。"梗"的热度持续越久，效益越高，一旦热度有所减弱，下一个"梗"应能迅速接上。"梗"营销不见得都是短暂的，有的"梗"玩着玩着，还可以玩成一个 IP，得到长远的营销利益。对于品牌营销者来说，应当努力促成"梗"的二次创作，不断延续其生命力。"梗"是开放的，

---

① 王梦菲：《社会热"梗"的创造模式与影响传播因子》，《今古文创》2022 年第 27 期，第 114—116 页。

可以成为一个不断生长的系列，也可以成为一个"梗"家族。

"梗"营销需要重视关联度。"梗"的目的在于营销，只有那些能够对品牌传播有好处，对产品销售有帮助的"梗"才是好"梗"。"梗"说到底是一种传播机制，而不是销售机制。但是对于企业来说，最重要的还是市场效益，想要将知名度转换成销售量，提高"梗"营销的关联度是关键。

"梗"营销需要明确契合度。"梗"与目标对象的心理相一致，才能被认同，才具有价值。要理解"梗"并没有那么容易，意会某些"梗"的笑点需要相应背景知识和语境，因此，"梗"是一种圈层成员内部的暗号。① 品牌在"梗"营销时，要深入消费者的世界，才能真正懂"梗"，也才能把"梗"玩好。比如在电竞行业中，很多"梗"是一般人未必能够理解的。"因为如果不在电竞圈子里泡的话，是听不大懂他们的行话的，更不用说和他们'对打'。最后的结果就只能是被'吊打'了，因为观众会从心底里冒出一句话：'我说的梗你不懂，我为什么要跟你沟通？'"②只有理解消费者的内心，品牌与消费者的关系才能真正建立起来。并且，品牌营销中的"造梗""借梗""用梗""玩梗"等做法，主要针对的是年轻消费群体，对于其他不上网、年纪大的群体来说未必适用。因此，它具有目标对象的限定性。

企业"梗"营销，也需要注意避免"撞梗"。例如某汽车品牌发布《老白的探险神画》微电影广告中出现了"一个男人这辈子没写过一首歌是不完整的""一个男人这辈子没办过一次画展是不完整的""一个男人这辈子没写过"10万＋"的公众号是不完整的"等金句，"撞梗"了电影中的出圈台词"一个女人怎样不完整"，从而导演微博维权，引发了争议。

此外，"梗"营销需要注意社会问题。例如，不要刻意制造大量"烂梗"、存在道德问题的"低俗梗"，或者过度追求娱乐化。网络生态文明的建设，离不开企业的参与。

总之，"梗"营销作为一种互联网新兴事物，企业应善加利用，积极策划，以此促进品牌的传播，推动品牌的成长。

---

① 马中红、任希：《国家美学与社群美学的分野与对话：以"央视春晚""B站拜年祭"为例》，《探索与争鸣》2020年第8期，第90—98、159页。

② 智颖、汪琳：《电竞营销梗，品牌如何能接住？——访传立Content＋创新营销团队》，《中国广告》2019年第10期，第61—65页。

🎥 视频资源

本教材已经录制了部分视频课程,共 48 集,480 分钟。以下是关于第十三章的 4 集视频二维码。

1.故宫文创的网红之路。

观看课程,请扫码

2.超级 IP 与品牌拟人化。

观看课程,请扫码

3.疯狂星期四。

观看课程,请扫码

4."梗"营销。

观看课程,请扫码

📚 拓展阅读

[1]吴声.超级 IP:互联网新物种方法论[M].北京:中信出版社,2016.

[2]理查德·道金斯.自私的基因[M].卢允中,译.长春:吉林人民出版社,1998.

[3]苏珊·布莱克摩尔.谜米机器[M].高申春,吴友军,许波,译.长春:吉林人民出版社,2001.

[4]郭国庆,陈凤超,连漪.品牌拟人化理论最新研究进展及启示[J].中国流通经济,2017,31(7):64-69.

✏️ **思考题**

1.请从品牌传播角度,分析超级 IP 故宫文创案例。

2.结合有关案例,探讨品牌拟人化的价值及其运用策略。

3.老字号品牌如何重新焕发生机?

4.你觉得网红品牌出圈之后,如何延续热度?

第十四章　节庆

本章要点：

    1.仙居杨梅品牌塑造和推广的策略。

    2.节庆营销的策略。

    3.永康五金品牌营销的案例。

    4.展会营销的策略。

关键词：

    仙居杨梅；节庆营销；永康五金；展会营销

第一节　仙居杨梅

浙江省台州市有个被称为"中国杨梅之乡"的地方，那里有上千年种植杨梅的历史。这个地方就是仙居。仙居日照充足，气候宜人，空气清新，水质干净，地理环境优美，出品的杨梅酸甜可口，个头不小，很受消费者欢迎。仙居杨梅的知名度很高，当地流传着这样一句话——"世界杨梅在中国、中国杨梅看浙江、浙江杨梅数仙居"，区域品牌的魅力由此可以窥见一斑。仙居杨梅曾被时任全国人大常委会副委员长的严济慈题名为"仙梅"。

一、品牌建设主体

(一)政府主导

仙居杨梅区域品牌建设过程中,政府的作用是非常重要的。政府可以将广大的农户、合作社、商家联合起来,共同开发和维护杨梅产业,并推动杨梅标准化、产业化、规模化、数字化生产和经营,通过建立认证体系,降低消费者购物风险,确保仙居杨梅安全、健康、新鲜、美味的形象。政府发挥监管的作用,可以促进市场秩序的规范运行。政府对产业的规划、对市场的拓展、对品牌的传播来说都是非常关键的。

政府的大力扶持,可以帮助广大农户和杨梅企业强身健骨,发展壮大,扩大仙居杨梅的产业规模和品牌影响力。

(二)龙头企业

仙居杨梅的龙头企业——浙江扬眉饮品有限公司、浙江聚仙庄饮品有限公司等创建了"仙"牌、"仙绿"牌、"仙居仙"等杨梅商标,其中有不少已成为名牌商标。这些龙头企业致力于科技创新,开发了不少深加工的杨梅产品。龙头企业强劲的科技能力、创新能力、市场推广能力,对于区域品牌的建设起了支柱作用。这些龙头企业开发的产品,扩大了仙居杨梅的知名度和美誉度,培育了庞大的消费人群,有助于扩大杨梅产业链和杨梅市场规模,使其向纵深处发展。

(三)农户和商家

农户生产杨梅,商家出售杨梅。生产和销售环节对于品牌来说,显然都是非常重要的,直接影响产品的品质和消费者的体验感。

与此同时,农户和商家是直接与消费者接触的人,他们会积极参与品牌推广和形象维护。农户和商家使用的主要传播工具是各种社交媒体。

二、品牌塑造

2010 年在"世博旅游论坛（浙江）暨浙江世博旅游名城新闻发布会"上，仙居杨梅是浙江首选旅游特产之一。

仙居杨梅获得了地理标志产品、原产地证明商标等多项认证，以及浙江省农博会金奖、浙江十大农产品精品奖、中国国际农博会名牌产品等多项荣誉。

仙居县早在 2007 年就启用了仙居杨梅这一证明商标。2009 年，仙居杨梅证明商标在美国、法国、德国、比利时、荷兰、意大利、西班牙、澳大利亚、日本等 13 个国家成功注册，这为仙居杨梅走向全球提供了法律保障。2010 年，仙居杨梅获评浙江省著名商标称号。可见，仙居杨梅远销国内外，深受消费者喜爱，享誉中外。

具体而言，仙居杨梅品牌塑造主要采取了以下策略。

（一）品种第一

对于农产品来说，有一种说法：品种第一，品质第二，品牌第三。可以说，品种至关重要。仙居杨梅最有名的两个品种是"荸荠种"和"东魁"。"杨梅的品质差异体现在可溶性总糖及糖/酸比、口感和外型上。荸荠种杨梅、东魁杨梅的可溶性总糖含量高于其他品种，糖/酸比则以荸荠种杨梅居首。"[①]这两个品牌都是从宁波等地引进，加以嫁接改造的结果。外地的品种到了仙居种植，产出的杨梅品质更优，这当然离不开技术人员的研发和指导。技术骨干的力量需要进一步予以重视。

（二）技术创新

技术创新是产品的关键，也是品牌发展的基础。即便有好的品种，也需要技术改造，使其能够在当地落地。例如，杨梅低温贮藏保鲜技术就很重要。通过技术创新，产品的品质更有保障，更符合消费者的需求。技术创新

---

① 崔雨晴：《仙居杨梅特色农业发展的可持续性研究》，硕士学位论文，浙江农林大学，2011 年，第 22 页。

可以凸显区域品牌的差异性,使其形象更加鲜明,在市场上更具有竞争力。

随着人工智能技术的发展,智慧农业逐渐被推广运用。仙居杨梅积极跟进,实施了数字化改造,鼓励种植户建设数字化大棚,进行数字化种植,推进智慧农业在杨梅产业落地。

仙居杨梅一步步走来,正是一次次技术创新的结果。

(三)产品开发

农产品需要进行深加工,加入更多的技术含量,开发出品种多样、品质可靠的产品,以满足用户的需求。仙居杨梅的产品不只有新鲜的杨梅,或者冷冻杨梅、杨梅酒之类的常见产品,还有被称为"一枝杨梅"的杨梅冰棒。杨梅冰棒令消费者耳目一新,在销售上表现也不错。此外,还有杨梅干红、杨梅原汁、杨梅醋饮、杨梅浓缩清汁等新品,进一步提升了仙居杨梅品牌的附加值。

(四)品质建设

仙居的各个乡镇在杨梅上市时节,专门设置了品质监测站。只有经过品质检测的杨梅才能上市,从而确保杨梅的品质不变,不会出现农药超标等现象,由此赢得消费者的信任。同时辅以村规民约,约束农户的种植、销售行为,不让不合格的杨梅入市。种种制度约束之下,仙居杨梅的品质得到很好的保证和提升。

在生产环境方面,仙居杨梅制定了标准化生产制度和质量标准体系。严格实行"两卡四制度":对全县杨梅生产经营单位进行产地编码,发放农产品产地编码卡,对检测合格的杨梅发放质量安全检测卡,构建产地质量追溯信息系统,全面实施杨梅检测、质量追溯、基地准出、市场准入四项基本制度。[①]

2011年,仙居县首次推行杨梅"绿色精品"防伪标识,规定了严格的申请要求,由县果品产销协会发放统一的"绿色精品"防伪标识,每张防伪标识只能一次性使用,可追踪杨梅的生产档案、检测结果、动植物疫病、农产品市场

[①] 吴晓琳:《仙居杨梅产业:优服务　抓提升　重监督》,《浙江林业》2011年第11期,第28—29页。

经营等从源头到市场全过程的信息。[①]

(五)物流建设

在冷链物流没有普及的时期,当地杨梅主要以个体经营、零散销售为主,即便远距离运输也是走快速托运,航空运输,遇上热天,杨梅基本上就坏在路上了,给农户和商家带来诸多苦楚,杨梅产业也就很难上规模。

由于杨梅没有果皮包裹,尤其需要注重保鲜,所谓"头日新鲜,次日色变,三日味变"。因此,物流必须跟上,不然,等杨梅从树上采摘,到消费者手里时很可能就变味变质了,那样会大大影响消费者的健康,同时也会影响杨梅的销量。为此,仙居杨梅构建起一条快速、高效的物流网络,建设了仓储冷库物流一体化中心,从而确保杨梅当天采摘、当天运送,快速送到消费者手里。

不难发现,物流建设既提升了仙居杨梅的品质,给予消费者更好的体验感,也对品牌形象的塑造起了重要的作用。

三、品牌推广

(一)独特的品牌形象

在中国杨梅发展大会暨第 24 届仙居杨梅节上,当地政府发布了"人间仙果,仙居杨梅"广告语和"杨梅仙子"品牌形象,仙居杨梅区域公用品牌新形象正式亮相,从而进一步强化了仙居杨梅的辨识度。这些独特的品牌符号使仙居杨梅与其他地域的杨梅拉开了距离,让人们对仙居杨梅产生更强的品牌形象认知。新形象有助于更好地讲好仙居杨梅故事,使其传播得更广更远。

(二)数字赋能,线上营销

在这个电子商务时代,为了更好地销售推广产品和品牌,仙居杨梅积极

---

① 吴晓琳:《仙居杨梅产业:优服务　抓提升　重监督》,《浙江林业》2011 年第 11 期,第 28—29 页。

构建全域营销矩阵。如今,覆盖全国的、快捷的物流网已经构建,微信、微博等各种线上营销在物流上不会有后顾之忧,可以在短时间内保质保量地将产品运送到消费者手里。同时,利用大数据工具,进行精准的用户画像,落实线上销售,并推进场景营销,具有很好的销售效果。

(三)杨梅节

一年一度的杨梅节非常热闹,可以吸引很多游客到当地采摘、品尝杨梅。同时,这些游客也会通过自媒体予以传播,加上新闻媒体的报道,从而可以引起更多人的关注。

杨梅节是集旅游、参观、采摘、品尝与销售于一体的体验经济,消费者在深入体验的同时,对仙居杨梅会产生深刻的印象,强化品牌忠诚,并且由此形成良好的口碑效应,促使品牌进一步传播。

除了杨梅节,当地还举办了仙居杨梅推介会,邀请国内主流媒体予以报道。此外,每年举办杨梅仙子、杨梅十佳管理能手的评选,以及杨梅王擂台赛等活动。浙江扬眉饮品有限公司还创建了一座杨梅博物馆,宣传杨梅种植的历史和文化。这些活动在很大程度上扩大了其品牌知名度,提升了品牌形象。

当地政府还致力于构建观光旅游园区,建设青少年农业文化基地,鼓励广大果农积极开发杨梅观光园、采摘园、农家乐等活动,多层次发展杨梅经济。

(四)社交媒体

小红书等社交媒体是仙居杨梅非常重要的传播渠道。在小红书上输入仙居杨梅,搜一搜,可以找到不少相关信息。这些信息会让很多用户接触到,并认可仙居杨梅,最终引发购买行为。品牌知名度和美誉度在这些社交媒体中不断提升,从而提升了区域品牌的价值。

微信同样是新媒体时代仙居杨梅营销的重要渠道,很多人在朋友圈可以接触到仙居杨梅的宣传和销售信息。微信好友基本上都是有过一面之交的朋友,品牌通过这样的渠道进行销售,往往可以产生裂变传播的效果。只要产品质量过硬,口碑很容易形成并不断扩张,从而大大促进产品的销售。

可见,在新媒体时代,营销同样需要创新。农产品虽然很多,但能够成为爆款的并不多。即便在同类产品中,人们也有非常多的选择,想要引起大家强烈的购买欲,既需要提升品牌形象,也需要创新营销模式。农产品烂在地里的现象并不少见。生产不易,销售更难。区域公用品牌建设,将广大农户拧成一股绳,增强了市场竞争力,与此同时,还要拓展和创新营销方式,更好地将产品展示在用户眼前,并将其销售到世界各地,这样才算是真正取得成功。仙居杨梅营销者将线下线上结合,注重电商,打开了一条新路,使仙居杨梅成了抢手货。

从实际效果来看,仙居杨梅品牌建设和产业开发成绩喜人。据初步统计,2011 年全县杨梅投产面积 8.5 万亩,总产量 5.6 万吨,总产值约 4.6 亿元,全县 40 万农业人口人均单项收入 1100 多元。[①] 2020 年,仙居全县杨梅投产面积达 13.5 万亩,产量达 10.6 万吨,鲜果产值达 8.5 亿元,全产业链产值达 20 亿元,带动杨梅农户平均增收 2.6 万余元。[②] 杨梅、杨梅饮品及其相关产业如旅游、餐饮、宾馆等,成了当地居民发家致富的来源。杨梅树成了实实在在的"摇钱树"。

杨梅上市持续时间虽然不长,不过得益于杨梅,仙居县的农业得以增效,农户得以增收,相关产业得以发展,大大提升了仙居的知名度,为仙居其他产业的发展打下了基础。仙居杨梅已经成了仙居的金名片,成了仙居的象征。

第二节　节庆营销

一、节庆与营销

节庆主要有两大类:一是传统节日;二是特色节庆。

传统节日有着一定的历史,往往是农耕社会,根据农历节气、时令等设

---

① 王康强、张小平、陈钦宏:《浙江仙居杨梅产业发展形势与思考》,《果树实用技术与信息》2012 年第 3 期,第 37—40 页。

② 刘子依:《仙居杨梅缘何爆火》,《中国品牌》2021 年第 7 期,第 82—83 页。

置的,例如元宵节、端午节、中秋节、重阳节等,还有一些是国家在现代社会设定的法定节日,主要为了庆祝某事、纪念某人或者关注某个群体及事物,例如妇女节、劳动节、教师节、国庆节等。

特色节庆是政府部门、行业协会、企业、商家等为了促进商品销售、开展公关活动、进行品牌推广、举办庆祝活动等特别策划的节日。例如杨梅节、香菇节、周年庆、"双十一"等。

就品牌营销来说,借助传统的、法定的节日开展营销活动,采取的往往是借势营销策略,而通过自行设定的特色节庆开展相关活动,具有更强的节庆营销意味。

节庆给了人们一个选择的理由。"特色节庆活动作为品牌主体(包括政府、行业协会和农户等在内)的行为,主动制造了一个不同寻常的'噱头'(如节日的首创性、主题的特殊性、内容的趣味性等),使得公众自发对其产生兴趣——'我渴望来看你'。"[①]

二、节庆营销的目标

(一)品牌形象传播

节庆活动,往往很多媒体会予以报道和宣传,品牌主也可以自行使用自媒体来传播,吸引大家的注意力。可见,节庆是一种媒介,可以让广大顾客了解品牌的历史、文化、特性等相关信息。通过节庆,人们加深了对品牌的认知和理解,强化了品牌记忆。

(二)公关和沟通

节庆活动是一个平台,不仅可以展示品牌形象,还可以将相关人士聚拢在一起,从而就相关问题进行沟通,达成良好的公关目的。通过节庆活动,政府部门、国有单位、经销商、农户、商家和消费者等有了更多的接触,对彼此有了更深的认识,从而能够为品牌建设提供强有力的支持。

---

① 朱宜量:《会过节的橙子——品读"赣南脐橙"品牌的节庆营销》,《中国广告》2010年第10期,第91—95页。

(三)促进产品销售

举办节庆活动之时，往往也是商家展示商品、进行贸易洽谈，以及直接销售产品之机。不管是大的客户、国内外的经销商，还是作为个体的消费者，在参加节庆活动时，往往会品尝或使用产品，以及下单购买产品。品牌的销售渠道可以借此机会进一步扩大，从而为之后的销售打下基础。

(四)构建行业地位

当地政府联合当地企业开展节庆活动，使该行业主要企业聚在一起商讨行业发展战略、问题等。这对于当地的产业集群发展来说是非常有帮助的，可以借此构建、巩固行业地位，扩大区域的影响力。

三、节庆营销的策略

(一)围绕主题，以市场为导向

节庆营销是一种营销活动，不能为了办节而办节，而是需要围绕市场目标，与主题密切结合通过办节达成良好的宣传、营销目的。

(二)突出亮点，强化特色

各地策划的节庆活动非常多，能够给人们留下深刻印象的往往是那些特色鲜明的节庆。因此，在节庆活动的设计中，企业需要突出自己的亮点，将最具独特魅力，最能引人关注的环节予以突出。

(三)文化是节庆的核心内容

作为品牌营销的手段，节庆的核心内容应该是品牌文化。这就像传统节日一样，节庆营销的关键是富有特色和价值内涵的文化。人们购买产品，不只是为了其功能，文化的魅力更重要。一个平淡无奇的产品，有了文化，就变得很不一样。通过节庆，人们可以更深入地了解品牌文化，加深印象。节庆营销赋予品牌符号一种意义，并建立消费者对品牌的情感联结。

（四）重视新媒体的传播作用

在数字媒体时代,节庆营销除了积极邀请传统媒体报道、宣传之外,还应重视利用网络渠道,特别是微信、微博、抖音等拥有庞大流量的社交媒体,让人们在看手机的时候,能够及时刷到节庆活动的信息,并且引导用户积极转发,这样就可能迅速扩散传播。

（五）节庆营销需要注意防范风险

节庆活动的环节很多,并且人来人往,需要处理的关系也很多,由此出现风险的概率也很高。节庆活动吸引了众多媒体聚焦,一旦出现风险,后果也会更严重,因此,需要注重风险的防范,不能让好事变成坏事。

第三节　永康五金

一、永康五金的概貌

永康古称丽州,总面积 1049 平方千米,地处浙江省中部和金华西南。1992 年 10 月撤县设市。永康五金有着悠久的历史,"工匠精神"激励着一代代的永康人在五金行业不断创新创业。

1947 年永康五金手工业者从业工种有一百多种,被外界称作"百工之乡",其中五金手工制成品主要有各种刀具、锁具、锅壶、农具等。[1]

1978 年改革开放之后,永康五金手工业进一步从家庭作坊发展到个体企业、私营企业,以及上规模的现代企业,产业数量不断增多,产业链不断完善,产值也越来越大,专业市场和园区的影响力日益增长。五金产业是永康的经济支柱。

---

[1]　吴海峰:《永康民营五金制造业发展动力机制研究(1979—2010)》,硕士学位论文,浙江财经大学,2011 年,第 7 页。

由于永康五金产业的影响力,永康市先后被授予"中国五金名城""中国门都""中国炊具之都""中国五金之都""中国休闲运动车之都""中国口杯之都""中国电动工具之都""中国家居清洁工具之都"等各种国家级、省级荣誉和称号。

这些年永康市国民经济取得了良好的发展。据政府统计公报,初步核算,2021年全市实现地区生产总值(GDP)722.23亿元,按可比价格计算,比上年增长8.0%。2021年,全市规模以上工业企业共1028家,亿元以上工业企业205家,大中型工业企业74家。规模以上工业企业实现工业增加值193.46亿元,比上年增长10.7%。规模以上工业销售产值1002.34亿元,比上年增长21.72%。2021年,全市规模以上工业企业实现利润总额41.33亿元,比上年增长56.4%。2021年,全市实现进出口总额467.16亿元,比上年增长10%。2021年,全市实现财政总收入112.16亿元,比上年增长19.2%。2021年末户籍总户数24.59万户,户籍总人口62.22万人。2021年,全体居民人均可支配收入54213元,比上年增长8.7%。[①] 这些数据表明,永康市无愧为"中国县域经济百强市",是人民可以安居乐业、幸福安康的地方。

永康五金在规模、质量、品种、价格、技术等各方面都具有优势。目前,永康市已形成了车业、门业、杯业、电动工具、电器厨具、休闲器具、技术装备、金属材料八大支柱产业。全市共有上万家五金制造企业,从业人数超过50万人,五金产品达1万多种,行销180多个国家和地区。其中,有10多种五金产品销量居全国之最,100多种产品销量居全国前三位。[②]

永康五金的产业规模在不断向周边武义县、缙云县扩张,带动周边地区走上经济繁荣、人民富裕的道路。

---

① 《永康市2021年国民经济和社会发展统计公报》,2022年4月28日,http://www.yk.gov.cn/art/2022/4/28/art_1229400043_3971023.html,2022年12月30日。

② 毕婷:《永康市未来三年时尚五金及家居用品业发展计划》,《经营与管理》2018年第3期,第87—89页。

二、品牌塑造

(一)政府重视,组织完善

当地政府非常重视打造永康五金这一区域品牌。他们坚持把永康五金区域品牌作为一项战略来对待,予以高度关注。他们提出了"让永康五金畅行世界、让世界五金汇集永康"的目标,致力于打造一个"造天下五金精品、汇天下五金名品、聚天下五金英才、育天下五金名企、创天下五金知名展会"的特色鲜明的五金制造业集群。为此,特意组建了实体化运营的区域品牌办公室,探索区域品牌培育、管理、保护机制,开展国家、省、市多层次品牌创建活动,引导企业抢占品牌、标准制高点,实现知识产权服务平台全链条事项一站一次办。[①]

区域品牌的建设少不了政府的支持。尤其是品牌发展的初期,更是少不了政府的培育和扶持。在永康五金市场的建设上,政府投入大量资金进行建设以及升级改造,使其不断发展壮大。政府具有种种力量,整合各项资源,出台各种政策,推动区域品牌的建设。政府背书的区域品牌,能让企业获得更多的资源、更大的动力。企业会认真经营,不敢掉以轻心。当地政府为永康五金不断谋划未来,使永康市一步步朝着"世界五金之都"的目标迈进。

(二)技术升级,质量保障

永康市按照"1+1+5+N"创新体系总体布局,推进建设1个现代五金电子协同创新平台、1个五金科技研究院、5个分行业研究院以及分层次企业研发机构。[②]

当地政府围绕省级财政专项激励,先后出台《关于深入开展"中国制造2025"浙江行动试点示范全面振兴实体经济的若干意见》《永康市"企业数字

[①] 章旭升:《解放思想拉标杆　开拓创新谋发展　高水平打造"世界五金之都、品质活力永康"》,《政策瞭望》2020年第12期,第28—31页。

[②] 章旭升:《解放思想拉标杆　开拓创新谋发展　高水平打造"世界五金之都、品质活力永康"》,《政策瞭望》2020年第12期,第28—31页。

化制造、行业平台化服务"改造提升活动实施方案》等系列政策,以智能制造为主攻方向,助力永康五金企业从生产线向车间、全厂推进智能制造,助推其高质量发展。[①] 同时推进"互联网＋""数字＋""智能＋"等技术手段的升级改造,助推企业生产走向数字化、智能化和网络化,减少能量损耗、环境污染,并提升企业生产、销售等各个环节的效率,促进产品的研发和革新,提升产品的品质。对于企业员工来说,技术创新可以减少"工伤",使他们在更健康、更适宜的工作环境中工作,并获取更高的工资收入。这样,企业员工就有更高的忠诚度,企业生产经营活动就更有保障。永康五金企业中坚集团、飞剑公司、三锋公司等都是智能制造的探索者,获得了良好的经济效益。

(三)培育龙头企业,壮大小微企业

为了培育大企业,壮大企业规模,当地政府大力开展"放水养鱼""千帆计划"行动。这些行动有助于打造一批有竞争优势、有成长潜力、有关键核心技术的头部企业。同时,当地政府还出台加快企业股改上市工作意见和股权投资产业发展指导意见,支持行业龙头企业兼并重组、股改上市,打造一批细分行业的头部型领军企业。鼓励中小企业"专精特新"发展,打造一批"行业小巨人""单项冠军""隐形冠军"。[②]在加大力度提升铁牛、王力、哈尔斯、超人等龙头五金品牌的知名度和影响力的同时,壮大整个行业的发展,促进区域品牌的产业规模和产品档次上台阶。

三、品牌营销

(一)历史文化底蕴深厚

永康作为"七山一水二分田"的半山区,人多地少,交通不便,永康人有着很长的离乡外出做手艺谋生的历史。在这个过程中,永康人与小五金结下了不解之缘。永康人走南闯北,走街串巷,留下了"打铁打铜走四方,府府

---

① 陈欣:《从"工伤"大市到"智造"之都——浙江永康打造五金产业安全发展之路的调查》,《中国应急管理》2021年第7期,第84—87页。

② 章旭升:《解放思想拉标杆 开拓创新谋发展 高水平打造"世界五金之都、品质活力永康"》,《政策瞭望》2020年第12期,第28—31页。

县县不离康"的美誉。五金手工业的文化越来越深厚,技术越来越纯熟。永康五金的历史文化可以转换成为区域品牌的故事,通过抖音、快手等自媒体得到广泛传播,让消费者在欣赏五金文化的同时,建立起对永康五金的品牌认知。

(二)标准与指数的可见性

当地政府积极推动永康五金龙头企业牵头或参与五金产品标准建设,并助推企业标准升级为行业标准,以及进一步升格为国家标准,乃至国际标准。行业标准的建设,对于确保产品质量、保护知识产权等具有积极作用。行业标准也是一种话语权,对于扩大区域品牌的知名度和影响力,具有不容小觑的作用。

永康市利用尚五金、中国五金商城网、东方商城网、上门网和中国门都网等现有电商平台的海量消费数据,推出了"中国·永康五金指数"。通过指数,提供市场服务,同时增强市场话语权。

对于专业市场来说,市场指数是整个行业的风向标,对于企业把握自己生产经营的节奏、投融资的规模,以及市场营销的力度有参考价值。

(三)线上线下展会的广告作用

2021年10月25—27日,在浙江省永康国际会展中心举办了第26届中国五金博览会。这次展会共有来自上海、江苏、山东、福建、浙江等省市的1365家企业获得了正式参展机会。其中225家企业安排的是特装展会,面积达13280平方米,其余1140家企业安排了1761个标准展位。可以说,每一次展会都吸引了很多业内人士参与,并达成了可喜的成交结果。其中2020年举办的中国五金博览会一共达成交易额130.7亿元,累计参展参会人员达到7.6万人次;网上五金博览会访问量达到148.4万人次;2020中国(永康)网货节访问量达到135.3万人次。[①]

展会汇聚了区域内外相关品类的产品,对于提升区域品牌形象具有非常大的作用。举办展会,就相当于开展盟主大会,其他地方的企业到当地参

---

① 李聂、沈贞海:《浙江永康:五金产业淬真金,盛大展会引力强》,《中国经济导报》2021年10月19日,第4版。

展参会,可以进一步巩固区域品牌的领导地位。截至 2021 年底,中国五金博览会已经举办了 26 次,这对于中国五金行业来说,是一个非常深刻的符号记忆,对于永康五金走向世界也起了非常好的推动作用。永康五金成了五金行业的世界性标杆。品牌的知名度和美誉度由此得到提升。

四、结语

永康五金作为一个区域品牌,产生了非常大的影响,在世界上享有较高的声誉,世界五金之都的形象越来越凸显。区域品牌的建设推动了当地五金产业的发展,政府从中获得了很多财政收入,从而有助于基础设施建设,改善城市空间,让当地居民获益。

五金产业的发展,推动了更多人加入这个行业。区域品牌为众多小微企业提供了各种服务和保障,让他们有更多的条件和机会自己创业,从中获得更多财富。当地从事五金行业的人多达几十万,很多人由此发家致富。

永康五金区域品牌还形成了外溢效应。通过到附近的武义县、缙云县等地创办企业,带动了周边地区创业致富,以及吸收本地和周边地区居民,帮助外来劳动力更好地就业。再者,五金产业的规模更大了,品牌影响力更大了,品牌价值更高了,财富效应也更明显了。不仅永康市因为永康五金富起来了,周边的县市也由于永康五金富了起来。

第四节 展会营销

一、展会

展会,又称会展,也即会议展览。作为区域品牌来说,政府部门和行业协会等品牌建设主体往往会通过定期举办展会来为当地相关企业搭建展示、宣传和销售的平台。对于企业来说,这是一个非常好的窗口,能够让企业品牌在良好的氛围中接触消费者、客商、媒体等。

展会是消费者获得品牌体验的一种渠道。人们在展会中可以观察陈列的产品、图片和影视宣传片,获得视觉上的体验;通过参与一些互动游戏、抽奖活动、试穿试吃等,获得行动上的体验;借助人工智能、AR、VR 等技术,获得沉浸式体验。

很多学者对展会的功能做了归纳。例如,展会集会议展示、商务活动、旅游观光、信息宣传于一身,能起到展示商品和技术、沟通行业和地区联系、扩大市场和贸易的作用。① 还有学者认为,展会营销有以下几个方面的功能:展示品牌,宣传产品;是生产商、批发商和分销商进行交流、沟通和贸易的汇聚点;可以收集信息;降低营销成本;检验产品是否适销对路。②

二、展会营销的策略

关于展会营销策略,有学者提出了消费类展会短视频营销策略,提出通过场景营销、流量营销、互动营销及口碑营销四个环节,开展面向消费者的双向互动活动,以期实现口碑的树立及消费者对展会品牌忠诚度的培养。③在数字时代,展会营销需要运用新的模式和手段。

总的来说,开展展会营销,需要做好以下几件事。

(一)做好策划

不管是首次举办或者参与的展会,还是延续的展会,都需要做好策划。展会要有一个大的主题和口号,这是长期的,与整个展会的定位密不可分,需要精心设计。每年的主题可以应时局变化而提出,同样也需要加以策划。主题鲜明、口号响亮的展会更容易赢得大家的关注,也更能获得良好的传播效果。"展会营销的营销要素有七个,它们是:产品、价格、渠道、促销、人、有形展示和过程。"④展会策划包括方方面面,需要将各个要素进行巧妙组合和预先规划。只有做好策划,展会才可以按部就班开展,才更能取得品牌营销的效果。

---

① 张新彦:《会展营销策略研究》,《黑龙江社会科学》2007 年第 1 期,第 87—89 页。
② 任鄂湘:《论会展营销创新策略》,《改革与战略》2007 年第 4 期,第 120—122 页。
③ 周健华、尹利:《基于 SIPS 模型的消费类展会短视频营销策略研究》,《商展经济》2022 年第 3 期,第 10—13 页。
④ 广生:《熟练运用展会营销的七种武器》,《中国会展》2004 年第 15 期,第 38—40 页。

(二)做好布置

对于企业来说,展台就是品牌展示、宣传的媒介,因此需要精心布置。整个设计风格首先需要符合品牌形象,体现企业的特色和优势,与此同时,应当考虑到参观的便利性和吸引力。有些展台,人们愿意停留,有些则门可罗雀,这与展台的设计、布置是分不开的。人们有意愿进来看看,并积极参与互动交流,这样才可以达到预期目标。

(三)做好培训

参展工作人员是企业形象的门面,是品牌的代言人,是现场的广告人。参展人员的形象和素质对品牌营销来说是至关重要的。企业需要精心挑选参展工作人员,并在展会开展前做好培训工作,让他们了解企业和品牌的最新动态、重要的展示内容,以及应对参观者的技巧等。优秀的参展工作人员可以提供周到、细致、全面的服务,让用户获得深刻的体验感。服务水平是展会营销成败的关键。

(四)做好宣传

展会是一种现场广告。首先,事前需要做好宣传,开展适当的促销活动,这样才能有更多的人前来交流和参观。展会期间,一方面,品牌需要面对现场的参观者做好宣传工作,不仅让产品自身说话,也通过文字、图片、现场讲解、宣传册等进行传播;另一方面,积极在媒体中亮相,提升自己的知名度,及时利用自媒体,引发人们点赞、留言和转发,扩散传播。

(五)做好保障

展会营销涉及方方面面的人员,也有多个工作流程和环节,是一项需要花费大量人力、物力和财力的复杂工程。因此,务必做好后勤保障工作和应急工作。这样,参展工作人员才不至于手忙脚乱,顾客才能在细节中感受到企业的用心,从而形成良好的品牌印象和品牌记忆。

展会营销不是展会结束就结束了,还需要注重展后工作。展会的效果要落实到商业交易中去,这就离不开扎扎实实、快速有效的展后工作的展开。展后工作一般包括即时跟踪、后续跟进和展后评估。① 做好展后工作，不仅可以促进更多的交易达成，而且有助于品牌形象的构建和传播，提升顾客的品牌忠诚度。

📹 视频资源

本教材已经录制了部分视频课程，共 48 集，480 分钟。以下是关于第十四章的 4 集视频二维码。

1. 仙居杨梅。

观看课程，请扫码

2. 节庆营销。

观看课程，请扫码

3. 永康五金。

观看课程，请扫码

4. 展会营销。

观看课程，请扫码

---

① 赵艳丰：《眼镜企业如何做好展会营销》，《中国眼镜科技杂志》2019 年第 7 期，第 30—32 页。

拓展阅读

[1] 胡晓云.中国农业品牌论:基于区域性前提的战略与传播研究[M]. 杭州:浙江大学出版社,2021.

[2] 谌飞龙.产业集群与区域品牌协同演进研究[M].北京:企业管理出版社,2021.

思考题

1.仙居杨梅区域品牌是如何塑造、建设和推广的?

2.结合有关案例,谈谈你对农产品区域品牌节庆营销的看法。

3.你觉得展会对于区域品牌营销的推广具有哪些价值?

4.结合案例具体分析开展展会营销需要注意哪些问题。

参考文献

第一章

[1] 戴维·阿克. 管理品牌资产[M]. 吴进操,常小虹,译. 北京:机械工业出版社,2012.

[2] 菲利普·科特勒,何麻温·卡塔加雅,伊万·塞蒂亚万. 营销革命3.0:从价值到价值观的营销[M]. 毕崇毅,译. 北京:机械工业出版社,2019.

[3] 凯文·莱恩·凯勒,沃妮特·斯瓦米纳坦. 战略品牌管理:创建、评估和管理品牌资产[M]. 5版. 何云,吴水龙. 译. 北京:中国人民大学出版社,2020.

[4] 周延风,张婷,陈少娜. 网红社交媒体传播及消费者情感倾向分析:以网红品牌"喜茶"为例[J]. 商业经济与管理,2018(4):70-80.

[5] 郑晓齐,马小燕. 专业学位研究生案例教学的相关问题辨析[J]. 北京航空航天大学学报(社会科学版),2021,34(2):147-153.

第二章

[1] 黎万强. 参与感:小米口碑营销内部手册[M]. 北京:中信出版社,2014.

[2] 唐兴通. 引爆社群:移动互联网时代的新4C法则[M]. 北京:机械工业出版社,2017.

[3] 畅榕. 虚拟品牌社区研究[M]. 北京:中国传媒大学出版社,2007.

[4] 王新新,等. 品牌社群:形成与作用[M]. 长春:长春出版社,2013.

[5] 费勇,林铁. 盗猎文本、快感经济与身份政治:小米手机粉丝文化研

究[J].现代传播(中国传媒大学学报),2013,35(9):1-5.

[6]吴水龙,刘长琳,卢泰宏.品牌体验对品牌忠诚的影响:品牌社区的中介作用[J].商业经济与管理,2009(7):80-90.

[7]黄静,王利军.构建品牌社区[J].商业经济研究,2004(18):50-51.

[8]沙振权,蒋雨薇,温飞.虚拟品牌社区体验对社区成员品牌认同影响的实证研究[J].管理评论,2010,22(12):79-88.

[9]王新新,薛海波.品牌社群社会资本、价值感知与品牌忠诚[J].管理科学,2010,23(6):53-63.

[10]吴麟龙,汪波.虚拟品牌社区对品牌关系的影响机制研究:以小米社区为例[J].管理案例研究与评论,2015(1):71-83.

[11]赵卫宏,王东.虚拟品牌社区消费者参与动机研究:中国消费者视角[J].企业经济,2011,30(7):58-62.

[12]李朝辉.虚拟品牌社区环境下顾客参与价值共创对品牌体验的影响[J].财经论丛,2014 (7):75-81.

[13]吴超,饶佳艺,乔晗,等.基于社群经济的自媒体商业模式创新:"罗辑思维"案例[J].管理评论,2017,29(4):255-263.

[14]陈鹏飞.拼多多的拉新策略研究:基于红包分享的裂变效应[J].现代商业,2020(21):43-45.

[15]周志民,李蜜.西方品牌社群研究述评[J].外国经济与管理,2008 (1):46-51.

[16]王战,冯帆.社群经济背景下的品牌传播与营销策略研究[J].湖南师范大学社会科学学报,2017,46(1):141-148.

[17]庞园园.社交裂变,电商营销新模式[J].金融博览(财富),2019 (1):76-77.

[18]祁祺,刘凯文.信息聚合平台的新模式:社交裂变:以趣头条为例[J].新闻研究导刊,2020,11(3):199+201.

[19]陈园园.游戏化对在线品牌社区用户参与的激励机理:基于小米的案例研究[J].管理案例研究与评论,2021,14(3):325-338.

[20]李冬梅.虚拟品牌社区特征对消费者品牌评价的影响:机制与路径[J].商业经济研究,2022(16):76-79.

[21]卢尧选.知识社群:知识付费的内容生产与社群运作:以罗辑思维社群为例[J].中国青年研究,2020 (10):12-20.

[22] 祝宇桐.社会化媒体环境下的粉丝文化与中国本土品牌传播趋势初探:以小米手机为例[D].上海:华东师范大学,2015.

[23] 王珂.虚拟品牌社区的传播管理研究[D].南昌:江西师范大学,2018.

[24] 陈顺林.虚拟品牌社区参与对产品品牌忠诚的影响研究[D].杭州:浙江大学,2007.

第三章

[1] 马尔科姆·格拉德威尔.引爆点:如何引发流行[M].钱清,覃爱冬,译.北京:中信出版社,2014.

[2] 冯英健.网络营销基础与实践[M].北京:清华大学出版社,2004.

[3] 陈志强.140个字的凡客穿透力[J].商界(评论),2010(8):66-68.

[4] 庄猛.凡客诚品的品牌传播之道[J].新闻爱好者,2011(10):78-79.

[5] 陈致中,石钰.病毒营销的理论综述与研究前瞻[J].现代管理科学,2016(8):33-35.

[6] 刘伟,刘昱彤,李纯青,等.刷屏的原理:在线内容的病毒式分享机制[J].心理科学进展,2020,28(4):638-649.

[7] 王水.蜜雪冰城火爆背后:二创、抖音与"十万铁军"[J].销售与市场(管理版),2021(8):72-75.

[8] 吴雅清.新媒体时代品牌传播娱乐化探析:以中国本土茶饮品牌蜜雪冰城为例[J].声屏世界,2022(18):87-89.

[9] 李婷,石丹.蜜雪冰城,"黑化梗"里有故事[J].商学院,2022(8):120-125.

[10] 陆昊菁.病毒营销的社会化媒体传播动力挖掘[J].今传媒,2012(4):78-81.

[11] 张鹏,任维浩,赵动员.病毒式营销述评[J].合作经济与科技,2019(19):84-85.

[12] 葛飞.社会化媒体背景下病毒式营销的应用研究[J].中国商论,2017(26):53-55.

[13] 付亮,王俊伟.病毒式营销的内涵、特点及应用[J].沈阳师范大学学报(社会科学版),2020,44(5):63-68.

[14]许礼清,孙吉正.营销出圈热度攀升　剖析蜜雪冰城的"生意经"[N].中国经营报,2021-07-05(D04).

第四章

[1]安迪·塞诺威兹.做口碑[M].林祝君,李东海,译.北京:机械工业出版社,2008.

[2]乔纳·伯杰.疯传:让你的产品、思想、行为像病毒一样入侵[M].刘生敏,廖建桥,译.北京:电子工业出版社,2014.

[3]赵蓓,贾艳瑞.品牌故事研究述评:内涵、构成及功能[J].当代财经,2016(12):65-76.

[4]张勇.欧莱雅品牌战略对中国化妆品业品牌建设的启示[J].商场现代化,2005(28):252-253.

[5]于斐.化妆品企业创造价值的根本:口碑营销![J].日用化学品科学,2017,40(12):46-48+56.

[6]黄敏学,王峰,谢亭亭.口碑传播研究综述及其在网络环境下的研究初探[J].管理学报,2010,7(1):138-146.

[7]张晓飞,董大海.网络口碑传播机制研究述评[J].管理评论,2011(2):88-92.

[8]王玉波."褚橙"热卖的品牌营销启示[J].全国商情(理论研究),2013(7):18-19.

[9]杨丽华,刘明.褚橙成功路[J].企业管理,2014(4):58-59.

[10]袁绍根.品牌叙事:提升品牌价值的有效途径[J].日用化学品科学,2005(7):25-30.

[11]汪涛,周玲,彭传新,等.讲故事　塑品牌:建构和传播故事的品牌叙事理论:基于达芙妮品牌的案例研究[J].管理世界,2011(3):112-123.

[12]陈香,郭锐,Cheng Lu Wang,等.残缺的力量:励志品牌故事人设健全性对消费者品牌偏好的影响[J].南开管理评论,2019,22(6):4-15.

[13]杨大筠.将品牌故事化[J].中国品牌,2007(2):125.

[14]赵诗睿.营销4.0时代下品牌故事营销模式创新及启示[J].视听,2019(1):211-212.

[15]周凯,徐理文.基于5T理论视角下的企业微博营销策略及应用分

析:以欧莱雅的微博营销为个案研究[J].图书与情报,2012(5):120-127.

[16] 程健."互联网＋"背景下的口碑营销策略研究[J].中国商论,2021(4):57-58.

[17] 贾艳瑞.品牌故事对消费者态度的影响研究[D].厦门:厦门大学,2016.

[18] 陈书舫.基于日本电通蜂窝模型的欧莱雅集团品牌建构研究[D].杭州:浙江大学,2010.

第五章

[1] 林海亮.借势:互联网时代新营销法则[M].北京:北京联合出版公司,2015.

[2] 梁潇.浅析杜蕾斯官微的运营之道[J].视听,2015(10):151-152.

[3] 杜蕾斯雨夜鞋套事件[J].广告大观(综合版),2011(11):101-102.

[4] 曾凌轲.微信平台的品牌传播策略:以杜蕾斯品牌营销为例[J].中外企业家,2015(11):241＋243.

[5] 章颖,蒋冲.企业品牌的微博营销模式探析[J].商业时代,2012(34):29-30.

[6] 郑亚琴,郭琪.微博营销对企业品牌传播的影响[J].吉林工商学院学报,2011,27(4):27-31.

[7] 刘倩倩.新媒体时代借势营销在品牌传播中的应用[J].新媒体研究,2016,2(6):51-52.

[8] 苏落.借势营销的"我们"如何成为赢家[J].成功营销,2015(7):82-85.

[9] 孟萍莉,崔佳慧.快时尚服装品牌的营销策略分析:以优衣库联名遭疯抢为例[J].中国商论,2020(4):85-87.

[10] 陈思涵.消费者行为正在戏剧化:优衣库×KAWS联名款遭遇疯抢的背后[J].中国广告,2019(7):99-100.

[11] 洪妍妮,张芬芳.优衣库和Kaws品牌联名的艺术营销[J].东南传播,2020(5):129-135.

[12] 张炙尺.喜茶联名营销策略研究[J].商业经济,2021(6):73-75＋77.

[13] 田雨佳.国货彩妆行业品牌联名营销模式发展现状及问题与对策[J].中国商论,2022(8):31-33.

[14] 李江.基于品牌价值供应链视角的联名营销策略研究[J].中国市场,2022(29):133-135.

[15] 马巾涵.新老品牌联名营销案例研究:"椰云拿铁"营销案例分析[J].中小企业管理与科技,2022(8):141-143.

第六章

[1] 鲁小萌.广告在竞争中的作用:谈百事可乐与可口可乐百年广告战[J].中外企业家,2005(3):58-61.

[2] 薛玉建.百年商战:"百事可乐"与"可口可乐"之争[J].经营管理者,1999(9):46-47.

[3] 衣成林.国内外共生营销文献述评[J].现代营销(经营版),2019(8):105.

[4] 薛大勇.营销新模式:共生营销[J].中国经贸,2004(2):42-43.

[5] 冯银虎,薛阳.我国乳制品企业共生营销模式研究:以伊利、蒙牛为例[J].内蒙古工业大学学报(社会科学版),2012,21(2):19-24.

[6] 邓文芝.关系营销战略浅议[J].商业经济文荟,1998(3):55-57.

[7] 方家平.合作营销:营销观念的革命[J].商业经济文荟,2001(1):43-46.

[8] 李婷,石丹.茅台冰淇淋,一次"蓄谋已久"的跨界[J].商学院,2022(7):110-112.

[9] 胡水.跨界营销 重申用户体验[J].中外管理,2007(11):87-89.

[10] 陈炎坤,杨兴华.老字号品牌跨界营销的影响因素分析:基于消费者特性视角[J].商业经济研究,2022(14):86-89.

[11] 邓勇兵.跨界营销:体验的综合诠释[J].中国市场,2007(42):56-57.

[12] 聂佳琪.浅析国货品牌中的跨界营销[J].西部广播电视,2019(13):43-44.

[13] 程丹亚,袁炜灿.跨界营销:品牌另辟蹊径的营销之道[J].新闻研究导刊,2018,9(15):76-77.

［14］伯建新.跨界营销的应用及原则［J］.中国牧业通讯，2008(19)：42-43.

［15］赵大川.品牌联名跨界营销的逻辑分析［J］.新闻传播，2021(12)：72-74.

［16］陈海军,张瑞清,王竞宇.互联网时代品牌跨界营销策略研究:以三大媒体2019年度盘点为例［J］.新媒体研究，2020,6(23):37-40.

［17］卓曼.跨界营销的成功要素与实施路径研究［J］.长春师范大学学报，2017,36(6):195-198.

［18］颜婧宇.Uber(优步)以跨界营销打响品牌知名度的实践思考［J］.中国商论，2015(16):8-13.

［19］胡明宇.整合营销传播视角的品牌跨界营销:创新与挑战［J］.中国广告，2020(10):83-87.

［20］赵述评,王傲.干货还是噱头?茅台冰淇淋能否俘获年轻消费者［N］.北京商报，2022-09-26(003).

［21］张瑜宸.茅台冰淇淋,到底"冰"了个啥?［N］.华夏酒报，2022-06-07(A06).

［22］林志吟.茅台冰淇淋单杯代购价被炒至上百元［N］.第一财经日报，2022-07-11(A09).

［23］胡珉琦.奢侈品"下凡"背后的心理战术［N］.中国科学报，2022-06-06(003).

［24］刘琼.酒淇淋火了［N］.深圳商报，2022-09-01(A03).

第七章

［1］李劲,李锦魁.情感营销［M］.北京:经济管理出版社，2005.

［2］冯梦宁,孙军锋,崔文涛.野性消费背景下鸿星尔克品牌价值提升策略研究［J］.产业与科技论坛，2022,21(15):54-57.

［3］刘照龙:冰墩墩的"野性消费"［J］.国际品牌观察，2022(8):45-46.

［4］马兢.新媒体视域下情绪催化的裂变式传播分析:以鸿星尔克事件情绪催化下的野性消费行为为例［J］.新闻研究导刊，2021,12(20):47-49.

［5］王芳,高菲.社交媒体对"野性消费"的影响［J］.海河传媒，2022(4):24-27.

［6］陈凌婧,胡璇.企业社会责任、网络情绪传播与品牌价值:基于鸿星尔克的案例分析［J］.商业经济研究,2022(3):94-96.

［7］甲鲁平,倪文豪.从鸿星尔克事件看新时代企业社会责任的履行［J］.现代商业,2021(35):27-30.

［8］杨锴.服务员工能够激发顾客的积极情绪吗?:情绪感染理论及其在服务营销领域的应用［J］.生产力研究,2011(1):174-176.

［9］郭娟娟.网络青年从"原子化"到"族群化"的生成机制研究:以鸿星尔克出圈为例［J］.当代青年研究,2022(3):20-26.

［10］张佳琪.网络自制剧情绪营销模式研究［J］.合作经济与科技,2019(11):106-109.

［11］谭运猛.情绪营销引领营销新革命［J］.声屏世界·广告人,2018(11):49.

［12］李晶.消费者情绪营销的策略探究［J］.市场论坛,2013(12):61-63.

［13］李宏,刘菲菲.基于情绪视角的营销信息分享述评与展望［J］.外国经济与管理,2018,40(9):143-152.

［14］苏勇,方凌智,陈云勇.品牌情感的形成及其拓展:基于情感营销的研究综述［J］.中国流通经济,2018(6):53-61.

［15］曹祎遐.品牌战略创新:从感官营销到情感营销［J］.湖北经济学院学报,2013,11(3):88-92.

［16］于忠民.全新的情感营销［J］.华东经济管理,1999(2):43-44.

［17］王德胜.体验经济背景下情感营销策略研究［J］.中国流通经济,2008(11):54-56.

［18］巩天雷,赵领娣.基于顾客情感和谐的情感营销驱动模式研究［J］.预测,2007(2):25-29.

［19］田园园.浅谈情感营销［J］.金融经济,2008(12):33-34.

［20］廖秉宜,郑佳卉.社交媒体环境下品牌情感营销传播创新研究:基于品牌资产理论视角［J］.广告大观(理论版),2019(5):46-55.

［21］周永昌,周朝霞,罗丹凤,等."999感冒灵"广告策略研究分析［J］.现代营销(信息版),2020(4):255-256.

［22］刘昶.社会化商务背景下的情感营销路径:以东方甄选直播为例［J］.互联网周刊,2022(21):30-32.

[23] 黎竹,刘旺."野性消费"之后鸿星尔克情绪营销下的冷思考[N].中国经营报,2021-08-02(D01).

[24] 王敏杰,马云飞.鸿星尔克的隐与忧[N].国际金融报,2022-08-08(011).

第八章

[1] 黄铁鹰.海底捞你学不会[M].北京:中信出版社,2015.

[2] 施密特.体验营销:如何增强公司及品牌的亲和力[M].刘银娜,高靖,梁丽娟,译.北京:清华大学出版社,2004.

[3] 贺和平,刘雁妮,周志民.体验营销研究前沿评介[J].外国经济与管理,2010,32(8):42-50+65.

[4] 邵建红,申东飞.宜家"体验式营销"模式实证研究[J].金属世界,2011(3):24-26.

[5] 陈胜军,陈东,周丹.海底捞的微笑链[J].企业管理,2008(1):54-57.

[6] 刘建新,孙明贵.顾客体验的形成机理与体验营销[J].财经论丛,2006(3):95-101.

[7] 喻国明,耿晓梦.元宇宙:媒介化社会的未来生态图景[J].新疆师范大学学报(哲学社会科学版),2022,43(3):110-118+2.

[8] 杨赞.引爆科技圈的"元宇宙"[J].方圆,2021(21):66-67.

[9] 董浩宇."元宇宙"特性、概念与商业影响研究:兼论元宇宙中的营销传播应用[J].现代广告,2022(8):4-12.

[10] 戴鹏慧.基于心流体验理论的新媒体营销策略研究[J].中外企业文化,2022(10):114-116.

[11] 杜骏飞."未托邦":元宇宙与Web3的思想笔记[J].新闻大学,2022(6):19-34+119-120.

[12] 赵玮,廖四成,廖波.面向用户体验的"社交＋电商"全场景营销策略分析[J].商业经济研究,2021(15):68-71.

[13] 王晖.元宇宙的营销价值,被百事玩明白了[EB/OL].(2022-07-21)[2022-09-08].https://mp.weixin.qq.com/s/uymeKmKBDgebO2DoAOGEqw.

[14] 王心恬.天猫入局元宇宙营销:人货场的再应用[EB/OL].(2022-

08-18)[2022-09-08]. https://mp. weixin. qq. com/s/shtvHi8s4TObm3da 2dkuOw.

第九章

[1] 吴声.场景革命:重构人与商业的连接[M].北京:机械工业出版社,2015.

[2] 罗伯特·斯考伯,谢尔·伊斯雷尔.即将到来的场景时代[M].赵乾坤,周宝曜,译.北京:北京联合出版公司,2014.

[3] 吴冰冰.跟着迪士尼乐园学场景营销[J].中国广告,2016(7):55-58.

[4] 钱丽娜.星巴克:场景式体验[J].商学院,2017(8):55-56.

[5] 梁旭艳.场景传播:移动互联网时代的传播新变革[J].出版发行研究,2015(7):53-56.

[6] 丁蕾.场景营销:开启移动互联网时代的营销新思维[J].出版广角,2017(3):65-67.

[7] 国秋华,程夏.移动互联时代品牌传播的场景革命[J].安徽大学学报(哲学社会科学版),2019,43(1):133-137.

[8] 杨萍.互动仪式链视角下网络社交中的自我呈现与身份认同:从网易云音乐年度听歌报告说起[J].新媒体研究,2018(5):29-31.

[9] 周懿瑾,陈嘉卉.社会化媒体时代的内容营销:概念初探与研究展望[J].外国经济与管理,2013,35(6):61-72.

[10] 邱敏,张翔.Vlog:一种内容营销的新形态[J].青年记者,2019(24):81-82.

[11] 李蕾.内容营销理论评述与模式分析[J].东南传播,2014(7):136-139.

[12] 张美娟,刘芳明.数媒时代的内容营销研究[J].出版科学,2017,25(2):8-13+28.

[13] 秦琰.人设、场景、表演:美食类短视频自媒体内容营销的新趋向[J].东南传播,2019(1):22-24.

[14] 张曦予.原生营销:互联网思维下的内容营销3.0[J].东南传播,2015(3):99-101.

［15］朱晓彤.场景革命下的品牌传播:以耐克跑步为例［D］.合肥:安徽大学,2016.

第十章

［1］李磊.企业品牌的战略选择［J］.现代企业文化(上旬),2017(1):80-81.

［2］豆均林.事件营销的类型及运作策略［J］.经济与社会发展,2004,2(10):42-45.

［3］王晓玉.负面营销事件中品牌资产的作用研究综述［J］.外国经济与管理,2010,32(2):45-50.

［4］贺福,蒋丽芬.娱乐:品牌内涵的时尚诠释法:试论蒙牛酸酸乳的娱乐营销策略［J］.湖南大众传媒职业技术学院学报,2006(1):68-70.

［5］蔡俊五.体育赞助的起源、地位和魅力［J］.北京体育师范学院学报,1999(4):13-20.

［6］张黎,林松,范亭亭.影响被赞助活动和赞助品牌间形象转移的因素:基于蒙牛酸酸乳赞助超级女声的实证研究［J］.管理世界,2007(7):84-93＋172.

［7］卢长宝.体育赞助营销策略研究:基于品牌形象转移理论［J］.北京体育大学学报,2011,34(4):19-22.

［8］肖珑,李建军.赞助传播度对赞助品牌的影响:基于中国企业赞助的实证研究［J］.当代财经,2008(10):100-105.

［9］何云,吴水龙,张媛,等.时间距离与解释水平对赞助评价的影响研究［J］.管理评论,2013,25(10):138-146.

［10］刘英,张剑渝,杜青龙.赞助匹配对赛事赞助品牌评价的影响研究:解释水平理论视角［J］.体育科学,2014,34(4):70-77.

［11］马勇,朱洪军.赛事赞助中契合度对品牌资产影响的实证研究［J］.武汉体育学院学报,2009,43(6):38-43.

［12］李建军,万翠琳.体育赞助匹配度对品牌形象塑造的影响:基于事件偏好度的调节作用［J］.沈阳体育学院学报,2016,35(1):44-49.

［13］蒋诗萍.当代文化中的冠名现象:品牌冠名的符号学研究［J］.当代文坛,2012(6):62-64.

［14］潘颖.电视节目冠名广告策略探析:以"水井坊"品牌冠名《国家宝藏》节目为例［J］.新闻研究导刊,2018,9(7):226-227.

［15］柴琪.基于消费者心理的饥饿营销策略研究［J］.现代营销(下旬刊),2019(9):60-61.

［16］黄文情,高寒.基于设计战略管理的品牌塑造研究:以"茶颜悦色"为例［J］.西部皮革,2019,41(21):131＋140.

［17］陈鹏羽,蔡佩颖,徐茵.茶颜悦色:新式茶饮的突围者［J］.国际品牌观察,2021(22):48-50.

［18］关诗情."茶颜悦色"排队和"天价奶茶"现象背后的经济学原理探析［J］.商展经济,2021(6):28-30.

［19］李光斗.营销就是制造稀缺［J］.中国机电工业,2009(6):90-91.

［20］姜子千,马书明.饥饿营销在中国奢侈品市场中的应用研究［J］.管理观察,2015(18):173-176.

［21］杨慧.美妙的营销"稀缺"策略［J］.企业经济,1999(12):43-45.

［22］陆剑清."苹果"真的只是手机吗?:解析"饥饿营销"策略的运行逻辑及心理机制［J］.上海商业,2019(10):23-24.

［23］歹钰珊.浅析小米手机饥饿营销策略［J］.中国市场,2014(48):18-19.

［24］何鹄志,曾美霖.广告中的"稀缺诉求"研究:论稀缺预期的调节作用［J］.湖南包装,2018,33(3):26-32＋39.

［25］张玉霞.社交媒体中茶颜悦色口碑传播研究［D］.长沙:湖南大学,2020.

第十一章

［1］杰瑞米·戈德曼,阿里·扎格特.走红:如何打造个人品牌［M］.孔繁冬,译.北京:中国友谊出版公司,2018.

［2］费远强,周爱梅.如何打造个人品牌［J］.江西金融职工大学学报,2004(4):77-79.

［3］谷麓.直播营销用户体验策略研究［J］.商业经济,2017(11):32-33.

［4］陈春琴.网红直播营销现状及对策研究［J］.新媒体研究,2019(19):10-13.

[5] 张璐.1 分钟售罄 14000 支口红,"口红一哥"李佳琦是怎么做到的？[J].成功营销,2019(Z2):56-57.

[6] 肖明超.直播营销:新的品牌存在方式[J].销售与市场(管理版),2016(9):76-77.

[7] 程明,杨娟.实时在场、深度卷入、构建认同:论网络直播中的直播营销[J].广告大观(理论版),2017(3):42-47.

[8] 张静,王敬丹.新媒体时代下的短视频营销传播:以抖音为例[J].杭州师范大学学报(社会科学版),2020,42(4):113-120.

[9] 宋戈,张亦弛.内容、场景与用户有机结合的抖音营销传播[J].传媒,2019(15):50-52.

[10] 陈明明.从内容生产模式看短视频商业营销策略[J].中国广播电视学刊,2019(6):25-27.

[11] 钟瑞贞,谭天.短视频商业营销模式探究[J].电视研究,2021(2):47-49.

[12] 谷学强,秦宗财.竖屏时代抖音短视频创意营销传播研究[J].新闻爱好者,2020(9):65-67.

[13] 卢彩秀.电商直播营销、感知价值与顾客购买意愿[J].商业经济研究,2022(22):103-106.

[14] 陈滢.社会化媒体下的个人品牌传播研究[D].南昌:江西财经大学,2013.

[15] 小志.2019 年度"最美营销"出炉,薇婷的这波"地铁美术馆"简直赛高！[EB/OL].(2019-05-09)[2022-11-21].https://mp.weixin.qq.com/s/pbbxK4hzXE_qSDx1-0BACw.

[16] 调动全域场景营销的力量,细分垂类产品也能做大生意[EB/OL].(2022-06-23)[2022-11-21].https://mp.weixin.qq.com/s/X8Hw195iy7lXv1ZZjsfwbQ.

[17] 中国互联网络信息中心.第 50 次《中国互联网络发展状况统计报告》[EB/OL].(2022-09-28)[2022-11-21].https://www.thepaper.cn/newsDetail_forward_20105580.

第十二章

[1] 方文字.花西子沉浮录[J].21世纪商业评论,2021(6):68-70.

[2] 魏梦琴.国潮复兴下的品牌联名效应:以花西子联名泸州老窖为例[J].市场周刊,2020(6):78-79.

[3] 谢炀.基于文化自信的国产化妆品品牌线上营销策略分析研究[J].现代营销(经营版),2020(12):140-141.

[4] 蒋诗萍.顺势与媒介创意:花西子品牌的符号生产与增值[J].国际品牌观察,2021(16):17-18.

[5] 凤文慧.从破圈到建圈:Z世代消费特征下的品牌营销策略:以花西子为例[J].新媒体研究,2021,7(24):34-36+67.

[6] 李昕.解锁虚拟代言人营销[J].中外玩具制造,2019(10):36-37.

[7] 梁湘.数字赋能"冰墩墩":虚拟代言人的品牌价值演进[J].财富时代,2022(2):7-9.

[8] 张宁,李观飞,余利琴,等.品牌虚拟代言人的特征对品牌资产的影响研究:消费者年龄和性别的调节作用[J].品牌研究,2017(2):21-31.

[9] 张宁,余利琴,郑付成.虚拟代言人特征对品牌态度的影响研究:产品知识的调节作用[J].珞珈管理评论,2018(2):91-101.

[10] 刘超,吴倩盈,熊开容,等.CGI仿真虚拟代言人应用与品牌传播效果:消费者感知视角的质性研究[J].新媒体与社会,2020(1):82-103.

[11] 邢杨柳.浅述数字营销中虚拟偶像营销的逻辑与困境[J].老字号品牌营销,2021(6):9-10.

[12] 易艳刚."私域流量"崛起?[J].青年记者,2019(24):96.

[13] 沈国梁.从流量池到留量池:私域流量再洞察[J].中国广告,2019(12):93-94.

[14] 魏文倩,李旭,王天泽.国货美妆品牌网络营销的现状与对策探讨:以完美日记为例[J].企业改革与管理,2022(4):38-40.

[15] 蔺政宇,刘云霄.完美日记KOL种草模式下品牌推广策略研究[J].全国流通经济,2020(34):17-19.

[16] 李宁,李钢,罗朝辉.数字虚拟形象传播实践及其效应研究[J].中国广播电视学刊,2022(11):36-39.

［17］梁伟，石丹.洛天依"出圈"会和真人爱豆抢饭碗？［J］.商学院，2020(9):56-58.

［18］陆鹏，王炳东.我国全球第二大化妆品消费国地位不会改变［J］.中国化妆品，2021(2):50-57.

［19］周旖."带货"网红李佳琦的营销战略探析［J］.南国博览，2019(1):95.

［20］张宁.虚拟代言人对品牌资产的影响研究:品牌体验的中介作用及消费者个人特征和产品特征的调节作用［D］.武汉:武汉大学，2013.

［21］孙姣姣.互联网环境下完美日记营销策略及其优化研究［D］.北京:北京交通大学，2021.

［22］杨召奎.虚拟偶像缘何成了品牌代言新宠？［N］.工人日报，2022-05-09(004).

第十三章

［1］吴声.超级IP:互联网新物种方法论［M］.北京:中信出版社，2016.

［2］刘梦瑶.探析新媒体时代故宫文创产品营销策略［J］.传媒论坛，2019,2(23):152-153.

［3］曾昕.博物馆经济视域下的年轻态传播:以故宫IP为例［J］.价格理论与实践，2019(8):165-168.

［4］王晓阳.现代经济视域下故宫旅游形象40年变化探析［J］.现代营销(经营版)，2019(5):52.

［5］张海涛，张念祥，崔阳，等.基于超级IP的数字图书馆生态系统构建［J］.情报科学，2018,36(9):22-26＋176.

［6］麦青.美妆品牌如何体系化塑造品牌人格化IP？［J］.日用化学品科学，2019,42(8):58-60.

［7］李伟.品牌拟人化营销研究综述［J］.现代营销(下旬刊)，2019(8):54-55.

［8］郭国庆，陈凤超，连漪.品牌拟人化理论最新研究进展及启示［J］.中国流通经济，2017,31(7):64-69.

［9］余云珠.社会化媒体营销中的品牌拟人化［J］.经营与管理，2018(4):131-134.

［10］戴莉娟.钟薛高:网红＋时间＝品牌［J］.现代广告,2021(11):42-43.

［11］邓美.品牌造"梗":营销还能这么玩［J］.企业研究,2021(1):26-29.

［12］王梦菲.社会热"梗"的创造模式与影响传播因子［J］.今古文创,2022(27):114-116.

［13］马中红,任希.国家美学与社群美学的分野与对话:以"央视春晚""B站拜年祭"为例［J］.探索与争鸣,2020(8):90-98＋159.

［14］智颖,汪琳.电竞营销梗,品牌如何能接住?:访传立 Content＋创新营销团队［J］.中国广告,2019(10):61-65.

［15］彭颖,谭雨宵.火速爆红之后"钟薛高"们如何延续辉煌?［N］.南方日报,2021-06-25(B01).

第十四章

［1］吴晓琳.仙居杨梅产业:优服务　抓提升　重监管［J］.浙江林业,2011(11):28-29.

［2］王康强,张小平,陈钦宏.浙江仙居杨梅产业发展形势与思考［J］.果树实用技术与信息,2012(3):37-40.

［3］刘子侬.仙居杨梅缘何爆火［J］.中国品牌,2021(7):82-83.

［4］朱宜量.会过节的橙子:品读"赣南脐橙"品牌的节庆营销［J］.中国广告,2010(10):91-95.

［5］毕婷.永康市未来三年时尚五金及家居用品业发展计划［J］.经营与管理,2018(3):87-89.

［6］章旭升.解放思想拉标杆　开拓创新谋发展　高水平打造"世界五金之都、品质活力永康"［J］.政策瞭望,2020(12):28-31.

［7］陈欣.从"工伤"大市到"智造"之都:浙江永康打造五金产业安全发展之路的调查［J］.中国应急管理,2021(7):84-87.

［8］张新彦.会展营销策略研究［J］.黑龙江社会科学,2007(1):87-89.

［9］任鄂湘.论会展营销创新策略［J］.改革与战略,2007(4):120-122.

［10］周健华,尹利.基于 SIPS 模型的消费类展会短视频营销策略研究［J］.商展经济,2022(3):10-13.

［11］广生.熟练运用展会营销的七种武器［J］.中国会展,2004(15)：38-40.

［12］赵艳丰.眼镜企业如何做好展会营销［J］.中国眼镜科技杂志,2019(7):30-32.

［13］崔雨晴.仙居杨梅特色农业发展的可持续性研究［D］.杭州:浙江农林大学,2011.

［14］吴海峰.永康民营五金制造业发展动力机制研究(1979—2010)［D］.杭州:浙江财经大学,2011.

［15］李聂,沈贞海.浙江永康:五金产业淬真金,盛大展会引力强［N］.中国经济导报,2021-10-19(004).

后记

这是一本面向新闻与传播专业硕士研究生和新闻传播学类本科生的教材。

教材是由浙江工商大学多人合作撰写的，具体分工如下：

我撰写了第一章至第六章，第七章第一、二、四节，第八章第一、二、三节，第九章，第十章，第十一章第一、二节，第十三章，第十四章；黄丹丹撰写了第八章第四、五节和第十一章第三、四节；葛婷婷撰写了第十二章；韩宇琨撰写了第七章第三节。

这本教材由我设计大纲，确定案例和理论，并在最后对全部内容做了统合、修改和完善。

我的研究生盖朝睿、任玲葳、张玉、胡航桦、方雪蓝、林瑾、陈璐瑶、洪艳等参与了案例讨论、文字修改、线上课程建设等工作。

这本教材的部分章节是基于研究生课程"品牌传播案例分析"授课内容撰写的，有不少课堂教学的痕迹。另外，它得以顺利编写离不开选修这门课程的所有浙江工商大学新闻与传播专业研究生，与他们的相处和交流，给了我很多的启发。

这本教材是2022年浙江省优秀研究生课程"品牌传播案例分析"项目的研究成果。目前，相关内容已经拍摄、制作成视频课，基本完成了线上课程建设，并投入实际使用。欢迎大家同步参与线上课程的学习。

这本教材也是建立在很多前辈研究基础之上的成果，在此表示感谢！

由于时间匆忙、才疏学浅，这本教材还存在很多不足之处，有待以后进一步完善。

这本教材系2023年度省级及以上教学平台自主设立校级教学项目，并由浙江工商大学2021年度国家级一流本科专业（新闻学）建设资金资助出版，感谢专业负责人李蓉老师和时任新闻系主任刘征老师。

这本教材也是浙江工商大学"数字＋"专业建设成果(教材系列)之一。

感谢浙江工商大学出版社任晓燕编辑、熊静文编辑等的辛勤付出。

感谢所有修读由我任教课程的同学,以及使用本教材的师生。

感谢各位线上线下时常联系的师友,感谢所有的亲朋好友!

新冠疫情在这个寒冷的冬天总算翻过了关键的一页,路上行色匆匆的人开始多起来,街头的小店又忙碌起来,又一个充满希望的春天正悄然来临!

厉国刚

2023 年 1 月 30 日